Erica Fischer / Petra Lux

Ohne uns ist kein Staat zu machen

DDR-Frauen nach der Wende

Kiepenheuer & Witsch

Umschlag Manfred Schulz, Köln
Umschlagfotos Christel Becker-Rau, Köln
Satz Fotosatz Froitzheim, Bonn
Druck und Bindearbeiten Clausen & Bosse, Leck
ISBN 3 462 02057-9

Die Autorinnen

Erica Fischer, geboren 1943 in England, Studium am Dolmetschinstitut der Universität Wien, Mitbegründerin der autonomen Frauenbewegung Österreichs, seit Mitte der 70er Jahre publizistisch tätig. Lebt seit Anfang 1988 als freie Journalistin und Übersetzerin in Köln.

Weitere Titel bei k&w:
Gewalt gegen Frauen (mit B. Lehmann/K. Stoffl), 1977. Jenseits der Träume, Frauen um Vierzig, 1983. mannhaft, Vernehmungen einer Feministin zum großen Unterschied, KiWi 148, 1987.

Petra Lux, geboren 1956, Studium der Journalistik in Leipzig, Leiterin eines Jugendklubhauses, 1983 fristlose Entlassung aus politischen Gründen. Bis Ende 1989 Sprecherin des Neuen Forums Leipzig, heute freie Journalistin für Rundfunk und Presse, Mitarbeiterin der unabhängigen Wochenzeitung DAZ (»Die Andere Zeitung«), Leipzig.

Inhalt

Vorworte

Als die Demonstrationen im Leipziger Herbst immer eindringlicher wurden, klebte ich Abend für Abend mit angehaltenem Atem vor dem Fernsehschirm. Mit wachsender Enttäuschung wurde mir klar, daß die »Revolution«, die sich da vollzog, reine Männersache war. Also nie und nimmer Revolution sein konnte. Mit Ungeduld wartete ich auf die ersten feministischen Stimmen. Es mußte sie geben, davon war ich überzeugt. Endlich! Bei der ersten legalen Kundgebung des Leipziger Neuen Forums am 18. November hielten zwei junge Frauen eine Rede: die Ärztin Cornelia Matzke und die Journalistin Petra Lux. Petra sprach von den drei Weltproblemen: der Rüstung, der Umwelt und dem Verhältnis zwischen »Erster« und »Zweidrittelwelt«. Sind wir in diese globale Krise hineingeraten, weil die Hälfte der Menschheit von der Politik ausgeschlossen war, fragte sie in die verständnislose Menge hinein. Das gefiel mir. Ich beschloß, sie bei der nächsten Gelegenheit aufzusuchen.

Anfang Dezember '89 machte ich mit Petra ein Interview für den Rundfunk. »Willst du mit mir ein Buch über Frauen in der DDR schreiben?« fragte ich sie in der Küche. »Ja«, antwortete sie, »bist du flexibel? Hast du ein Auto?« Danach hörten wir lange nichts mehr voneinander. Ich schrieb ein Exposé, verhandelte mit dem Verlag, versenkte mich beim Schneiden des Tonbands in ihre Stimme. Eine sanfte Stimme mit einem liebenswerten gedehnten »ooch«. Zu leise die meiste Zeit, ich mußte den Pegel ganz hoch aufziehen, dann aber wieder lebendig und scharf, wenn sie sich über die Macho-Männer im Neuen Forum alterierte. »Ich bin sehr radikal«, sagte sie. Ich war neugierig, was das im DDR-Kontext wohl bedeuten mochte.

Unser Plan, aus dem Buch eine gemeinsame Arbeit zu ma-

chen, scheiterte an Zeitmangel, an der geographischen Distanz und an der nach den Wahlen noch größer gewordenen Schwierigkeit, telefonischen Kontakt herzustellen. So sahen wir einander während unserer dreimonatigen Arbeit nur selten, mal in Köln, mal in Berlin, mal in Leipzig. Stets gehetzt, zerrissen zwischen Petras Terminen beim WDR, beim Friseur, im Kaufhof, bei den Kindern, in der Fraueninitiative. Also arbeitete jede für sich. Meine bessere technische Ausstattung, meine Kinderlosigkeit, meine politische Inaktivität verschufen mir einen Vorsprung, den mein Gewissen nicht immer gut verkraftete. Zwischendurch war ich mir gar nicht sicher, ob Petra es physisch und psychisch durchhalten würde.

Jetzt ist es vollbracht. Und ich sehe, daß wir uns den Frauen auf sehr unterschiedliche Weise genähert haben. Unsere persönliche und politische Verschiedenheit ist deutlich zu spüren und ist als Distanz zwischen uns geblieben. Doch dieser jeweils andere Blick dürfte die Spannung unseres »Joint Venture« ausmachen.

Ich habe mit meinen Gesprächspartnerinnen viel gestritten. Wollte nicht glauben, daß es sie nicht stört, wenn eine Politikrunde im Fernsehen ohne eine einzige Frau auskommt. Doch Politik im SED-Staat wurde als geschlechtsneutrale, vom Alltag der Menschen entrückte unangreifbare Macht angesehen, erzählten mir Frauen, deren Selbstbewußtsein mich in anderen Fragen vor Neid erblassen ließ. Es war mir unverständlich, wie berufstätige Mütter und politisch wache Arbeiterinnen über die »sozialpolitischen Errungenschaften« herzogen, als wären ausgerechnet diese für den wirtschaftlichen Niedergang ihres Landes verantwortlich. Mußte zur Kenntnis nehmen, daß gegen unterschiedliche soziale Erfahrungen nur schwer mit Argumenten anzugehen ist. Und ich mußte erfahren, daß ich nichts tun kann, um diese wunderbaren, offenen, lebendigen Frauen vor den neuen sozialen Erfahrungen des kapitalistischen Patriarchats zu schützen.

Die meisten Interviews habe ich im Februar und Anfang März 1990 geführt, nur eines nach den Wahlen. Die Euphorie über die plötzlich errungene Freiheit wechselte sich bei vielen meiner Gesprächspartnerinnen ab mit lähmender Existenzangst. Ich danke ihnen für das Stück Zeit, das sie mir inmitten ihrer Atemlosigkeit geschenkt haben.

Erica Fischer, Köln, im Mai 1990.

»In mir ist keine Aufbruchstimmung, sondern Abschiedsstimmung. Von wem, wovon eigentlich?« Das notierte ich am 3. Oktober 89. Einen Tag später trat ich ins Neue Forum ein, wurde Kontaktperson, dann eine der SprecherInnen von Leipzig. Die Medien gaben sich die Klinken in die Hand. Manche stellten ihre Fragen, tranken Kaffee und gingen. Andere ließen ihre Adressen da und sagten Danke. Eine war dabei, die kam mir hinterher in die Küche. »Möchtest Du ein Buch mit mir schreiben, über Frauen in der DDR?« Ich war überrascht. Die Ereignisse überschlugen sich, jeden Tag geschahen Dinge, die sonst Jahre gebraucht hätten, und diese Frau fragt, ob wir ein Buch schreiben wollen. In dieser Zeit! Noch nie hatte ich mit einem anderen Menschen etwas gemeinsam erarbeitet, ich bin eher für den Alleingang geschaffen. Aber – sie stand draußen, und ich befand mich mitten im Zentrum. Es könnte spannend werden. Sie zieht mich ein Stückchen raus aus all dem Strudel, und ich nehme sie ein Stück weit mit rein.

Unsere Sichten mußten unterschiedlich sein, das war klar, aber lag darin nicht auch eine Chance? Ich sagte zu. Außerdem gefiel sie mir, ihr Wiener Akzent klang angenehm in meinen Ohren, und was sie sagte, war klug und ehrlich und löste keine Gereiztheit in mir aus, wie bei so vielen Westjournalisten. Beide waren wir aktiv mit der Frauenbewegung verbunden, sie dort, ich hier. Beide nannten wir uns Feministinnen. Eine gute Grundlage. Zwei Dinge waren mir wichtig. Einmal ein breites Spektrum an Frauenpersönlichkeiten zu zeichnen, und zum anderen unsere Arbeit als ein Thema. Die Annäherung zweier Kulturen über die gemeinsame Arbeit, sich streiten, sich verstehen lernen. Ich schlug eine Reise quer durchs Land vor, ziellos, offen für Eindrücke. Den Zufall wagen! Schade, daraus ist nichts geworden, zu sehr war ich eingespannt in die gesellschaftlichen Veränderungen. Eine Woche mich ausklinken? Unmöglich! Wir telefonierten, sahen uns zwischendurch dreimal, Erica machte mir Mut zum Computer und unterstützte mich mit Technik.

Liest man die Protokolle, so braucht's nicht unsere Namen. Die Stimmung macht deutlich – das ist Petra, das ist Erica. Wie kommt das? Auf die Stilfrage läßt es sich nicht reduzieren. Ich kann nur für mich sprechen. Mein Alltag kennt seit Oktober fast keinen freien Tag. Vier bis fünf Stunden Schlaf, meine Kinder laufen nebenher, wir sehen uns kaum. Sie schmeißen den Haushalt, wimmeln Besuch ab, vermitteln Telefonate. Die Parallelität der Aufgaben, denen ich mich stellen will oder muß, läßt keinen Raum zur Selbstbesinnung.

Die Gespräche für das Buch sind Oasen. Für mich, aber auch für meine Gesprächspartnerinnen. Atempausen für DDR-Frauen, die es bald nicht mehr gibt. In die Gespräche gebe ich mich ganz rein, will alles wissen, auch das Entfernteste. Ich weiß, die Seitenanzahl eines Buches ist beschränkt, aber das Ungeschriebene liegt in mir als Kraft. Beim Auswählen denke ich vor allem an DDR-LeserInnen. Erica rügt mich, das kennen wir hier schon, ob eine ihre Brüste schön findet oder nicht, interessiert hier keine mehr. Aber die Wertigkeiten in uns sind anderer Art. Gesellschaft griff tief ins Privatleben ein, reglementierte es. Die Möglichkeiten, sich abzulenken durch Konsum, Reisen, Freizeitangebote waren beschränkt. Jede Frau mußte für sich ihre lebbare Alternative finden.

Der Osten liegt hinter uns, der Westen vor uns. Doch vor dem Aufbruch braucht's einen Abschied. Ich sage immer scherzhaft: Wenn mein Haus brennt, dann will ich nur einen Gegenstand retten: das I-Ging. Im September 89, in dieser Zeit der totalen Lähmung, fragte ich die Schafgarben. Ihre Antwort: GU – die Arbeit am Verdorbenen. »Das Verdorbene ist dadurch gekommen, daß die sanfte Gleichgültigkeit des unteren mit der starren Trägheit des oberen zusammengekommen ist, so daß die Verhältnisse in Stagnation gerieten. Die Arbeit am Verdorbenen hat erhabenes Gelingen, wenn zwei Vorbedingungen beachtet werden: Vor dem Anfang drei Tage, nach dem Anfang drei Tage! Erst muß man die Gründe kennen, die zum Verderben geführt haben, ehe man sie abstellen kann, daher Achtung während der Zeit vor dem Anfangspunkt. Dann muß man sorgen, daß das neue Geleise sich sicher einfährt, so daß ein Rückfall vermieden wird. Daher Achtung auf die Zeit nach dem Anfangspunkt.«

Für mich war die Arbeit am Buch einer dieser drei Tage vor dem Anfang.

Petra Lux, Leipzig, im Mai 1990

Ich bin ein richtiges Wendekind

Die beiden blassen jungen Frauen umrahmen mit ausdrucksloser Miene den feisten Gewerkschaftsfunktionär im braungemusterten Pullover. Eine Fahne – ist sie rot? – hängt schlaff von der Stange. Wir sind soeben mit dem Bus in Leipzig angekommen. Wir sind eine Reisegruppe von zwanzig Frauen aus Nordrhein-Westfalen, die einander gerade erst 24 Stunden kennen. Nun stecken wir müde und ungeduldig wie zappelige Kinder zwischen den Schulbänken des schmucklosen Vortragssaals der Gewerkschaftsschule und werden in das Besichtigungsprogramm der vor uns liegenden Woche eingewiesen. Es ist ein Montagabend Anfang Dezember, wir wollen uns die Demo keinesfalls entgehen lassen. Der Gewerkschaftsfunktionär lächelt verlegen, die Zeiten haben sich geändert, sagt er. Doch die neue Offenheit will ihm nicht gelingen. Auf Fragen gibt er widerwillig Auskunft. Seine beiden Kolleginnen sitzen da wie Statuen. Unsere vom Bildungswerk Friedensarbeit organisierte Reise wurde lange vor der Wende geplant. Obwohl wir uns für Frauen in der DDR interessieren, kommen Frauen im Programm kaum vor. Weder die offizielle Frauenorganisation DFD noch ein Gespräch mit der neugegründeten Leipziger Fraueninitiative sind vorgesehen. Wir sind wild entschlossen, die Starrheit der Planung aus alten Zeiten zu durchbrechen.

So habe ich die 27jährige Claudia B. kennengelernt. Sie war eine unserer beiden Begleiterinnen, die uns eine Woche lang nicht von der Seite wichen. Sie schliefen in der Schule, begleiteten uns auf die Demo und blieben doch stets distanziert. Martina, die blonde Damenhafte, wechselte unser Geld zum Kurs von 1:1. Claudia, die Jüngere, ihre schmale Gestalt stets in einer schwarzen Cordsamthose, die dunkle Lockenfülle an den Schläfen mit Kämmen gezähmt, die starke Brille wie ein Schutzschild, betreute abends die Kantine und sicherte auch nachts die Alkoholversorgung. Immer stocksteif, immer korrekt. Nur selten konnten wir ihr ein paar Worte, ein Lächeln entlocken. Redselig wurde sie nur, wenn wir sie nach der Gewerkschaft fragten. Dann verlor sie sich in endlosen Erklärungen. Es schien, als klammerten sich ihre Worte an etwas, das ihr entschlüpfte.

Unmerklich änderte sich unsere Beziehung zu Claudia und Martina. Unsere Reise fiel in die Zeit des hoffnungsvollen Aufbruchs. Auf der Straße sprach jeder mit jedem, jede mit jeder, jeder mit jeder. Wir ließen uns anstecken, wurden offen füreinander, redeten uns in unseren Mehrbettzimmern in den Schlaf, betrachteten uns gegenseitig unter der Gemeinschaftsdusche, die uns mit ihrem Flair der frühen 50er Jahre bezauberte. Freundschaften entstanden, die unsere Leipziger Zeit überdauerten. Mit Claudia sprach ich wenig, sie war so blaß und verschlossen, machte mich scheu. Sechs Wochen später traf sich unsere Gruppe in Bielefeld wieder, um die Eindrücke der Reise gemeinsam zu verarbeiten. Auch unsere beiden Betreuerinnen waren angereist. Claudia, noch blässer, als ich sie in Erinnerung hatte, wirkte deprimiert. Während Martina gelöst erzählte, wie sie die Begegnung mit uns Frauen aus dem Westen zu neuen Gedanken angeregt hatte, schwieg ihre Kollegin beharrlich, beinahe trotzig, so schien es mir. *e.f.*

Ich wollte eigentlich nicht Krankenschwester werden, sondern medizinisch-technische Assistentin oder Röntgenassistentin. Werden Sie Krankenschwester, da gibt es mehr Weiterbildungsmöglichkeiten, haben sie gesagt. Versprochen hatte man viel auf der Fachschule, gekommen ist nichts. In meiner Seminargruppe war ich dort die einzige Genossin. Im letzten Studienjahr bekamen wir eine Liste und sollten eintragen, wohin wir wollten, welches Krankenhaus, welche

Richtung. Alle sind dorthin gekommen, wohin sie wollten, nur ich nicht. Da habe ich mich zwei Tage in mein Zimmer eingeschlossen und geheult, nichts gegessen. Ich wollte in die Frauenklinik, und der Klinikchef, auch ein Genosse, wollte mich auch. Aber die Kaderabteilung lehnte ab, mit der Begründung, in der Frauenklinik brauchen wir zwar Krankenschwestern, aber keine Genossen, Genossen brauchen wir in der Orthopädie, dort mußt du hin. Da war ich sauer. Schon am ersten Tag sprach mich das Parteileitungsmitglied an, ein Arzt, und sagte: »Du wirst FDJ-Sekretär.« Sage ich, das kann ich nicht machen, ich kenne die Klinik nicht, ich kenne die Jugendlichen nicht, die ich vertreten muß. »Wenn du es nicht machst, bekommst du einen Parteiauftrag« – so lief das. Wenn man einen Parteiauftrag nicht befolgt, kann das bis zum Ausschluß führen.

Auch im Arbeitskollektiv im Krankenhaus war ich die einzige Genossin. Aber ich kam sehr gut zurecht, nach einem halben Jahr hatten sie mich akzeptiert. Ich war zwar die Rote, mußte fleißig arbeiten, auf einen Genossen guckt man eher, ich habe mir aber nichts zuschulden kommen lassen, im Gegenteil, habe mehr getan als andere, nicht immer auf die Uhr geguckt, wenn Feierabend war. Am meisten hat mich gekränkt, daß ich von den Genossen keine Unterstützung bekam. Ich war die einzige Krankenschwester, die in der Partei war, alle anderen waren Ärzte. Das waren fast alles Karrieristen. Die haben ja nur so geredet, weil sie mußten, nicht, weil sie davon überzeugt waren. Das politische Klima war unmöglich. Plakate gegen Hochrüstung und den Nato-Doppelbeschluß zum Beispiel mußte ich nachts anbringen, heimlich. Am nächsten Tag waren sie abgerissen. Und bei den Parteiversammlungen konnte ich nie Fragen stellen. Da hieß es, du dumme Schwester, halt den Mund.

Wir hatten auch ausländische Kinder, die sehr lange bei uns lagen. Da hat sich keiner gefunden, der mit diesen Kindern etwas unternehmen würde, mal ins Kino gehen, in 'ne Gaststätte oder in den Garten. Wir hatten über ein halbes Jahr einen Jungen aus Zypern, um den habe ich mich gekümmert. Und auf der Kinder- und Jugendlichenstation habe ich abends oft das Akkordeon mitgenommen und Kinderlieder gespielt oder eine Platte aufgelegt. Mir hat es Spaß gemacht, aber wenn alle hinter deinem Rücken sagen, die ist verrückt, dann gewöhnt man sich das irgendwann ab. Außerdem habe ich mir unter dem Begriff Krankenschwester etwas anderes vorgestellt. Wir waren mehr oder weniger Reinigungskräfte, Küchenhilfen, Schiebekellner. Die interessanten Sachen – spritzen, Fäden ziehen, Verbände wechseln – das haben die Ärzte gemacht. Nicht weil die Schwestern das nicht konnten, sondern weil massenhaft Ärzte vorhanden waren, die nicht wußten, was sie tun sollen. Das Problem ist auch heute noch nicht gelöst, denn es fehlen nicht bloß Krankenschwestern, sondern auch Reinigungskräfte und Stationshilfen. Solange das so ist, macht sich die Schwester tot.

Ich wollte mich qualifizieren, das hatte man mir ja versprochen. Aber dann sah ich, daß ringsum andere qualifiziert wurden, nur ich nicht. Die Krankenschwester war denen egal, sie wollten mich nur nicht als Funktionärin verlieren. Ich habe alles gemacht, was kein anderer machen wollte. Am Ende der Klinikzeit habe ich mir gedacht, entweder wirfst du dein Mitgliedsbuch hin oder du wechselst die Arbeitsstelle. Nach zweieinhalb Jahren bin ich an die Gewerkschaftsschule gegangen, nicht weil dort Marxismus unterrichtet wird, sondern weil ich raus wollte. Als es feststand, daß ich entschlossen war, zu gehen, bekam ich plötzlich meinen Qualifizierungsbescheid. Kannst sofort anfangen, hieß es. Ihr habt mich genug verscheißert, sagte ich, nun nicht mehr.

Nach einem Jahr Studium wurde ich in der Gewerkschaftsschule – das steht auf meiner Urkunde, klingt so stalinistisch – als Propagandist eingestellt. Ich konnte mir früher nie vorstellen, vor sechzig Mann zu sprechen. Das habe ich gelernt. Mein Vorteil war jung und Frau. Ich hatte die Männer immer auf meiner Seite und den größten Teil der Frauen auch. Die waren älter und haben gesagt »Hut ab vor dem jungen Ding, wie die das macht«. Ich konnte sagen, was ich wollte, ich hatte immer großen Beifall. Angefangen habe ich mit Ökonomie, Wirtschaftspolitik und gewerkschaftliche Leitungstätigkeit, aufgehört in der Arbeitsgruppe für Spinner – Philosophie und Geschichte. Mein Spezialgebiet war, was gegenwärtig verpönt ist, der demokratische Zentralismus als grundlegendes Organisations- und Leitungsprinzip der Gewerkschaften im Sozialismus. Ich meine, da ist immer noch was dran. Ich war dann auch Wanderlehrer, mal dort ein Vortrag, mal da. Das hat mir viel Spaß gemacht, vor allem wenn es nur zwanzig Personen waren. Da hat man von Anfang an gesagt, wenn ihr möchtet, könnt ihr Fragen stellen und diskutieren. Mein zweites Thema war die Oktoberrevolution, mein letztes.

Ich bin ein richtiges Wendekind. Aber ich bin nie auf Demos gegangen, obwohl ich oft wollte, um mir das anzugukken. Wir durften ja nicht, und dann hatten sie auch Tricks, wie montags eine Parteiversammlung. Einmal war ich dabei – wir wurden hinbefohlen, wie soll ich sagen, nicht als Prügler, aber als Auflöser, sagen wir es freundlich. Anfang September '89 war das, in der Messe-Woche, da waren bei den Demos schon zwei- bis dreitausend Mann, vor allem Ausreisewillige. Wir wurden von einem von der Staatssicherheit angeleitet. Wenn Plakate oder Transparente getragen werden, meinte er, sollten wir zu den Leuten hingehen und freundlich sagen: »Sie dienen doch damit nicht Ihrem persönlichen Anliegen, nehmen Sie das bitte runter.« Da saßen dreihundert Mann, und niemand hat etwas gesagt, niemand hat gelacht. Genossen lachen nicht, das sind ernste Menschen. Die Kollegen aus meinem Kollektiv haben alle den Kopf geschüttelt. Wir waren uns einig, daß wir uns so schnell wir können verdrücken werden, das ist die eleganteste Lösung. Hauptsache, sie können ihre Strichliste führen, wieviele Genossen gekommen sind, dann hauen wir ab und machen uns dünn.

Eigentlich sind wir an der Gewerkschaftsschule seit dem 4. November arbeitslos. Wir hatten dreimal im Jahr Grundlehrgänge, da wurden die Kollegen auf ein Vierteljahr rausgeholt aus ihren Berufen und haben bei uns studiert. Der letzte Jahrgang sollte von September bis Dezember laufen, aber aufgrund der politischen Situation war er nicht mehr haltbar. Jetzt ist auch die Schule nicht mehr haltbar. Wir können es uns bei der Abwanderung und dem Arbeitskräftemangel nicht mehr leisten, sechzig Mann drei Monate lang aus einem Betrieb herauszunehmen. Zwei Drittel des Lehrplans war ja Theorie, das brauchen sie nicht mehr, wir haben gesehen, was es genützt hat. Die Schule heißt zwar noch Schulungszentrum, aber darunter steht Hotel. Die Reihenfolge ist aber genau umgekehrt. Es werden zwar noch Lehrgänge stattfinden, aber nur Abend- und Wochenendkurse. Jetzt fragt sich jeder, was haben wir falsch gemacht, wo haben wir etwas übersehen, wieweit haben wir auch als einzelne Mitschuld?

Von deinem Beruf her magst du doch sicher Papier und Bücher. Wenn du sehen würdest, was wir vernichten! Ich habe gesagt, das ist die chinesische Kulturrevolution auf DDR-Deutsch. Was wir an Tradition wegschmeißen, in zwanzig Jahren haben die Historiker nichts in der Hand. Das Schlimmste ist, daß man seine eigene Arbeit mit wegschmeißt, die ist ja nur noch für den Rundordner geeignet, für den Papierkorb. Unsere Seminarpläne, die Beurteilung von Lehrgangsteilnehmern, man hängt doch irgendwo dran.

Bücher werden auch weggeschmissen. Aber die Erich Honecker-Biographie hebe ich mir auf, da kann ich mich an jedem Satz ergötzen. Auch die Dokumentation des letzten FDGB-Kongresses, wo Harry Tisch gesagt hat, der Staat kann keine ungedeckten Schecks ausstellen, dabei waren wir schon verschuldet bis über beide Ohren. Die Klassiker – Marx, Engels, Lenin – massenhaft werden sie weggeschmissen, 42 Bände Lenin. Mit den Ergänzungsbänden sind das an die 90 Bücher, ordentliche Bücher, in Kunstleder gebunden, kaum benützt, wir haben ja alles mehrfach. Alles fort. Hermann Duncker, ein engagierter Gewerkschaftsfunktionär, der ist noch vor dem Mauerbau gestorben, der trägt keine Schuld, der war Sozialdemokrat, seinen Namen trägt die Schule seit 1984, wir haben gekämpft um den Namen, der für drei Generationen Gewerkschafter stand, auch er gestrichen. Das Bild im Sekretariat, das wir uns für Tausende von Mark haben malen lassen von einem Künstler, weg. Die Büsten von ihm, alles weg. Ich habe schon gesagt, wir stellen uns auf die Straße und zünden die Bücher an, dann sind wir wieder bei Adolf Hitler. Das ist ja Kulturgut, was wir da wegschmeißen, egal, ob schlecht oder gut.

Wir durften als Hauptamtliche keine Westkontakte haben. Wer Verwandte hatte, mußte den Kontakt abbrechen. An unserer Schule war strengstes Kontaktverbot mit Ausländern. Die Betreuung der internationalen Gäste wurde politisch abgeschirmt, und ich war dazu viel zu jung. Einer meiner Kollegen wollte seinen Kontakt zu einem Arbeitslosen in der BRD nicht abbrechen. Ich habe darum gekämpft, daß er sich weiter entwickeln konnte. Er war der erste hauptamtliche Gewerkschaftsfunktionär mit Westkontakt, der mir bekannt war. Heute ärgere ich mich, daß ich es getan habe, weil auch er auf der Straße liegt. Im September habe ich die Kantine gemacht, da habe ich zum ersten Mal mit einer BRD-Reisegruppe etwas getrunken. Eure Gruppe habe ich übernommen, weil ich keine Arbeit hatte und nur rumsaß. Ich hatte Angst davor, sagte mir aber, da mußt du durch. Ich habe dann über euch erzählt, daß ihr Antifaschisten seid und aktive Frauen. Das war für unsere Leute neu, daß ich nicht gesagt habe »die Bundesbürger«, sondern »unsere Reisegruppe«. Für mich war es ein Abbauen von Berührungsängsten. Als mir eine Frau aus der Gruppe später eine Postkarte schickte, war das meine erste Westpost. Da habe ich mit einer Freundin eine Flasche Sekt geöffnet.

Nachdem ihr weg wart, war ich wieder arbeitslos, habe aber noch Geld bekommen. Habe rumgegammelt, den Tag mit Zeitungslesen verbracht, Weihnachten Urlaub gemacht. Das Schlimmste war, wie sie dann Anfang Januar mit mir umgesprungen sind. Ich komme aus dem Urlaub zurück und werde gefragt, ob ich einen Weiterbildungslehrgang an der Gewerkschaftshochschule für künftige Gewerkschaftslehrer besuchen möchte. Ich freue mich, fahre hoch, alle Lehrer der Schulen waren da, und es gab gute neue Gedanken über künftige gewerkschaftliche Schulungsarbeit. Eine Woche später sagt mir einer im privaten Gespräch, daß mein Chef seit Wochen weiß, daß ich rausfliege. Da war ich so enttäuscht von der Gewerkschaft. Wenn der FDGB-Apparat nicht einmal die Interessen der eigenen Leute vertreten kann, dann ist er doch nicht in der Lage, die Interessen anderer zu vertreten. Ich habe nächtelang nur geheult, ich war fertig, wollte alles liegenlassen und weit weg. Für das offizielle Kadergespräch hatte ich mir fest vorgenommen, hart um mich selber zu kämpfen, aber ich habe es nicht geschafft, weil ich nur mit meinen Tränen gekämpft habe. Die Kaderleiterin, mein Schulleiter, der Stellvertreter und einer von der Gewerkschaftsvertretung waren anwesend. Ich bin doch Krankenschwester, haben sie an mein Gewissen appelliert. Als ihr mich aus dem Beruf rausgeholt habt, gab es auch schon Schwesternmangel, habe ich gesagt, und jetzt wollt ihr mir erklären, daß es gesellschaftlich notwendig sei, wieder dort hineinzugehen. Ich habe es satt, nach gesellschaftlichen Notwendigkeiten zu handeln, ich möchte einmal tun, was ich will. Ich habe nie gedacht, daß die Menschen untereinander wie Tiere sein können. Ich habe die für richtige Gewerkschaftsfunktionäre gehalten. Dann kriegte ich spitz, daß sich einige Leute vom alten Apparat schon Arbeit an unserer Schule gesichert haben. Die Anzahl der Belegschaft wurde fast verdoppelt.

Dann bin ich in die Arbeitsämter gerannt. Da ist das Chaos, der blanke Hohn, typisch DDR-Bürokratie, die eine Hand weiß nicht, was die andere tut. Auch bei der Volkssolidarität habe ich angerufen. Die erste Frage war, ob ich für die Stasi gearbeitet habe. Ich sage nein, auch nicht für den BND. Woher kommen Sie denn, fragen die mich, weil Sie so geschwollen reden? Ich sage, das war ein Witz, ich komme vom FDGB. Da hieß es sofort, nein, die Stelle ist nicht mehr frei. In kapitalistischen Ländern wirst du geboren und weißt, daß es Arbeitslose geben kann, du weißt, daß es dich treffen kann, du freust dich, wenn es dich nicht trifft. Aber das gab es bei uns nicht. Du bist nicht gewöhnt, dich anzubiedern, als gelernter DDR-Bürger kann ich das nicht. Ich käme mir widerlich vor. Deshalb war ich froh, als ich von unserem neuen Direktor das Angebot bekam, in der Schule zu bleiben. Als Kantinenkraft. Da bin ich noch stolz darauf! Mit mir fängt eine Kantinenkraft an, die fällt noch tiefer als ich, hatte als hauptamtlicher Funktionär den ganzen Bereich Jugend und Sport unter sich, die ist Ende dreißig, studiert. Wenn unter marktwirtschaftlichen Bedingungen eine ausgebildete Kraft kommt, bin ich ja auch wieder weg. Aber ich denke so: Wenn ich jetzt Kantinenkraft bin, habe ich in Ruhe Zeit, mir etwas Anständiges zu suchen. Bis sich die neuen Strukturen herausgebildet haben, verdiene ich ein bißchen Geld und muß nicht verhungern. Meine Kollegen, die schon weg sind, haben noch ganz andere Angebote bekommen: Friedhofsgärtner, Grabredner, Pförtner, Müllabfuhr, Betriebsschutz. Es gibt keine Sozialhilfe, keine Arbeitslosenunterstützung, du mußt einfach die Arbeit nehmen, die du kriegst. Der Schulleiter macht jetzt den Pförtner, Diplomkulturwissenschaftler, vier Jahre vor der Rente. Nur drei Lehrer durften bleiben.

An die Zukunft denke ich im Moment lieber nicht, ich schiebe es weg. In meinem Inneren ist es leer, tot. Ich bin durch nichts mehr motiviert, ich könnte mich nicht mit Begeisterung in die Kantine reinwerfen, ich mache das nur zur Schau, ich bin wie ausgekehrt. Meine Ideale sind fort, muß mir erst wieder neue suchen, das ist gar nicht so einfach in der gegenwärtigen Zeit. Das, was mich bis zur Wende gestört hat, waren immer kleine Sachen, nie das Große. Ich bin immer davon ausgegangen, daß das, was in der Zeitung steht, stimmt, daß die Zahlen stimmen. Sicher hatten wir manchmal Zweifel, haben dann aber immer versucht, es theoretisch zu begründen. Wir konnten es ja nicht überprüfen. Die Leute schienen zufrieden. Wenn man von 10 Prozent Wahlbetrug spricht, dann haben ja trotzdem noch 80 Prozent für die SED gestimmt. Auch meine Hobbys waren auf dem politischen Gebiet, ich habe politische Literatur gelesen und gesammelt. Im Fernstudium mußte ich zwei Jahre lang zusätzlich zur Arbeit monatlich 60 Stunden studieren, das sind pro Tag durchschnittlich zwei Stunden. Meine Abende und Wochenenden waren also ausgefüllt mit dem Studium der Klassiker. Das ist schlagartig weg.

Politisch läuft bei mir nichts im Moment. Ich bin doch nicht aus der SED ausgetreten, um gleich wieder in eine andere Partei einzutreten. Der Austritt ist mir schwergefallen. Ein Grund war die persönliche Verärgerung über meinen Rausschmiß, der andere Grund war, daß die SED damals kein vernünftiges Programm hatte. Wir haben es nicht fertig gebracht, zu sagen, was wir wollen. Ich kam mir so hilflos vor. Ich möchte nicht als Wendehals dastehen. Nur weil ich aus der Partei ausgetreten bin, heißt das ja nicht, daß ich meine Überzeugung verloren habe. Diese Überzeugung stimmt aber mit den Programmen der neuen Parteien nicht überein. Ja, die offene Grenze ist sicher spannend, aber ich stehe vorerst vor diesem Loch, diese Unfähigkeit, etwas eigenes zu machen, nicht dazu erzogen worden zu sein, es wurde einem ja so viel abgenommen. Meine Perspektive war klar, alles war einfach und schön. Andere fanden es vielleicht nicht schön, aber ich fand es schön, wenn ich sehe, was jetzt los ist. Es wird sicher eine Zeit geben, wo ich darüber weg bin, aber im Moment begreife ich es noch nicht ganz. Von meinen politischen Auffassungen her bin ich realistisch, gehöre nicht zu den Leuten, die am Alten festhalten, aber dafür auch etwas tun? Für Berufsrevolutionäre ist das Umdenken noch schwerer, da bin ich schon ganz schön weit gekommen. Ich habe Kollegen, auch junge, die schütteln noch heute entsetzt den Kopf, wenn sie die Zeitung lesen, das darf es doch nicht geben! Ich habe die Politik erstmal satt. Wenn du auf diese Art und Weise gesagt bekommst, man braucht dich nicht mehr, dann läuft doch bei dir die Vergangenheit vorbei. Was hast du gemacht all die Zeit? Und da hängt nur die SED dran. Wir waren eigentlich hauptamtliche SED-Mitglieder und nicht Gewerkschaftsvertreter, so sehen wir das heute. Damit stürzt alles zusammen für dich, da mußt du erst mal suchen und suchst auch etwas, das relativ sicher ist. Wenn du die Organisationen hörst, die widersprechen sich ja gegenseitig, das ist so ein Durcheinander, da kann ich nicht folgen. Ich sage mir auch, ich habe vorerst genug getan. Jetzt sind andere dran. Ruh dich mal aus, ich finde mich sonst ja gar nicht mehr. Jetzt kann ich wieder stricken und meinen Hobbys nachgehen. Habe mehr Zeit, kann Bücher lesen. Vielleicht muß ich zuerst etwas für mich persönlich tun, bevor ich mich wieder für andere einsetzen kann. Daran habe ich zwar früher manchmal gedacht, getan habe ich es nie. Ich freue mich jetzt auch über jedes kleine Stück. Ich habe mir von meinen Westmark eine Ledertasche gekauft, auf die bin ich stolz. Früher habe ich nie so gedacht.

Wir sind auch auf die Idee gekommen, in der Schule einen Arbeitskreis Frauen zu gründen, so etwas Verrücktes, was noch keiner hat. Ich habe vorher nie einen Blick auf die Frau geworfen. Ich hielt mich für gleichberechtigt, habe auch nicht gespürt, das es nicht so ist. Fragen wie Quotenregelung wurden ja bei uns nie aufgeworfen. Frauen waren für mich in den Lehrgängen immer gleichberechtigt, wir waren immer halbe halbe. Unser Kollektiv besteht aus zwei Drittel Frauen. Oder Gewalt gegen Frauen, das war für mich kein Thema. Ich bin richtig erschrocken, als ihr darüber gesprochen habt. Eine von euch fragte mich: »Gibt es das bei euch nicht, das kann doch nicht sein?« Ich habe selbst zweimal erlebt, wie Frauen Unrecht getan wurde. Das erste Mal war ich noch ein Kind. Sie wurde zusammengeprügelt von ihrem Mann, kam blutüberströmt in unsere Wohnung und bat um Hilfe. Das zweite Mal hat ein Kollege an der Schule eine Kantinenfrau zusammengeschlagen, als er betrunken war. Ich habe dem aber nie Bedeutung beigemessen. Er war halt ein fieses Stück, den habe ich den Republikanern zugeordnet. Da dachte ich, das paßt zu ihm. Seit eurem Besuch in der DDR sehe ich vieles anders. Ein Beispiel: Unser neuer Chef, der redet nicht nur, der macht auch. An seinem ersten Tag hat er in der Belegschaftsversammlung gesagt: »Wißt ihr, was mich am meisten stört? Das sind die Spinnweben überall.« Ich gucke hoch, das sieht ja entsetzlich aus! Unsere Räume sind ziemlich hoch, mir ist es bisher nie aufgefallen, da muß ein Neuer kommen, der sieht es. So geht es mir mit den Frauen. Ich muß aber sagen, daß ich als Frau nie an Selbstbewußtsein Mangel gelitten habe. Das ist mir vom

Charakter her nicht gegeben, ich bin eher gehemmt, aber ich habe es mir durch die Arbeit anerzogen. Sicher haben die Männer mich auch belästigt, betatscht bei Tanzveranstaltungen, auch Kollegen. Ich habe es aber immer als Dummenjungenstreiche abgetan, habe mich auch tätlich gewehrt. Ich habe immer auf mich geachtet, es nicht so weit kommen zu lassen. Männer – vor allem die verheirateten – haben ja manchmal die Auffassung, daß sie alles, was sie hübsch finden, auch kriegen können. Da sind sie bei mir keinen Schritt weiter gekommen. Und unverheiratete Männer wollten mir einreden, daß ich sie liebe, das stimmte aber gar nicht! Meine Mutter sagt, du hättest längst verheiratet sein können. Ich aber antworte, bei dem Männerangebot, das ich bisher hatte! Lieber bleibe ich alleine, das sage ich, so selbstbewußt bin ich.

Ich habe immer gedacht, du machst was aus dir, Claudia, du willst nicht mit 18 heiraten und Kinder in die Welt setzen. Wenn du deinen Abschluß hast, kannst du daran denken, eine Familie aufzubauen. Nun ist alles nicht so geworden, wie ich es mir vorgestellt habe, aber so habe ich es mir gedacht. Jetzt habe ich, wie soll ich es sagen, ein sehr lockeres Verhältnis. Es lockert sich immer mehr. Wir kommen nicht mehr richtig miteinander zurecht. Ich mag nicht von einem Mann besessen werden, ich brauche meine Freiheit. Das ging ungefähr so los: Ich sage, ich bin nachmittags dort und dort, ich komme später. Da ruft er in der Arbeit an und fragt, wo ich bin, um mich zu kontrollieren. Ich mache es eigentlich bloß noch, um ihm nicht den letzten Mut zu nehmen, weil er durch den Rausschmiß ziemlich belastet ist. Er war bei der Volkspolizei beschäftigt. Wir haben uns über eine Heiratsannonce kennengelernt. Ich habe schon früher auf Zeitungsannoncen geantwortet, da konnte ich mir den Mann aussuchen. Mein Handikap war folgendes: Durch unsere Kaderpolitik mußte es möglichst ein SED-Mitglied sein.

Nun bin ich ja nicht lebensmüde und schreib eine Zeitungsannonce: »Bin SED-Mitglied, suche SED-Mitglied«. Da hat man so einen Dreh gehabt, ML-Weltanschauung, dann wußte man schon! Ich kann mir als Frau, wenn ich einen Mann suche, doch kein Schild umhängen: »Genossin sucht Genossen«. Ich war aber bereit, das zu berücksichtigen, weil ich auch heute noch der Auffassung bin, daß man sich in grundlegenden politischen Dingen einig sein muß. Es ist schöner, wenn man die gleichen politischen Interessen hat. Die Kollegen, die ehemaligen, trösten mich immer, komm, du findest schon noch den richtigen. Ich sage, laßt mich bloß mit euren Männern in Ruh. Es geht auch ohne. Komisch ist das schon, wenn man so einen kleinen hübschen Neffen hat und sieht, wie das wäre. Aber das würde mich nie dazu verleiten, mich krampfhaft auf etwas einzulassen. Ich habe den Vorteil, daß ich jünger aussehe. Die Männer drehen sich nach mir um, das gefällt mir.

Mein Leben ist versaut

Silvia E. bin ich in Köln begegnet, wo sie ihren Sohn Marcus besuchte, der zwei Monate vor Öffnung der Mauer in den Westen gegangen ist. Einige Wochen später war ich zu Gast in ihrer Berliner Dreizimmerwohnung. Silvia E. ist 45 Jahre alt und seit vier Jahren geschieden. Sie hat Ökonomie studiert und arbeitet als Sachbearbeiterin im einzigen Schallplattenbetrieb der DDR. *e.f.*

Meine Mutti hat mich sehr streng erzogen. Das war wahrscheinlich der Grund, warum ich so schnell geheiratet habe. Sie war keine Genossin, aber eine überzeugte Kommunistin. Nach dem Abitur wollte ich in die Partei eintreten, aber mein Verlobter hat gesagt: Wenn du in die Partei eintrittst, heirate ich dich nicht. Damit war das Thema erledigt, zum Entsetzen meiner Mutter. Noch dazu war mein Mann katholisch, das war furchtbar für sie. Sie hat Jahre gebraucht, um sich daran zu gewöhnen. Als ich dann obendrein noch Marcus taufen ließ, mußte sie lange dran knabbern.

Ich habe eigentlich 'ne gute Ehe geführt bis zu dem Zeitpunkt, als mein Mann anfing zu trinken. Das ging 1978 los, als er Magengeschwüre bekam und falsch behandelt wurde. Er hat es immer geleugnet. Seine Standardantwort war: Ich weiß gar nicht, was du willst, andere Männer gehen in die Kneipe, kommen besoffen heim und verprügeln ihre Frauen! Er war auch kein Kneipengänger, sondern hat auf der Arbeit getrunken. Es war ein sehr trinkfreudiges Kollektiv. Wenn da einer zu spät gekommen ist, wurden keine disziplinarischen Maßnahmen getroffen, sondern er mußte ein Rohr mitbringen – eine Flasche Schnaps. Die offiziellen Stellen haben die Probleme, die damit zusammenhängen, einfach nicht zur Kenntnis genommen. Wenn man in die Kaufhalle geht, dann ist freitags das Brot alle, die Milch ist alle, auch Fleisch und Wurst gibt's nicht mehr, aber Schnaps und Wein können Sie immer kaufen. Da gab's nie Mangel.

Ich war schon richtig geeicht, er mußte gar nichts sagen, ich wußte sofort an seinen Augen, daß er getrunken hatte. Zuerst habe ich alles weggekippt und versteckt und seine Verstecke aufgestöbert. Später habe ich es andersrum probiert, habe 'ne Flasche gekauft und sie ihm auf den Tisch gestellt. Aber er hat sie einfach dankend angenommen und getrunken. Dann habe ich mich an seine Familie gewandt, an seine Mutter, seine Schwester, aber da gab's einen furchtbaren Familienkrach. Die waren sehr sauer mit mir, daß ich ihn derartig in Mißkredit bringe: Ein richtiger Mann kann doch auch mal einen trinken, ich soll bloß nicht so übertreiben. Du trinkst doch auch, kam's dann von meiner Schwiegermutter. Als ich das erste Mal die Scheidung eingereicht habe, bat er mich, sie zurückzuziehen, er wird sich Mühe geben, wird's versuchen. In dieser Zeit wurde er dreimal an Magengeschwüren operiert, und jedesmal, wenn er in den OP geschoben wurde, hat er unter Tränen geschworen, daß er keinen Tropfen mehr anrühren wird, wenn er das Krankenlager lebend verläßt. Aber nach drei, vier Wochen war es wieder so weit. Unsere Beziehung war in dieser Zeit sehr frostig, da ist er dann fremdgegangen. Damit hat er sich auch noch gebrüstet: Du willst mich ja nicht, aber andere Frauen schon. 1986 hatte ich dann keine Nerven mehr und habe einen endgültigen Schlußstrich gezogen. Ich habe ihn ja streckenweise richtig gehaßt. Wenn der besoffen in seinem Bett gelegen hat, hätte ich ihn mit dem Kissen ersticken können. Wenn ich bloß seinen Schritt gehört habe auf der Treppe, hat sich bei mir schon das Nackenfell gesträubt. Von der Scheidung habe ich niemandem erzählt. Ich wollte nicht darüber sprechen, war froh, daß ich es hinter mich gebracht hatte. Unser großer Freundeskreis hatte sich sowieso schon vorher zurückgezogen. Man konnte ja niemanden mehr einladen, konnte nirgends mehr hingehen, mußte immer Angst haben, daß er sich daneben benimmt. Sehr enttäuscht war ich davon, wie sich sein bester Freund verhalten hat. Aber mittlerweile glaube ich, daß der ähnliche Probleme mit seiner Frau hat, er spricht bloß nicht darüber. Schade, wir kennen uns von Kindesbeinen an und hätten gemeinsam vielleicht etwas erreichen können.

Jetzt habe ich seit eineinhalb Jahren einen Freund. Aber ich stelle fest, daß ich ziemlich abgeklärt bin, was eine feste Beziehung anbelangt. Ich muß nicht um jeden Preis einen Mann haben. Männer sind ja doch so gepolt, daß sie ihre Ordnung haben wollen: Das Essen muß auf dem Tisch stehen, die Wäsche muß gewaschen sein. Das mache ich ja auch alles, das ist kein Problem, aber ich erwarte doch, daß auch er etwas einbringt. Er ist ja gekommen und gegangen, wie er wollte, hat sich nie geschert, wie ich hier den Haushalt mache. Denn wenn er da ist, wird ja nicht sauber gemacht. Bei meinem Mann ist das hervorragend gelaufen. Wir hatten so eine dufte Arbeitsteilung, in zwei Stunden waren wir mit allem fertig. Ich mußte mich auch nie um den Einkauf kümmern, das hat alles er gemacht. Außerdem bin ich zutiefst gekränkt über die Reaktion meines Freundes, als ich ihm erzählt habe, daß ich ab Mai arbeitslos bin. Ich soll nicht in Panik verfallen, hat er gesagt, das lohnt sich nicht bei dem herrschenden Chaos. Auf die Zuwendung – »mach dir keine Sorgen, ich bin ja auch noch da« – warte ich immer noch. Und da sage ich mir, Mensch, ich werde 46, soll ich mir jetzt diktieren lassen, wann ich wo was wie zu machen oder nicht zu machen habe? Deswegen habe ich nun eingeführt, daß wir uns in der Woche überhaupt nicht mehr sehen, sondern nur noch am Wochenende. Da ist er natürlich sauer drüber, das ist ihm zu wenig. Ist ja klar, denn jetzt muß er sich selber um alles kümmern, und der regelmäßige Beischlaf fällt aus.

Nach der Scheidung konnte ich zum ersten Mal in meinem Leben machen, was ich wollte. Aber mein Arbeitstag sieht so aus: Um fünf klingelt der Wecker, weil ich um sieben auf der Arbeit sein muß, und abends bin ich um halb neun oder neun im Bett, weil ich das sonst nicht durchstehe. Man geht im Dunkeln und man kommt im Dunkeln. Im letzten Jahr habe ich nur ein einziges Buch gelesen. Ich bin total erschöpft, man merkt ja auch, daß man älter wird. Wenn ich jetzt noch verheiratet wäre, würde ich nicht mehr voll arbeiten gehen. Mein Mann würde doch nie auf die Idee kommen, mich zu unterdrücken, weil ich nur mehr 600 Mark heimbringe, das ist doch geradezu lächerlich! Ich kenne auch keinen Mann in meinem Bekanntenkreis, der so reagieren würde.

Was ich mir von der Wiedervereinigung erwarte, ist schwer zu beantworten. Ganz privat bedeutet es, daß ich Marcus jetzt öfter sehen kann, und ich habe auch nach vielen Mühen mit meinem Vater Kontakt aufnehmen können, den ich ja gar nicht kannte. Als im November die Mauer geöffnet wurde, waren wir natürlich alle überglücklich. Wir wußten damals noch nicht, daß die Wirtschaft der DDR total am Boden ist. Was das Wort Staatsbankrott bedeutet, damit muß ich mich erst auseinandersetzen. Für mich in meinem Alter ist es schlimm. Alles, was wir aufgebaut haben, ist jetzt hinfällig. Der Betrieb, in dem ich arbeite, wird wahrscheinlich von Bertelsmann aufgekauft werden. Meine Arbeit wird wahrscheinlich von anderen gemacht werden, die schneller und besser sind als ich. Wir arbeiten ja noch mit Maschinen und Einrichtungen von 1920, mit Karteikasten statt Computern. Jetzt werden wir überrollt. Wir schaffen's nicht, wir packen's nicht. Ab wann genau das laufen soll, wissen wir nicht, weil unsere Leitung nicht so recht mit der Sprache rausrückt. Aber hinter vorgehaltener Hand wird gesagt, daß man sich nur für unsere Produktionsstrecken interessiert, also für die eigentliche Schallplatten-, MC- und CD-Herstellung. Alles andere – Programm, Verkauf, Covers – will Bertelsmann selber machen. Wenn das stimmt, hieße das, daß ungefähr zwei Drittel unserer Leute entlassen werden, also circa 600. Wir haben keine Hoffnung, noch etwas verhindern zu können, die Karre ist schon zu sehr in den Dreck gefahren. Für den Westen war die DDR ja immer ein angenehmer Partner, wir waren immer plantreu, termintreu. Aber dafür haben wir alles verwirtschaftet, alles kaputt gemacht. Doch daß das so schlimm ist, hat keiner gewußt. Wir haben uns ja immer irgendwie durchgewurstelt. Wenn in der Druckerei, wo die Schallplattentaschen hergestellt werden, eine Maschine kaputtging, hat man den Rentner Fritz Müller von zu Hause geholt, weil der die Maschine am besten kannte und wußte, an welcher Ecke man was umbiegen muß, und da noch 'nen Nagel rein und eine Schraube und da noch 'nen Klotz drunter, und dann lief die eben wieder für vier Monate. Man hat den Leuten immer gesagt: Kinder es wird alles, bloß noch unsere Auslandsverschuldung, bloß mit den wenigsten Mitteln so viel wie möglich, und die Leute waren auch alle einsichtig, haben immer mitgemacht. Aber dadurch ist auch alles ratzeputz kaputtgemacht worden.

Jetzt bemühe ich mich intensiv um neue Arbeit, suche Kontakt zu westlichen Firmen, aber ich bin sehr unsicher, weiß nicht, ob ich mir das zutraue. Ich hab zwar Ökonomie studiert, aber eine ganz andere als sie in der BRD betrieben wird. Ich habe mich auch schon damit abgefunden, mich unter Wert zu verkaufen und irgendwo im Westen als Verkäuferin anzufangen. Mein Leben ist versaut, weil ich in der Zeit, wo ich noch jung war und voller Schaffenskraft und Tatendrang, nur schmalspurig durchs Leben gelaufen bin. Immer nur arbeiten, studieren, arbeiten, studieren, Häuschen bauen, Garten umbuddeln, und das war's. Wenn die

Mauer vor 20 oder 25 Jahren geöffnet worden wäre, wäre mein Leben ganz anders verlaufen. Da hätte ich auch nicht Ökonomie studieren müssen, ich wäre garantiert zwei Jahre zu Hause geblieben bei meinem Kind und hätte dann Slawistik studiert. Bei uns kann man ja nicht einmal studieren, was man will. Man hat wahnsinnige Schwierigkeiten, sein Kind auf die Oberschule zu bekommen. Man mußte seinem 14jährigen Kind sagen: Erzähl bloß nicht, daß du Journalist werden willst, sage du willst Lehrer werden, sonst hätte der gar nicht erst sein Abitur machen können.

Wir waren alle viel zu bescheiden. Was man uns für die Freizeit geboten hat, war eigentlich gleich Null. Wir persönlich waren viel im Garten, haben viel gelesen und hatten auch eine kleine Hundezucht. Wir waren immer darauf bedacht, wenigstens zweimal im Jahr wegzufahren, um rauszukommen aus dem grauen Alltag. Aber in Urlaub fahren, das hieß nicht ein Hotelzimmer an der Adria, sondern zelten fahren. Also ich muß einkaufen, ich muß kochen. Wir haben einen Hänger mitgenommen mit allem drin, weil man in den Urlaubsorten ja nichts kriegt, nicht einmal Getränke im Sommer. Und für den Winter habe ich schon im August angefangen, auf Annoncen zu schreiben, um ein Winterquartier zu kriegen, wo man auch die Hunde mitnehmen konnte. Sie würden sich totlachen, wenn Sie diese Quartiere gesehen hätten. Man hatte ein kleenes Zimmer, da standen drei Betten drin, ein Schrank und eene Schüssel mit'n Krug daneben mit kaltem Wasser, und da waren wir glücklich drüber. Durch diese gemeinsame mißliche Lage hat man einen sehr großen Freundes- und Bekanntenkreis und hilft sich auch sehr viel. Wir haben auch viel gefeiert. Deswegen möchte ich solange wie möglich versuchen, meine Wohnung zu halten, in meinem Kiez und bei den Menschen zu bleiben, die um mich herum leben. An diesem Umfeld hänge ich, an den Menschen im Haus, denen ich auch mal meine Schlüssel geben kann, die meine Blumen gießen, und ich muß mich nicht schämen, daß ich vor der Abreise nicht Staub gewischt habe, und noch 'ne Tasse Kaffee auf dem Tisch stehengeblieben ist.

In Köln ist Marcus mit mir zu einer Travestieshow gegangen. Das hat mir ganz irre gefallen, sowas hat man ja hier überhaupt nicht kennengelernt. Ich würde auch rasend gerne mal in 'nen Sexshop gehen, aber dazu habe ich meinen Sohn bisher nicht gekriegt. Wenn ich bloß vor der Auslage stehenblieb, dann sagte der schon, komm weiter, es könnte einer kommen vom »Kölner Stadt-Anzeiger«. Alleine mag ich da nicht reingehen, weil ich Komplexe habe: Ich bin nicht mehr die Jüngste, nicht die Schönste, nicht die Schlankste. Wir sind ja sehr prüde erzogen worden. Es gibt in dieser Richtung keine Zeitschriften, keine Filme, keine Fotos, ist ja alles bei Strafe verboten gewesen. Ich will mir einfach mal angukken, was es da so an Dingen gibt, die Reizunterwäsche, die Negligées. Es wird ja immer nur hinter vorgehaltener Hand erzählt, was es da so alles gibt: nachgebildete männliche Glieder, wie funktioniert so etwas? Was ist ein Massageapparat? Ich kenne zum Beispiel dieses Wort Tangaslip, ich weiß aber nicht, wie der aussieht. Im Fernsehen habe ich Beate Uhse gesehen. Ich muß sagen, die Frau hat mir gefallen. Dieses Selbstverständnis, mit dem sie über diese Dinge redet. Ich hatte ganz andere Vorstellungen, dachte, die wäre ein Vamp. Das ist ja eine ältere, ganz normale geschäftstüchtige Frau! Die Menschen in der BRD werden sicher genauso sein wie wir auch, aber bei euch besteht die Möglichkeit, sich in der Richtung sachkundig zu machen, etwas zu lernen, sich Anregungen zu holen. Ich will wissen, ob es Dinge gibt, die mir in meinem Sexualleben zu mehr Freude verhelfen. Jeder Mensch ist ja unterschiedlich, hat unterschiedliche Neigungen, in der DDR aber war alles grau in grau. Es war nur darauf ausgerichtet, daß die Leute eine Wohnung und ausreichend zu essen haben und am nächsten Tag wieder arbeiten gehen können. Mehr hat man nicht für nötig gehalten. Die Freude am Sex, daß Sex auch Lust ist, darüber wurde bei uns nie gesprochen. Es ist ja nicht so, daß man mit der Pille und der staatlich sanktionierten Schwangerschaftsunterbrechung offen geworden wäre für dieses Thema. Eines Tages wurde das gesetzlich festgelegt, und das war's auch. Und wenn ein Mädchen die Pille nicht nimmt und mit 16 ein Kind kriegt, na schön, dann kriegt sie eben ein Kind. Da wird nicht mit dem Finger auf sie gezeigt, auch nicht, wenn sie ledig ist, ja nicht einmal, wenn sie ein Negerbaby kriegt. Das ist so eine Gleichgültigkeit, das interessiert den anderen nicht. Endlich wieder ein Kind, wir brauchen ja Soldaten, wir brauchen Arbeitskräfte. Deswegen haben sie diese sogenannten sozialpolitischen Maßnahmen eingeführt, das Kindergeld erhöht. Ab drei Kinder gilt man als kinderreich, kriegt eine Waschmaschine und eine größere Wohnung. Aber dann gucken Sie sich an, wer die vielen Kinder macht – das sind die Asozialen, die dann vom Kindergeld leben, und da tun mir die Kinder leid, unter welchen Verhältnissen die groß werden. Und diese sozialpolitischen Maßnahmen wurden ja auch stark mit Propaganda unterstützt, was unser kinderfreundlicher Staat nicht alles für unsere jungen Mütter tut. Sie haben die flankierenden Maßnahmen immer weiter aufgestockt, also mit Geld und Freizeit die Babys bezahlt. Und dann die Krippe, der Kindergarten, das funktionierte ja auch alles ganz gut, so daß diese jungen Mütter schon so etwas wie Gebärmaschinen waren. Die Kinder zieht der Staat groß! Es wurde nie ins öffentliche Bewußtsein gerückt, daß es auch eine Anstrengung ist, Kinder großzuziehen, und gewisse Entbehrungen mit sich bringt.

Ich bin ein ausgesprochener Familienmensch. Um mehr Zeit für meinen Sohn zu haben, habe ich mich krankschreiben lassen, obwohl ich gar nicht krank war. Ich habe auch meine Mutti in Anspruch genommen, als sie aufgehört hat zu arbeiten. Aber das waren Notlösungen. Wenn die Kinder klein sind, sollten die Frauen zu Hause bleiben und nachher halbtags arbeiten. Das ist auch für die eheliche Beziehung sehr wichtig. Wie sah es denn aus bei uns? Wir sind abends knülle nach Hause gekommen, und dann ging die zweite Schicht los. Um acht, halbneun war man fertig, dann hat man noch Nachrichten gesehen, dabei ist man meistens schon im Sessel eingeschlafen. Also von einem überschwenglichen Intimleben konnte da keine Rede sein.

Naja, was heißt Gleichberechtigung? Für mich bedeutete die Gleichberechtigung, daß ich das Geld mit rangeschafft habe und nicht wenig, dafür aber auch dementsprechend aussehe. In der BRD haben die Frauen ein ganz anderes Auftreten, viel selbstbewußter. Ich denke immer, man sieht es mir auf zehn Meter an, woher ich komme. Gesetzt den Fall, ich würde einen Mann kennenlernen aus Westdeutschland oder aus Frankreich, ich würde mich nicht trauen, mich im Hellen auszuziehen ob meiner Unterwäsche, die ich trage, so einfach ist das. Ich hatte ja viel Kontakt zu Westberlinern und Westdeutschen, weil die gesamte Verwandtschaft meines Mannes im Westen lebt. Um das mal auf den Punkt zu bringen: Mein Mann und ich waren die einzigen aus der riesengroßen Familie, die studiert haben, und uns ging's am schlechtesten. Wenn diese Frauen dann gekommen sind, aufgestylt, ausgeruht und nicht solche Ringe unter den Augen wie ich, kam ich mir oft deplaciert vor. Außerdem war es ja sowieso nur eine einzige Fresserei. Zwischendurch machte man ein bißchen Blabla, und dann stellte ich immer fest, daß die eigentlich gar keine Probleme haben. Sicherlich waren sie platt, aber sie haben auch ihre Männer, leben tausendmal besser als ich und haben die halbe Welt gesehen. Doch, mein Job hat mir riesigen Spaß gemacht, natürlich ist das auch Leben, aber wenn man noch das andere dazu haben könnte, wäre es besser. Und irgendwo waren wir ja auch platt. Fünf Minuten saß man zusammen, und schon ging's los. Man diskutierte politisch und wollte die ganze Welt umstürzen. Um zwei waren alle betrunken und sind schlafen gegangen. Am nächsten Morgen hatten wir einen schweren Kopf, und dann ging's von vorne los.

Ich war erst zweimal in Westberlin, und ich gehe nicht gern rüber, weil mich das dort alles erschlägt, und ich kein Geld habe. Was habe ich davon, wenn ich mir nur die Nase an den Schaufenstern breitdrücken kann? Einmal wollte ich mir einen billigen Auslegeboden kaufen und auf dem Weg dahin bin ich an etlichen Geschäften vorbeigekommen. Unter anderem an einem mit Sanitäranlagen, Handwaschbekken, Toilettenbecken, Lampen fürs Bad. Also das gibt's nicht! So schön, so farbenfreudig, als Blume gemachte Handwaschbecken und Badewannen und Fliesen dazu! Ich wurde immer sauerer. Da ist mir erst so richtig bewußt geworden, wie lange wir hier betrogen wurden, wie lange der BRD-Bürger das alles schon hat und genießen kann, und das nur weil er zufällig auf der anderen Seite Deutschlands lebt. Und wir hier, Mensch! Wo bleibt da die Gerechtigkeit? Ich will das gar nicht sehen.

Schön wäre, wenn die Wiedervereinigung unsere Männer heiterer machen würde. Die sind so ernst und verbissen. Da ist keine Erotik vorhanden, kein Humor, kein Schwung. Diese Uniformität des Lebens hat auch die Männer kaputt und gleichgültig gemacht. Sie werden bei uns kaum einen Mann finden, der um das Auto herumgeht und einer Frau die Tür aufhält. Die Frauen bei uns sind mehr oder weniger ein Neutrum. Junge Mädchen nicht, aber Frauen ab dreißig. Nur als Arbeitsbiene ist man gefragt. Das eigentliche Glück der Frau sollte darin bestehen, ihren Mann zu stehen. Man konnte nichts Besseres von einer Frau sagen, als daß sie ihren Mann steht. In diese Arbeitswelt nun Weiblichkeit reinzubringen – etwa Arbeitsplätze zu schaffen, wo man auf zwei Stunden weggehen oder auch mal das Kind mitbringen kann – so etwas wurde überhaupt nicht angedacht. Im Gegenteil: Für Frauen, die im Schichtdienst arbeiten, hat man Wochenkrippen eingerichtet, wo die Kinder montags abgeliefert und freitags wieder abgeholt wurden. Es ging ja nur um die Arbeitskraft Frau. Das war doch der Sozialismus, der hätte sich ja auch etwas Neues einfallen lassen können!

Seitdem leben wir zu dritt

Kathrin R., 29 Jahre, Germanistin, ist ein gebranntes Kind. 1984 mußte sie ihr Studium abbrechen, weil sie zur Friedensbewegung in Jena gehörte. Aufhänger war ein »Friedensfest«, das an der Uni stattfinden sollte.

Wir sind für halb zwei verabredet. An der Tür ein Zettel: »Komme etwas später.« Ich mache es mir auf der Treppe bequem. Eine junge Frau, die ebenfalls wartet, leistet mir Gesellschaft. Schließlich kommt Henri mit Kinderwagen und Kind. »Na, auch CDU gewählt? Prima, nee, wir ham gewonn'!« – Es ist ein Tag nach der Wahl. Nach zwei Stunden, endlich, kommt Kathrin. Sie ist abgehetzt, hungrig, schmiert sich erst mal 'ne Stulle. Es gab Ärger im Frauenzentrum Hellersdorf, die Baufirma hat sich aus dem Staub gemacht. Es dauert lange, bis Ruhe einkehrt und ich mit ihr sprechen kann. *p.l.*

Ich bin eine ganz untypische Frau. Mein Vater war sehr gefühlsbetont, ausgesprochen sinnlich und überhaupt nicht autoritär, er kann zum Beispiel weinen. Meine Mutter ging immer voll arbeiten. Ich war ab der 6. Woche in der Krippe, dann im Kindergarten und dann im Hort. Mit 40 machte meine Mutter noch ein Frauensonderstudium. Sie merkte sehr wohl, daß sie als Frau anders bewertet wird in ihrer Arbeit. Doch sie sagte nie: Ich bin Frau, und ich sage jetzt als Frau das und das! Frau zu sagen war nicht erlaubt, war nicht gesellschaftsfähig. Nur zu Hause machte sie sich hin und wieder lustig über diese Bonzen, diese Fettsäcke. Für mich gab es nie die Begrenzung: »Das darf ein Mädchen nicht!«. Meine Eltern hatten das Konzept, mich umfassend zu bilden. Sie nahmen mich mit auf Reisen, in Konzerte, ins Theater und orientierten mich auf Selbständigkeit. Ab der 8.

Klasse führte ich die Haushaltkasse, hab alles eingekauft, konnte über das Geld frei verfügen. Ich war begünstigt durch die große Toleranz meiner Eltern. Auch alle meine Freunde konnte ich mit nach Hause bringen.

Mit 18 schlief ich zum ersten Mal mit einem Jungen, und da war ich total spät. Meine Freundinnen hatten alle schon mehrfache Erlebnisse. Ich wollte einfach auch mitreden können. Während des Studiums stellte ich einen Ausreise- beziehungsweise Heiratsantrag. Dieser Westkumpel war für mich Repräsentant der linken 68er Bewegung. Er brachte das ganze zivilisations- und kapitalkritische Bildungsgut mit rein, gab mir Adorno, Heidegger und Marcuse. Für meine eigene Gesellschaftsauffassung war das unheimlich wichtig. Er stellte sich das so vor: Ich sollte arbeiten gehen, und er wollte sich weiterbilden, seinen Geist pflegen. Er nannte sich selbst Genie. Zunächst glaubte ich auch, daß ich das kann und will. Aber zunehmend wurde mir klar, daß ich das nicht möchte. Hinzu kam der Eindruck, daß ab dem Moment, wo ich den Heiratsantrag gestellt hatte, er die Achtung vor mir verlor. Plötzlich ging er ganz anders mit mir um, schimpfte, kommandierte rum, machte sich lustig. Wäre ich zu ihm nach Westberlin gegangen, hätte das die Aufgabe meiner Selbständigkeit bedeutet.

Dann lernte ich Udo kennen, auch so ein Genie. Für mich war wichtig, daß die Männer was Exotisches hatten, was Unkonventionelles, einen Schuß Kaputtheit. Er schrieb, und ich glaube, er war sehr begabt. Wir wollten auch beide ausreisen.

An der Uni war es inzwischen unerträglich. Ich wurde wie eine Ketzerin behandelt. Die Professoren, zu denen ich vorher ein gutes Verhältnis hatte, gingen mir aus dem Weg, haben einfach nicht mehr gegrüßt. Mir wurde nahegelegt, mich exmatrikulieren zu lassen. Ich müßte mich drei Jahre in der Praxis bewähren, dann könnte ich mich erneut bewerben und mein Studium abschließen. Das nahm ich ernst, wollte diese drei Jahre abschrubben und dann das Studium fortsetzen.

Nach der Exmatrikulation blieb Udo zu Hause. Ich verdiente das Geld. Das reiht sich ein in ein Verständnis von mir, daß ich mir sage: Ich bin nicht sehr kreativ, ich möchte aber diejenigen unterstützen, die kreativ sind, möchte Bedingungen schaffen, die es ihnen ermöglichen, kreativ zu sein. Ich pflegte meine Großmutter, die bettlägrig und altersschizophren war. Meine Mutter hat mich dafür bezahlt. Den Udo hab ich geheiratet. Wir wohnten alle in einem Haus. Oben unsere Wohnung, unten meine Großmutter und in der Mitte meine Eltern. Erdrückend enge Verhältnisse – es ging nicht lange gut.

Ich flüchtete sozusagen nach Hiddensee, um Abstand zu bekommen. Von der Beziehung, vom Elternhaus, von der Provinz Jena. Saisonarbeit, Kellnern. Ich wollte nur schnell weg und brauchte einen Job, wo ich Geld verdiente und Wohnung hatte. Danach zog ich nach Berlin, ging nicht nach Jena zurück. Udo hat meine Großmutter weitergepflegt, noch etwa anderthalb Jahre. Mit uns beiden ging nichts mehr. Er hatte eine völlig andere Lebensform, war introvertiert, konnte tagelang schweigen. Wir haben uns nie gestritten, es gab keine Aggressionen. Einfach die gegenseitige Einsicht, daß wir nicht zusammen leben können. Ich wollte auch nicht mehr ausreisen, fühlte mich innerlich verbunden mit diesem Land, dieser Stadt, meinen Eltern, meinen Freunden – diesen Bruch hätte ich damals nicht verkraftet.

In Berlin suchte ich zwei Monate vergeblich nach Arbeit. Niemand wollte mich einstellen. Ein Privatbäcker nahm mich dann. Da mußte ich putzen und Papier schneiden. Das Schlimmste aber war die Chefin. Eine ehemalige Unterstufenlehrerin, die dort arbeitete, weil ihr Oller nun mal das Bäckergeschäft hatte. Sie war völlig frustriert, geistig unausgelastet und finanziell abhängig von ihrem Mann. An mir ließ sie ihren gesamten Frust aus. Das war schlimm. Ich konnte mich nicht wehren, mußte ja Geld verdienen und wußte, daß ich im Moment keine andere Stelle bekomme. Hab viel gesoffen in der Zeit und viel gefressen. In den fünf Monaten dort nahm ich 15 Kilo zu. Diese Tante da war total geizig, und das einzige, wo ich glaubte, sie schädigen zu können, war Kuchenessen. Was man so für individuelle Widerstandsstrategien entwickelt! Der fielen fast die Augen raus. Nur um sie zu ärgern hab ich am Tag für 5 Mark Kuchen gefressen. Sie konnte es nicht verbieten. Im Arbeitsvertrag stand, daß wir Kuchen essen können, soviel wir wollen. Dann hatte ich noch einen Dreh. Den Kunden, die mir sympathisch waren, packte ich mehr Kuchen ein oder zog ihnen für Kuchen kein Geld ab. Die Chefin konnte ja nicht den ganzen Tag neben mir stehen und mich überprüfen. So habe ich sie also geschädigt.

Ich hielt's dann dort nicht mehr aus. Fing bei der Post an, verkaufte Zeitungen am Kiosk. In der Zeit lernte ich Pelle kennen. Er wurde wichtig für mich. Pelle entsprach überhaupt nicht meinem Männlichkeitstyp. Er ist ein Arbeiter, kein Intellektueller, kann mit dem Wort nur schlecht umgehen. In mir passierte eine Werteverschiebung. Nicht mehr Intellekt war das Wichtigste, sondern Verbindlichkeit, Wärme, Zuverlässigkeit, Verständnis, Zuhörenkönnen. Durch Pelle habe ich vorgelebt bekommen, welche Kraft und Urwüchsigkeit in intellektuell unversauten Menschen steckt. Sie versuchen nicht ständig, alles zu analysieren und in große Theorien zu packen. Das war wohltuend.

Zwischendurch hatte ich mich immer wieder bei Verlagen oder Zeitungen beworben. Erfolglos. Schließlich schrieb ich eine Staatsratseingabe. Sie wurde an den Prenzlauer Berg zurückgeschickt. Die mußten das bearbeiten und mir eine Stelle anbieten, die auch bereit war, mich zu delegieren, damit ich mein Studium zu Ende machen konnte. Ich wurde eingestellt als kulturpolitische Mitarbeiterin im Jugendklub »Ernst-Thälmann-Park«. Dort herrschte ganz viel Routine, Disco und Geldhascherei. Ich versuchte, das mit Inhalt zu füllen, und engagierte mich für die Prenzlauer-Berg-Problemgruppen, Skins vor allem. Mit einem hatte ich versucht, mich zu befreunden. Der ging bei mir ein und aus, hat halb hier mitgelebt. Er war natürlich nicht zu bekehren, baute immer wieder Scheiße und beklaute uns. Das war ein bitteres Gefühl. Mein Germanistikstudium beendete ich extern mit einer literaturwissenschaftlichen Untersuchung zu Franziska Linkerhand unter feministischem Aspekt. Das war eine harte Zeit. Udo kam auch nach Berlin. Natürlich hatte er keine Wohnung und lebte erst mal mit hier, bei Pelle und mir. Wenn ich abends kam, war ich von der Arbeit völlig ausgepowert. Und dann zu Hause dieser ständige Trubel, immer Leute.

Ich war 27, als ich den Kaspar bekam. Vorher hatte ich schon mal 'ne Fehlgeburt. Allerdings stand ich auch nicht richtig zu dem Kind. Ich denke, diese Fehlgeburt war psychisch bedingt. Den Kaspar wollte ich dann ganz dolle. Weil Pelle jemand war, mit dem ich leben wollte. Er kann sehr bewußt mit Verantwortung umgehen und hat ein gutes Feeling für Kinder. Das machte mir Mut für ein Kind. Ich hatte nie die Auffassung, ich könnte ein Kind alleine großziehen. Dann kam Pelle zur Armee. Kaspar war gerade geboren. Pelle hielt's dort nicht aus, er war vollkommen runter, kurz vorm Selbstmord. Wir versuchten alles mögliche. Ich bemühte mich um ein Attest, daß ich das mit dem Kind nicht alleine verkrafte und daß er nach Hause kommen muß. Er versuchte ebenfalls, ein Attest zu bekommen, weiß ich was, Rücken, Augen, Knie. Nichts zu machen. Er wurde nicht freigestellt. Dann die letzte Idee! Ich schrieb eine Eingabe an den Armeegeneral Keßler, daß Pelle hochgradig selbstmordgefährdet sei und ausgemustert werden muß. Diese Eingabe hatte nur Sinn, wenn ich als legitimierte Ehefrau schrieb. Als Freundin zu schreiben war zwecklos, das hätte keinen interessiert. Wir heirateten innerhalb von zwei Wochen, und nach sechs Wochen war er entlassen.

Während der Armeezeit begann meine Beziehung zu Henri, ein Uraltfreund von Pelle. Henri ist das Gegenstück zu Pelle, ein Intellektueller. Ich brauchte jemanden, auch seelisch, um diese ganze Armeescheiße durchzustehen. Pelle und ich hatten uns damals entfremdet. Selbst der Sex war Routine geworden, machte keinen Spaß mehr. Ich schlief dann mit Henri. Das klappte zwar nicht mit dem Orgasmus, aber es war total aufregend. Im Mai 88 kam Pelle zurück, und seitdem leben wir hier zu dritt. Am Anfang war es kompliziert, das auf die Reihe zu kriegen. Wenn ich mit Pelle geschlafen hatte, war Henri sauer und umgekehrt. Beide beteuerten natürlich, es mache ihnen nichts aus, sie verkraften das. Und beide wollten diese Dreierbeziehung. Ich blieb dann ein Jahr zu Hause, arbeitete nochmal kurz, und dann war ich wieder schwanger. Ist nicht ganz raus, von wem Tonki ist, denn in der Zeit habe ich mit beiden Männern geschlafen. Einmal gab es eine kurze Unterbrechung unseres Zusammenlebens, das war in der Zeit dieser Schwangerschaft. Ich bekam Aversionen gegen Henri, die ich rational nicht greifen konnte, und Pelle ging's genauso. Wir waren einfach noch nicht so weit für diese Dreierbeziehung.

Im Sommer fuhr ich für ein halbes Jahr zu meinen Eltern. Tonki wurde geboren. Ich bekam zunehmend das Gefühl, unattraktiv zu sein. Zwei Kinder, den ganzen Tag Haushalt, ich hatte gar keine Kontakte. Pelle kam jedes Wochenende. Ich wartete immer auf die Anregung von ihm, er brachte die Welt rein, und ich konnte kaum was dazu geben. Da kamen dann so Ängste: Jetzt hab ich zwei Kinder, jetzt bin ich auch selbst nicht mehr so frei, um mir neue Lebensmöglichkeiten zu suchen. Jetzt bin ich ein ganzes Stück abhängig von Pelle. Henri baute mich wieder auf, liebte mich und gab mir Selbstvertrauen zurück. Ich fühlte mich wieder schön.

Im September kehrte ich zurück nach Berlin. War sehr ungeduldig, wollte mich einmischen in die Politik, konnte es kaum noch aushalten. Die Papiere der »Böhlener Plattform« gefielen mir am besten. Doch bei diesen ganzen politischen Programmen fehlte der Frauenaspekt. Ja, und so entstand die »Lila Offensive«. Wir sagten uns, es ist zwar zum Kotzen, daß das den Männern nicht auffällt, aber wir können es ihnen nicht anlasten, wir müssen diesen Aspekt eben selber reinbringen. Dann ging alles ganz schnell, die Lawine kam ins Rollen. Uns Frauen verband der Anspruch, die Frauenfrage theoretisch aufzuarbeiten und feministische Gesellschaftskonzepte zu entwickeln. »Lila Offensive« ist praktisch eine theoretische Kerngruppe, von der aus viele Projekte einzelner Frauen oder Frauengruppen initiiert werden. Ich finde, das ist eine gute Struktur. Wir sind eine geschlossene Gruppe, 15 Frauen. Von Anfang an wollten wir ein Arbeitsteam sein. Das kannst du nicht, wenn du zu groß bist, es muß überschaubar bleiben. Bei der ersten öffentlichen Veranstaltung stellten wir unser Arbeitspapier vor und entwikkelten die Idee, einen Frauenverband zu gründen. Deshalb sind wir jetzt auch so furchtbar mit diesem Unabhängigen Frauenverband verknüpft. Wir drohen, uns aufzulösen, weil wir vom Verband total vereinnahmt werden und da mit drinne hängen. Wir geben alle Potenzen, unsere ganze Kraft in diesen Verband. Und dabei geht unsere Autonomie drauf. Wir verpuffen unsere Kräfte, denn im Verband sind nun mal nicht nur Feministinnen, sondern ganz viele Durchschnittsfrauen und viele Frauen aus dem Partei- und Wissenschaftsapparat. Und Apparate hinterlassen immer eine bestimmte Prägung. Das ist was Gefährliches. Wenn es nicht kritisch reflektiert wird, schleifen sich bestimmte Dinge ein, die eigentlich im Sinne der Frauensache überwunden werden müßten, zum Beispiel Machtkonzentration, Wissens- und Informationshäufung bei einzelnen Frauen. Und andere nehmen sich dafür zurück, ordnen sich unter.

Ich gehörte zu den Aktivistinnen der neuen Frauenbewegung und wurde angesprochen als Vertreterin für den Berliner Runden Tisch. Ich muß sagen, dort fühlte ich mich von Anfang an unwohl. Alles kalt und blutleer. Ich konnte mich nicht artikulieren und wenn ich's versucht habe, war es so gestückelt und unter meinem Niveau, daß es mir peinlich war. Auch die Art und Weise, wie dort mit Problemen umgegangen wurde – ich konnte nichts von mir mit einbringen. Das machte mich zunehmend unzufrieden und ich gab diese Funktion an eine andere Frau aus »Lila Offensive« ab. Weil ich auch merkte, daß der Zeitaufwand in keinem Verhältnis zu dem steht, was dabei rauskommt. Wenn ich da zehn Stunden sitze und mich vielleicht noch dreimal acht Stunden vorbereiten muß – Wahnsinn! Du mußtest ja das ganze Material lesen, dich vorbereiten, dir einen Standpunkt erarbeiten, möglichst nochmal mit jemandem drüber sprechen, dann die Auswertung. Vorige Woche wurde die Rahmenkonzeption für eine Stadträtin für Gleichstellung besprochen. Die habe ich miterarbeitet. Auch die Beschlußvorlage für eine Frauenberatungsstelle. Das ist was ganz Wichtiges und resultiert aus den Erfahrungen, die ich im Frauenverband gemacht habe. Dorthin kamen viele ratsuchende Frauen, wir waren alle völlig überlastet und konnten uns nicht mit ihnen beschäftigen. Ich will sie wegschicken ohne schlechtes Gewissen, will sie delegieren können: Geht da und da hin, dort werdet ihr kompetent beraten. Diese Beratungsstelle wird noch ein Kampf. Wir wollen dafür fünf Planstellen. Je mehr Frauen arbeitslos werden oder umgeschult werden müssen, um so mehr mußt du beraten und auch selbst Fortbildungsmaßnahmen initiieren. Der Magistrat will uns nur zwei oder drei Stellen geben. Meine Strategie ist, Maximalforderungen zu stellen und nicht zu sagen: »Fünf genehmigen die uns nie, da schrauben wir lieber gleich selbst auf drei runter.« Das ist total falsch. Doch ich finde nur wenige Frauen, die ähnlich denken. Die meisten sind ängstlich und orientieren auf Verständigung. Das bringt doch nichts! Die Erfurterinnen mit ihrer Radikalität sind schon viel weiter als wir.

Ich werde öfters gefragt, ob ich mich für eine Funktion zur Verfügung stellen würde. Aber ich weiß von mir, daß ich für patriarchalische Strukturen nicht tauge. In die Verwaltung zu müssen würde mich kaputt machen. Dieser ganze bürokratische Aufwand! Ich will zwar gesellschaftlich wirksam sein und kann mich da auch sehr weit integrieren, doch ich brauche auch ein großes Stück Freiheit und Autonomie. Deshalb will ich nicht in die Politik. Schon diese bonzenhafte Sprache widert mich an, die ist so sinnentleert und erzeugt in mir richtigen Brechreiz. Sicher ist es wichtig, daß Frauen in die Politik gehen und sich einmischen, aber immer mit der Intention, sich nicht anzupassen, sondern diese Strukturen zu verändern, sie menschlich zu gestalten.

Meine Lebensvorstellung läuft darauf hinaus, daß ich alle meine Bedürfnisse befriedige und auslebe. Ich bin ein Stückchen kreativ, ein Stückchen Wissenschaftlerin, ein Stückchen Künstlerin, ich brauche Freiraum für meine persönlichen Beziehungen, für die Kinder, die Partner, den Freundeskreis. Ich will mich weiter mit Literatur beschäftigen. Und – ich möchte reisen. Jetzt, wo es die Möglichkeit gibt, sich allseitig und vielseitig zu bilden, will ich mich nicht gleich wieder festlegen. Wenn ich so einen Job annehme, müßte ich all das aufgeben. Ein Preis, den ich nicht bereit bin zu zahlen. Ich möchte meine Kinder auch nicht in eine Krippe geben. Sie sollen unter Bedingungen aufwachsen, die ihnen größtmögliche Freiheit gewähren. »Lila Offensive« plant für unsere Kinder einen eigenen Kinderladen. Eine kleine Gruppe, fünf Kinder, der Erzieher sollte ein Mann sein.

Für die beiden Männer bleibt auf Grund meiner politischen Aktivität kaum noch Zeit. Viele Aggressionen stauen sich an und kanalisieren sich auf meine Person. Henri und Pelle hatten mich uneingeschränkt unterstützt, solange das nicht alltägliche frustige Erfahrung war. Jeden Tag das gleiche, du kannst dich nie rausnehmen, Kinder, Haushalt, Einkaufen, du mußt immer anwesend sein. Beide waren auch ganz wichtige Partner für meinen Feminismus. Sie haben intensiv an dieser Arbeit teilgenommen, Flugblätter mit gedruckt und verteilt. Wenn sie merkten, ich bin am Ende, dann sprachen sie mir Mut zu: »Wir schaffen das schon. Du mußt weiter machen! Du kannst da jetzt nicht aufhören! Wer soll das für dich tun? Wenn du nicht hingehst, kommt der und der Gedanke nicht mit rein.« Sie ermutigten mich, aber gleichzeitig hatte ich ein schlechtes Gewissen. Sie müssen die Lasten tragen und verkraften das nicht auf die Dauer. »Wer sich nicht wehrt, kommt an den Herd« – mit diesem Spruch ist »Lila Offensive« angetreten. Heute steht dieser Spruch auf meinem Gasherd, von Henri. Ein deutliches Signal! Momentan gehen sie einfach, wenn sie die Schnauze voll haben. Sie verfügen von vornherein über ein anderes Selbstverständnis in bezug auf die Kinder. Alles geht, bis zu einem bestimmten Punkt, dann beanspruchen sie wieder Raum für sich. Daß ich mal dasitze und eine Zigarette rauche, seit Monaten gibt's das nicht mehr. Wir unterhalten uns kaum noch. Manchmal komm ich nachts nach Hause, so gegen eins oder zwei, dann wasch ich noch ab oder schleudere. Aber den Löwenanteil tragen die beiden. Wir schlafen auch kaum noch zusammen, vielleicht einmal im Monat, selbst dafür ist keine Zeit. Unsere Beziehungen sind total angespannt. Was du sexuell nicht ausleben kannst, kommt irgendwo anders wieder hoch.

Pelle ist im Babyjahr, er bekommt monatlich 300 Mark, ich bin für das geplante Frauenzentrum in Hellersdorf eingestellt und bekomme 900 Mark. Davon leben wir jetzt. Dieses Haus in Hellersdorf war ursprünglich ein Jugendklub und soll ein »Selbstverwaltetes Frauenzentrum« werden. Offiziell durfte das nie so genannt werden, der Ausbau war entsprechend kompliziert, immer hintenrum so ein Gemauschel. Für Kinder müssen ja paar spezifische Bedingungen da sein, baut uns doch hier noch ein Waschbecken und dort noch 'ne Wickelkiste. Aber es gab eben keine Verträge. Die Baufirma ist jetzt das dritte Mal abgezogen, ohne fertig zu sein.

Gestern war ich im Haus der PDS und hab gesagt, daß das Volkskammer-Wahlergebnis unbedingt zum Nachdenken anregen muß. Das ist im Prinzip ein Resultat der letzten 40 Jahre. Immer einem Führer nachgehen, das ist in den Leuten so drinne. Wer Hoffnung gehabt hat, daß die Leute in einem halben Jahr umlernen können – das geht überhaupt nicht. Ich verdächtige uns immer, daß wir irgendwas verpaßt haben, einfach an einem bestimmten Punkt nicht aufgepaßt haben. Ich weiß natürlich, daß wir alles in unseren Kräften Stehende getan haben. Und trotzdem, es ist zum Kotzen. Die Frauen in den Betrieben, die haben wir verpaßt! Die sind ratlos und wählen in ihrer Ratlosigkeit CDU. Politische Unmündigkeit ist das Gefährlichste, was passieren kann. Die wählen alle gegen sich selbst, ohne es zu wissen.

Jahrelang habe ich übrigens verleugnet und versteckt, daß ich mit zwei Männern lebe. Vor einem halben Jahr, als das mit diesem ganzen Politzeug hier losging und ich ein Interview nach dem anderen geben mußte, kam auch eine Australierin. Die erlebte beide Männer, beide Kinder und fragte: »Was ist denn hier los?« Ja, und da hab ich gesagt: »Ich lebe mit beiden, von beiden ist ein Kind, es ist von vornherein so angelegt, und wir wollen das so.« Plötzlich waren meine inneren Barrieren gebrochen. Seitdem kann ich darüber reden, obwohl ich nach wie vor deshalb angefeindet werde, auch von Frauen. Die Außenwelt erschwert solche Lebensformen. Nicht die Verhältnisse werden hinterfragt, die es eigentlich aufzuheben gilt, diese biederen Ehen, die total verlogen sind, wo Gewalt passiert. Die kritisiert man nicht, sondern immer nur diejenigen, die was Neues ausprobieren, um aus dieser Bedrohlichkeit herauszukommen.

Neulich hatte ich eine Idee. Ich machte den Vorschlag, eine Haushaltshilfe anzustellen, doch das ist ein finanzielles Problem. Vielleicht wäre es lösbar, wenn ich bißchen geschickter wäre, zum Beispiel darauf poche, für Interviews bezahlt zu werden. Oder, einer von den beiden Männern geht Geld verdienen. Henri verkauft eben seine Plastiken, und Pelle macht private Restaurierungsarbeiten. Aber das ist auch wieder so eine Einschränkung, eine Anpassung an den Markt, was wir eigentlich nicht wollten. Und es gibt noch eine dritte Variante: Ein gemeinsamer Freund aus Jena, mit dem ich zur Schule gegangen bin und in den ich auch verliebt war, das ist ein ganz unkonventioneller Typ. Und der überlegt gerade, ob er nicht mit herkommt. Ist schwierig, wegen seinem Beruf und seiner Mutter, die noch dort lebt. Wäre gut, wenn der käme. Für uns alle drei und für die Kinder auch. Sie kennen ihn und haben ihn total ins Herz geschlossen. Eigentlich gehört er mit zur Familie. Perspektivisch wäre das eine Chance, daß die Kinder nicht so massiv auf uns dreien lasten. Zwei sind sowieso zuwenig für zwei Kinder. Drei reichen auch nicht, das wissen wir ja jetzt. Also: Vier.

Dann werden es doch auch deutsche Frauen schaffen

Etwa 200 Zuschneider, Näher, Leger und Verpacker arbeiten im Hartmannsdorfer Werk des VEB Feinwäsche Limbach-Oberfrohna, wird mir in den Notizblock diktiert. Selbstredend handelt es sich in dem Textilbetrieb in der Nähe von Karl-Marx-Stadt, dessen Arbeitskräfte aus einem Einzugsgebiet von etwa 30 km rekrutiert werden, um Zuschneiderinnen, Näherinnen, Legerinnen und Verpackerinnen. Doch im Gleichberechtigungsparadies DDR spielt das Geschlecht keine Rolle, wie Arbeiter/innen und Intellektuelle, Linke und Rechte, ja bisweilen sogar Feministinnen im Gleichschritt mit ihren soeben gestürzten Machthabern unermüdlich betonen. Zufall ist es wohl, daß in dieser Wäscheproduktion nur Frauen arbeiten, und selbst Spitzenverdienerinnen bis vor kurzem nie mehr als 800 Mark in der Lohntüte hatten.

Seit Anfang '89 hat die Produktionsabteilung 3.3. die Gestattungsproduktion, auf kapitalistisch Lizenzproduktion, der bundesrepublikanischen Wäschefirma Schiesser übernommen. »Produktion hochwertiger Güter für den Binnenmarkt«, lautete der deklarierte Zweck, »Abschöpfung des Geldüberhangs« war der informelle Grund für diese von oben angeordnete Wirtschaftsmaßnahme. Die Abteilung wurde vom Keller bis zum Boden runderneuert, nagelneue Spezial Union-Nähmaschinen wurden angeschafft. Während die jahrzehntelang gleichbleibenden gerippten Liebestöter in rosa und beige 6 Mark kosteten, wird der »Slipididu« aus vom »Gestattungsgeber« Schiesser geliefertem hochfeinen Baumwollmaterial als »Erzeugnis gehobenen Genres« in Exquisitläden für 20 bis 25 Mark verkauft. Erzeugt werden 80 verschiedene Artikel in kleinen Seriengrößen, die, völlig identisch wie in der BRD verpackt, als Schiesser-Hemdchen und -Höschen angeblich nur auf den DDR-Markt gelangen. Trotz des saftigen Preises kann der Bedarf nicht gedeckt werden.

Allmählich soll die Produktivität der Näherinnen auf BRD-Niveau angehoben werden. Für die Einarbeitungszeit wurde ein Zuschlag vereinbart, der jeder Arbeiterin ihren früheren Durchschnittslohn garantiert und schrittweise abgebaut werden soll. Nach einem halben Jahr Umstellung lagen von 45 Näherinnen zehn über der geforderten Leistung. Aber immer noch entsprechen 100 Prozent DDR-Norm nur 70 bis 75 Prozent der BRD-Leistung. »Unsere Kollegen müssen ein Gefühl für ein neues Leistungsklima bekommen«, forderte Betriebsdirektor Eckhardt Wargowske in der Gewerkschaftszeitung »Tribüne«. Auf die Frage, ob »man vor dem, was auf uns zukommt«, Angst haben muß, entgegnete er schlicht: »Ich habe sie nicht.«

Den Näherinnen mit ihrem Achtdreiviertelstundentag geht diese Antwort nicht so leicht über die Lippen. Im Februar '90 fuhr eine Delegation von vier Näherinnen und zwei Meisterinnen zu Schiesser an den Bodensee. Am 12. März unterhielt ich mich mit der 50jährigen Meisterin Margitta N. und der Näherin Monika R. *e.f.*

Monika R.: Als wir auf die Gestattungsproduktion vorbereitet wurden, haben sie uns ein Video aus der BRD gezeigt. Das war schon beeindruckend, dieses ganz gleichmäßige zügige Arbeiten. Da haben wir gedacht, das schaffen wir nie. Wir waren immer der Meinung, wenn ich eine höhere Leistung bringe, dann leidet die Qualität darunter. Aber es ist uns bewiesen worden, daß beides in Einklang gebracht werden kann.
Margitta N.: Man muß sich vorstellen, es wird eine kurze

Zeit ein Film gezeigt und das erscheint einem so schnell, daß man denkt, sowas kann einer acht Stunden gar nicht durchhalten.

Monika R.: Die Frauen sagen, ja, es ist schon ein gewisser Leistungsdruck da. Es ist ja nicht so, daß sie das bloß ein, zwei Stunden durchziehen, sondern der Durchschnitt von 120 Prozent wird den ganzen Tag verlangt. Bei einem Artikel, sagen die Frauen, schaffen sie es leicht, bei einem anderen müssen sie eben noch straffer arbeiten. Das hält man acht Stunden kaum durch, sagen sie dann schon. Und doch, wenn Sie danebenstehen und zugucken, sieht das alles so spielend aus. Als wir zurückkamen, sind wir hier gefragt worden: Sehen diese Frauen abgekämpft aus? Nee, die sind trotzdem ausgeglichen. Vorläufig kann man die Leistung mit unseren Frauen gar nicht vergleichen. Aber es ist mir drüben von einem Herrn von Schiesser, der bei uns ständig im Haus war und die Namen der einzelnen Kolleginnen festgehalten hat, bestätigt worden, daß die Norm doch kommt, aber nicht bei allen. Letztendlich wird es eben so sein, daß hier nur die Leistungsstarken ihren Arbeitsplatz halten werden. Wir haben ja auch Frauen, die Unternormerfüller sind, die jahrelang immer das gleiche genäht haben, und jetzt diese vielen unterschiedlichen Artikel. Das ist schon eine Umstellung, vor allem für die älteren. Der Betriebsleiter, die Betriebsrätin und die Meisterin, die uns in den fünf Tagen, wo wir drüben waren, betreut haben, haben uns erläutert, wie das bei denen läuft. Wenn eine Mitarbeiterin eingestellt wird, die ihr Geld verdienen will, dann wird sie einem Methodentraining unterzogen, das drei Wochen dauert. Nachher wird sie an ihren Arbeitsplatz gesetzt und arbeitet dort drei bis fünf Monate. Täglich wird dabei von ihr eine Leistungssteigerung verlangt. Wenn das nicht kommt, so ist uns gesagt worden, werden Gespräche mit ihr geführt, woran es liegt, wo sie ihre Schwierigkeiten hat. Uns ist erläutert worden, daß es halt Frauen gibt, die die Koordination von linker und rechter Hand und das Treten mit dem Fuß nicht so schaffen. Und wenn sie es nicht bringt, wird das Gespräch darauf hinaus laufen, daß sie zu der Mitarbeiterin sagen: Sie lassen Ihre Nerven, Sie plagen sich, aber die Leistung, die gefordert wird, kommt nicht, wir können Sie nicht behalten. Das gab es ja nie bei uns. Wer genäht hat, wurde nach seiner Leistung bezahlt.

Freuen Sie sich auf die neue Zeit?

Monika R.: Wenn ich an die ersten Stunden und Tage denke, als wir hier angefangen haben, da gab's auch Tränen. Wir waren regelrecht mit den Nerven am Boden. Wir haben doch auch die ganzen Jahre produziert, und es wurde ja auch auf die Leistung geguckt, aber hier kam's ja wirklich echt auf Millimeter an. Und auf diese Dehnung, es darf nicht platzen, das ist uns schon schwergefallen. Jede von uns hat irgendwann gedacht, hier hörst du auf, das hältst du nicht aus. Ich hab das überstanden, Gott sei Dank. Es ist ein konzentriertes Arbeiten, und Sie müssen es im Gefühl haben. Wenn ich von mir ausgehe, dann habe ich keine Angst. Ich gehe es optimistisch an, weil mir bestätigt worden ist, daß ich es schaffe. Sicherlich werden auch Artikel kommen, wo man sich noch mehr sagen wird, wenn du deinen Arbeitsplatz behalten willst, dann mußt du noch konsequenter arbeiten, was Arbeitszeit, Pünktlichkeit und so anbelangt. Da gibt es bei manchen sicherlich noch Reserven auszuschöpfen. Wenn sie aber die Leistung nicht bringt... ?

Sie sagen das so lächelnd, gibt es nicht auch Kolleginnen, für die dieser Leistungsdruck ein großes Problem ist?

Monika R.: Ja, sicher, das ist die andere Seite. Wenn das wirklich mal kommt, daß Schiesser sich hier für die Feinwäsche entscheidet, dann wird's für manche, die jetzt absolut noch am Boden hängt, schwer. Aber ich hatte nun das Glück, das mit eigenen Augen zu sehen. Es ist uns drüben gesagt worden, wir brauchen keine Angst haben. So viele Frauen arbeiten für Schiesser, brasilianische Frauen, griechische Frauen, israelische Frauen, in all den Ländern, wo Schiesser produziert, und alle haben es geschafft. Dann werden es doch auch deutsche Frauen schaffen.

Margitta N.: Die Frauen haben zwar gesagt, die Normen sind jedes Jahr schlimmer geworden, vor Jahren war es noch leichter. Aber als nächstes haben sie gesagt, Schiesser, dieser Großbetrieb, sichert uns Arbeitsplätze. Und da muß ich Ihnen sagen, in einem Kleinbetrieb wär ich mir nicht so sicher, den Arbeitsplatz zu behalten.

Monika R.: Sicher sind die dabei, wenn sie jetzt neue Techniken einführen, das letzte aus den Frauen rauszuholen. Mit dem automatischen Abschneider wird es dann noch weniger Minuten geben, das ist mir auch gesagt worden.

Gibt es Möglichkeiten für die Arbeiterinnen, sich gegen die Erhöhung der Normen zu wehren? Was macht denn die Gewerkschaft?

Monika R.: Ich kann gar nicht sagen, ob es in diesem Betrieb eine Gewerkschaft gab. Es saßen immer der Betriebsleiter und die Betriebsrätin dabei, aber gewerkschaftliche Fragen sind überhaupt nicht zur Sprache gekommen. Es ging nur darum, daß bei uns die Schiesser-Leistung nicht gebracht wird, und woran das liegt. Und wir haben gesehen, daß ihre Maschinen schneller sind. Wir sind jetzt gerade dabei, das zu überprüfen. Wir haben zwar neue Maschinen, und doch sind immer noch Unterschiede, die sich vielleicht auf die Leistung enorm auswirken. Es ist uns aber versprochen worden, daß Schiesser die Minuten nur dann vorgibt, wenn absolut die gleiche Technik vorhanden ist. Sonst muß eben der Unterschied ausgerechnet werden. Versprochen haben sie's.

Hat man Ihnen gesagt, daß in der BRD die Arbeitszeit kürzer ist als in der DDR?

Margitta N.: Die Arbeitszeit ist variabler, nicht kürzer. Sie arbeiten acht Stunden in zwei Schichten. Da waren aber auch Kolleginnen dabei, die sechs, fünf oder vier Stunden gearbeitet haben. Was mich beeindruckt hat, war, daß die Frauen in zwei Schichten gearbeitet haben, von halb sechs bis 14 Uhr und von 14 Uhr bis 22 Uhr 30. Unsere Frauen sind schlecht zur Schichtarbeit zu bewegen.

Monika R.: Sicherlich wird das auch bei uns ein anderes Bild kriegen, wenn es echt um den Erhalt deines Arbeitsplatzes geht.

Margitta N.: Ich habe auch gesehen, daß eine Kollegin von halb sechs bis halb zehn gearbeitet hat, und die nächste kam um halb zehn auf den Arbeitsplatz. So daß der Arbeitsplatz innerhalb dieser ersten Schicht zweimal besetzt wurde. Diese fließende Arbeitsplatzbesetzung hat mir gut gefallen. Eine ging, und als ich später vorbeikomme, sitzt am selben Platz eine andere.

Haben die Frauen erzählt, wie sie ihre Kinder unterbringen?

Margitta N.: Ich habe mit einer gesprochen, die war allerdings alleinerziehend, ein Kind. Sie hat nur vier Stunden gearbeitet. Das ist so gekommen, weil sie später anfing, denn um halb sechs hat der Kindergarten noch nicht auf. Dann hat sie das Kind zum Kindergarten gebracht, und um zwölf mußte sie es wieder abholen. Sie kann's um 14 Uhr wieder bringen, aber das wäre dann wahrscheinlich doch nicht so angebracht gewesen. Sie hat gesagt, ich finde mich darein, ich mache das eben so, vier Stunden. Und dann kam noch etwas anderes zur Sprache: Sie hatte schon vier Tage frei, weil das Kind krank war, und bekommt nur fünf bezahlte Tage insgesamt. Da hab ich gefragt, was wird dann, jetzt ist erst Februar? Dann nehme ich mir Urlaub, sagt sie. Ich muß Ihnen aber dazu sagen, daß sie sechs Wochen Urlaub hat und nicht sechs Wochen verreisen würde.

Hat sie Ihnen gesagt, ob sie von den vier Stunden Arbeit leben kann?

Margitta N.: Ob sie davon leben kann, weiß ich nicht. Wie sie sich dann durchschlägt, hab ich sie nicht gefragt. Sie wird ja bestimmt noch einen Partner haben.
Monika R.: Also, das mit den fünf Tagen für ein krankes Kind, das ist wenig. Unsere Frauen kriegen für jedes Kind 20 Tage, aber Sie merken dann, daß manche das ausnützen. Das kann man wohl sagen. Und wir sollen das dann mitschaffen, so ist es doch. Ich hab eine Tochter, die hat ein behindertes Kind, und ich weiß, was das bedeutet, wenn es über Nacht wieder keine Luft hat, und sie muß zum Arzt gehen. Ich kann jetzt auf keinen Fall sagen, daß sie das ausnützt. Im Gegenteil, sie haben das schon so gemacht – in der BRD wird's das sicherlich auch nicht geben –, daß sie auf Arbeit gegangen ist, und der Vater ist zu Hause geblieben. Wenn Ihr Kind dann so anfällig ist, dann kommen ja sauschnell 20 Tage zusammen. Oder wenn ich jetzt an eine ansteckende Kinderkrankheit denke, dann können Sie es doch, wenn die fünf Tage rum sind, um Gottes Willen noch lange nicht in die Kindereinrichtung bringen. Das sind schon Sachen, die bestimmt auch sehr wichtig sind für unsere Muttis. Aber eins muß ich auch sagen: Daß sich unser Staat die sozialpolitischen Maßnahmen nicht leisten kann, das wissen wir alle. Oder ein Kindergartenplatz, der so billig ist. Das kann nicht sein.
Was sagen Sie denn dazu, daß in der BRD viele Kindergärten über Mittag geschlossen haben?
Monika R.: Das ist dann eben die andere Seite. Aber wir sind ja nicht hinübergefahren, um diese Unterschiede festzustellen. Sicherlich, wenn wir diese Fragen gestellt hätten, hätten wir sicherlich Antwort bekommen. Da ich aus der Zeit raus bin... Und ich muß auch sagen, daß ich oft ein bissel verärgert war. Ich gönn's meiner Tochter, aber ich hatte auch drei Kinder. Ich hab gearbeitet und Geld verdient, und meine Kinder waren auch krank, da hat niemand gefragt, wie ich das hinkriege.

Wie hat sich die Umstellung auf Ihren Lohn ausgewirkt?
Monika R.: Ich bin Spitzenverdiener, das hätte ich mir ja nie träumen lassen. Seit ich in der Gestattungsproduktion bin, ist mein Lohn auf circa 1064 Mark brutto gestiegen. So stand's oben, als sie die Liste ausgehängt haben für die Jahresendprämie. Ich hab's nicht gewußt, muß ich ehrlich sagen. Früher hatte ich ungefähr 700, 800 Mark. Aber wenn das stimmt, daß sie bei uns die Norm um 50 Prozent aufgebessert haben, damit die Frauen auf ihr Geld kommen, dann wird sich bei mir beim Lohn sicherlich noch was ändern, wenn dann auf einmal die straffe Norm eingeführt wird. Denn wenn jetzt so viele Frauen mit mir zusammenarbeiten, denen es schwer fällt, die Leistung zu erbringen, um so leichter ist es doch für mich. Sie können ja für mich nicht extra Minuten vorgeben. Meine 150 Prozent der Norm bei uns sind vielleicht 115 Prozent der Norm bei Schiesser.
Ist es nicht so, daß die besten Näherinnen die Norm nach oben drücken?
Monika R.: Naja, wir hatten ja nicht das Glück, uns die Arbeiterinnen auszusuchen. Das ist der Unterschied zwischen der BRD und uns, daß wir mit den Näherinnen, die wir hatten, fertig werden müssen, ob die eine niedrige Leistung bringen oder eine hohe. Wir hatten nicht die Möglichkeit, die Leute zu testen. Das ist laut Arbeitsgesetzbuch bei uns nicht erlaubt. Wir können mit den Leuten nicht so umspringen wie das von der Sache her ein Kapitalist machen kann. Aber ich muß ehrlich sagen, ich möchte niemals eine Arbeitslosenunterstützung bekommen und aufs Eis gelegt werden. Ich kann mir das nicht vorstellen, wie das wäre, wenn ich auf einmal nimmer gefordert wäre. Das sind wirklich Probleme, die man sich überlegt, auch ich. Ein bissel ein unruhiges Gefühl hat man schon.
Gibt es Kolleginnen, die um ihren Arbeitsplatz fürchten?
Monika R.: So bewußt ist es denen noch nicht. Aber uns ist

es bewußt geworden. Das ist uns drinnen gesagt worden, daß Schiesser bestimmt jährlich die eene oder die andere Bude kaputtgehen läßt, weil er auf dem Markt so dasteht, daß ein Kleiner nicht mithalten kann. Er kann eben am billigsten produzieren.

Margitta N.: Wir haben den Arbeiterinnen gesagt: Ihr werdet noch merken, was euch der Arbeitsplatz bedeutet. Als ich vorher dafür plädiert habe, daß eine Mutti drei Jahre zu Hause bleiben soll, haben Sie mich gefragt, was sie nach den drei Jahren machen soll? Da hab ich mir in meinem Alter keine Gedanken mehr gemacht. Das werden Gedanken sein, die sich junge Leute machen werden.

Monika R.: Wenn's wirklich mal hart losgeht, dann wird so manche auf einmal die Leistung bringen, weil sie ihren Arbeitsplatz nicht verlieren will.

Margitta N.: Wir haben doch manche Kolleginnen, das ist traurig, welche Einstellung die zur Arbeit haben. Sie haben überhaupt keine Einstellung, sie wollen sich nur das Geld holen. So geht's nicht. Wenn ich hinter dem Betrieb stehe und mit ein bissel Lust auf Arbeit komme, dann vertrete ich die Interessen des Betriebes. Und da geht es mir nicht nur darum, daß ich mein Geld verdiene.

Monika R.: Irgendwie sind unsere Leute zur Faulheit erzogen worden. Für mich ist es doch auch Ansporn, wenn ich weiß, das und das kannst du verdienen, warum soll ich denn das nicht nützen? Ich sage den Frauen, Mensch, kontrollier dich doch einmal. Ich hab mir angewöhnt, nach der Uhr zu arbeiten. Damit erreiche ich ein gleichmäßiges Arbeiten.

Sind Sie stolz auf Ihr Produkt?

Monika R.: Na, stolz schon, aber wenn ich mir das kaufen will, ist es mir zu teuer.

Wer haßt, ist nicht frei

Ich kenne Petra L. schon sehr lange, eigentlich seit 33 Jahren, seit ihrer Geburt. Manchmal denk ich, ich weiß alles von ihr, dann wieder ist sie mir total fremd und unberechenbar. Nicht leicht, mit ihr auszukommen. Die Befragung fördert Bruchstücke zu Tage. Verschüttete Erinnerungen und jüngste Vergangenheit. Was ist wichtig, was nicht? Ich will es nicht entscheiden. Petra L. wird von ihrer Umgebung als stark erlebt. »Du schaffst das schon! Dich haut doch nix um!« Spricht sie mal von Schwäche, so wird das geflissentlich überhört oder nicht ernst genommen. Ich mache mir Sorgen, bin immer auf'm Sprung, sie aufzuhalten, im Fall. *p.l.*

Ich war ein blasses, schmächtiges Kind. Das hatte seinen Grund, denn ich dachte, ich sei nicht das Kind meiner Eltern. Irgendwann würden sie mir sagen: »Du bist adoptiert.« Ich aß nur wenig, war sicher, sie wollen mich vergiften. Einmal wollte ich abhaun, zusammen mit einem Mädchen aus meinem Haus. Nur mein Großvater, der bei uns wohnte, war eingeweiht. Meine Eltern freuten sich, daß ich plötzlich so gut aß. Aber ich verschloß das Essen in meinem Schrank und brachte es am nächsten Tag zu der Höhle im Wald, die wir uns gebaut hatten. Erst als ich eine Decke in »Sicherheit« brachte, wurden sie mißtrauisch. »Wo ist die Decke?« Sie hätten mich totschlagen können, ich hätt's nicht verraten. Aber das Mädchen bekam Angst und gestand alles. Meine Mutter saß da und heulte. Ich mußte mit meinem Vater zu dieser Höhle gehen. Wir hatten's uns schön gemacht, mit Puppe und Kerze und Essen und Decke. Es war demütigend, alles zurückzubringen. Meine Mutter trug mir diese Geschichte ewig nach.

Großvater war katholisch und nahm mich sonntags immer

mit in die Kirche. Das gefiel mir. Das kühle Weihwasser, mit dem ich mir einen großen Klecks auf die Stirn machen konnte beim Bekreuzigen, der lateinische Singsang des Priesters, selbst das Knien war spannend – wer steht zuerst auf? Die Orgel hatte einen anderen Rhythmus als die singende Gemeinde, aber das störte keinen. In der Nacht, als mein Großvater starb, versprach ich ihm, weiterhin in die Kirche zu gehen. Kurz nach seiner Beerdigung wurde mir das verboten. Statt der Kirche sollte ich Kochen lernen. »Das brauchst du später als Frau, sonst bekommst du keinen Mann.« Wie ich diese Sonntage gehaßt habe! Meine Mutter stand ständig neben mir und beobachtete mich. Natürlich fiel laufend was runter. Dann schrie sie mich an, wie ungeschickt ich sei. »Aus dir wird nie was!«

Mein Vater stammt aus der jetzigen CSFR. Wir fuhren oft auf Urlaub in seinen Heimatort, eine hübsche Kleinstadt an der Eger. Als ich das erste Mal in die CSSR fuhr, hatte ich Schuldgefühl, so eine Ehrfurcht vor diesem Land. Ich weiß nicht, woher das kam. Als ich aus dem Auto stieg, bin ich natürlich gestolpert, und meine Eltern dachten wieder, ich sei ungeschickt. Es war, als wenn ich die Erde entweihe, ganz komisch. Im August 1968, zur Zeit des Einmarsches, machten wir grad wieder Urlaub. Mein Vater holte wie immer in den Ferien früh frische Brötchen. Diesmal blieb er verdächtig lange weg. Aus unserem Hotelzimmer im achten Stock sahen wir, wie sich unten Menschentrauben bildeten. Als er endlich kam, sagte er nur: »Macht sofort das Radio an!« Wir reisten am gleichen Tag ab. Was heißt reisen? Die Eisenbahner streikten und wir machten uns zu Fuß auf in Richtung Grenze. Auf der Landstraße rollten uns DDR-Panzer entgegen. Wir fragten die Soldaten, blutjunge Burschen, doch die wußten noch weniger: »Uns hat man gesagt, wir fahren zum Manöver.« Das letzte Stück nahm uns ein Trabi mit. Die Scheibe war ramponiert, Tschechen hatten das Auto beschmissen. Kurz hinter der Grenze sah ich zum ersten Mal in meinem Leben eine Demonstration. Die Leute protestierten gegen den Einmarsch. Wir fuhren schnell weiter.

Der Bruch mit meinen Eltern kam genau zum 25. Jahrestag der DDR. Ich war abends tanzen, lag schon im Bett, als mein Vater mich rausholte: »Wir haben mit dir zu reden!« Zur Vorgeschichte: Ich schrieb seit meinem 12. Lebensjahr Tagebuch. Natürlich wechselte ich öfters die Verstecke. Außerdem stand auf dem Umschlag: »Wer das ohne meine Erlaubnis liest, der stirbt.« Magie als Schutz, an den ich fest glaubte. Die ganzen Jahre war ich perplex, wenn meine Mutter Dinge ansprach, die sie nicht wissen konnte. Sie traf immer ins Schwarze. An diesem Abend also holten sie mich. Vor ihnen lag ein Stapel Tagebücher. Ich begriff sofort. Sie hatte die ganzen Jahre über mitgelesen, meinem Vater sagte sie es erst an jenem Abend. Ich mußte die Bücher selbst ins Feuer werfen. Mir war, als würde ich verbrennen.

Danach kam auch die äußere Trennung. Ich wollte Journalistik studieren und bewarb mich beim Rundfunk in Berlin um ein Volontariat. Aus der großen Bewerberschar war ich eine der Auserwählten. Ich packte meine Sachen und zog nach Berlin. Dort wurde ich gleich als FDJ-Sekretärin eingesetzt. Ich arbeitete in der Wirtschaftsredaktion von Radio DDR, war ständig unterwegs, wohnte in Hotels, sah Betriebe. Ich erlebte Direktoren und Minister und begriff: Das sind auch nur Menschen. Seit dieser Zeit habe ich jeglichen Respekt vor Autoritäten verloren. 1976, zum Parteitag, lief eine große Kampagne: Jugend in die SED! Natürlich wollte ich auch eintreten. Meine Kollegen ringsum waren alles Genossen, und ihre Haltung gefiel mir. Sogar zwei Bürgen hatte ich schon. Da ich FDJ-Sekretärin war, schickte man mich mit der Kandidatenliste zum Parteisekretär des Rundfunks. Unterwegs warf ich einen Blick auf den Zettel und dachte, ich spinne! Gleich ganz oben – mein Name. Ich lief sofort zurück, die Liste mußte neu geschrieben werden. Also so was, mich einfach draufzuschreiben! Ungefragt! Seitdem wurde ich nie wieder für die Partei geworben, weder im Studium, noch auf Arbeit. Trotzdem war ich vielleicht mehr eine Rote als die, die ein Mitgliedsbuch hatten. Eine idealistische Rote. Wenn ich in der Zeitung von den »Kommunisten unseres Bezirkes« las, bekam ich Wut. Wie kann einer sagen: Ich bin Kommunist? Da kann er gleich sagen: Ich bin Gott! Ich habe heute noch Probleme mit diesen Worten, weil sie für mich einen guten Klang ergeben. Für mich war nie Sozialismus, was hier ablief, und die Genossen waren für mich keine Kommunisten.

Im Herbst 76 begann die Leipziger Zeit, das Journalistikstudium. Ich suchte mir 'ne Schwarzwohnung und zog ein. Hinterhaus, fließend Wasser von den Wänden – egal, ich war für mich. An das Studium erinnere ich mich kaum. Von Anfang an war mir klar: Wer nicht schreiben kann, der lernt's auch hier nicht. Das meiste hat mich gelangweilt, viel Rotlichtbestrahlung, viel Dogma, wenig Experiment. Meine große Liebe war in Berlin zurückgeblieben, und ich tröstete mich mit vielen Einnachtgeschichten. Alles ein Verschnitt, so der Typ: Kam, sah und siegte! Dann traf ich bei einer FDJ-Veranstaltung einen, der dieses Klischee nicht bediente. Aus meinem Überdruß an Schönlingen heraus verliebte ich mich prompt. Und wurde schwanger. Kinder wollte ich haben, solange ich selbst noch jung bin. Ich war aber auch entschlossen, mein Studium deshalb nicht auszusetzen. Der Mann kam kurze Zeit später zur Armee, ich war praktisch die ganze Schwangerschaft über allein. Und dann stand ich da, mit Kind und Mann, und die Wohnung kalt, es war Januar. Ich weiß nicht, wie ich das damals alles geschafft habe. Anna war gesund, aber sie schrie sehr oft. Ich bekam Aggressionen. Ich hatte doch keine Ahnung. Damals war eine

Zeit, wo gesagt wurde: »Laß das Kind schreien, nimm es ja nicht raus, sonst ist's verwöhnt, und das rächt sich später.« Also verstopfte ich meine Ohren mit Ohropax. Ein Verbrechen an meinem Kind, aber damals glaubte ich, ich mach's richtig. Mein Tag begann halb sechs, immer unterbrochen durch Stillen und Füttern. Abends stand ich bis eins oder zwei in der Küche. Vor mir drei Schüsseln mit Windeln. Eine Waschmaschine hatte ich nicht, Wegwerfwindeln waren unerschwinglich. Einmal half mir eine Mitstudentin. Wir standen nebeneinander und reichten uns die Windeln zum Spülen von Schüssel zu Schüssel. Als sie ging, hab ich geweint. So gut tat das, daß mal jemand half. Der Kindesvater war krankhaft eifersüchtig. Ich war froh, wenn ich abends endlich im Bett lag, und er kam auf Urlaub und machte mir Szenen. Als er sich weigerte, auch mal die Windeln zu wechseln, weil ihm von Kinderscheiße schlecht wird, machte ich Schluß. Jahre später traf ich ihn auf der Straße. Er war Polizist geworden.

Im Sommer lernte ich Eckart kennen, meinen späteren Mann. Neun Jahre lebten wir miteinander. Er war ein Mensch, dem ich auf Anhieb vertraute. Sehr praktisch, sehr sinnlich, er lebte aus dem Bauch raus, ein Allroundgenie. Kochen, backen, stricken, nähen, Gitarre spielen, singen, dichten, mit Kindern umgehen können. Sehr gesellig und kontaktfreudig war er, unser Haus war ständig von Besuch belagert. Eines Abends verbrannten wir feierlich meine Anti-Baby-Pillen. Paul war das absolute Wunschkind. Als Paul starb, rückten wir noch enger zusammen. Wir heirateten. Ein Symbol für uns selbst, diesem Tod geschuldet.

Mein Studium lief die ganze Zeit weiter. Im Sommer 1980 erhielt ich das Diplom. Für mich stand fest, daß ich nicht in diesen DDR-Journalismus gehen wollte. Ich wurde Kulturhausleiterin. In diesem Sommer, der zwischen Studium und Berufsleben lag, bekam unsere Beziehung einen Knacks. Urlaub in Bulgarien, im Pirin-Gebirge, zusammen mit einem befreundeten Pärchen. Wir sind durch die Berge gewandert, mit schweren Rucksäcken, ich hab sowas noch nie gemacht und war stolz auf mich. Wir hatten von einer Hütte gehört, unweit von unserem Lagerplatz, wo man noch was trinken konnte. Eckart ging los, die Hütte ausfindig zu machen. Er blieb lange weg, die Dunkelheit brach an, und wir machten uns Sorgen. Grad als wir ihn suchen gehen wollten, kam er den Berg hoch, eine wunderschöne Zigeunerin an der Hand. Die beiden hatten ihre Schuhe ausgezogen und wirkten völlig unbeschwert und glücklich. Ein wunderschönes Bild und ein ganz tiefer Schmerz. Wir liefen zu dieser Hütte, und Ekkart amüsierte sich mit der Zigeunerin auf dem Sofa. Ich hatte nicht den Abstand, das locker zu sehen. Es tat nur weh. Seitdem war ich mißtrauisch, hab geguckt, wo geht er hin, wann kommt er zurück. Und seitdem ging's bergab.

Nach diesem Urlaub begann der Arbeitsalltag im Jugendklubhaus. Von früh um acht bis nachts um zwei. Wenn ich mir heute überlege, daß ich das für 850 Mark gemacht habe, mit abgeschlossenem Studium – das war Ausbeutung. Meine Belegschaft bestand aus einer Stellvertreterin, die gallenkrank war und deshalb nur Betriebsveranstaltungen betreute, Jugendtanz lehnte sie ab. Dazu eine Finanzerin, zwei Reinigungskräfte, ein dem Alkohol ergebener Hausmeister und ein Heizer, das war der Stamm. Der Hauptteil der Arbeit blieb an mir hängen. Gegen 17 Uhr reisten die Kapellen an, bauten auf. Es lohnte nicht, nach Hause zu fahren. 19 Uhr begann die Veranstaltung. 24 Uhr war Schluß, zwei Stunden Abbau – dann fuhr keine Bahn mehr. Ich mußte mich auf die Straße stellen und auf ein Taxi warten. Und früh wieder fit sein. Als ich dort aufgehört habe, konnte ich ein Jahr lang keine Musik mehr hören, war total allergisch. Hinzu kamen die Schlägereien. Die Gaststätte war sehr »umsatzbewußt«! Die Streife blieb draußen stehen: »Bringen Sie uns die Schläger raus! Wir kommen nicht in den Saal.« Und dann die Ausländerfeindlichkeit. Im Haus verkehrten Kubaner und Polen. Die wurden in gezielten Aktionen zusammengeschlagen. Ich habe mehrmals um Hilfe gebeten, aber weder mein Chef noch die Polizei haben mich unterstützt. Die sahen weg. Einmal wurden mir Prügel angeboten, weil ich als Kulturhausleiterin mir erlaubte, mich mit einem Kubaner zu unterhalten und ihn an meinen Tisch zu bitten.

Naja, gut, ich schaffte es, das Profil dieses Hauses innerhalb eines Jahres zu verändern. Lesungen, Filme, Blues, Volkstanz, Theater – es wurde ein wirkliches Kultur-Haus. Ich komme ja aus einfachen Verhältnissen, bin keine Intellektuelle in dem Sinne, kam mit dem »Arbeitervolk« ganz gut klar. Selbst mit den Prügelknaben. Ich erteilte ihnen nicht mehr das übliche Hausverbot, sondern verknackte sie dazu, zum nächsten Film zu kommen, zur nächsten Lesung. Dieses Scheiß-Argument, daß sowas nur paar Studenten interessiert, stimmt nicht, ich weiß es aus Erfahrung. Von selber würden sie nie in eine Lesung oder einen Film gehen, da machen sie sich in ihrer Clique lächerlich, sind dann Außenseiter. Ich zeigte ganz bewußt nur kritische sozialistische Filme aus Polen, Ungarn, der Sowjetunion, den ganzen Westschmarrn konnten sie sich in den Kinos ansehen. Mindestens einmal in der Woche war eine Veranstaltung, die mir wirklich Spaß machte, wo ich mit Leuten reden konnte. Die restlichen 90% Jugendtanz und Betriebsvergnügen waren der Preis.

Tja, und dann wurde ich schwanger. Aber diesmal wollte ich aussetzen und das Babyjahr nehmen, das mußte sein. Bis zum Schwangerenurlaub habe ich durchgemacht, Überstunden und Abenddienste in Lärm und Qualm und Rauch. Laut Arbeitsgesetzbuch war das verboten, aber mein Chef sagte: »Sie sind verantwortlich! Sie müssen das tun!« Im September, zum Weltfriedenstag, wie ich's mir gewünscht hatte, wurde Maximilian geboren. Nun war ich also zu Hause, aber bald fiel mir die Decke auf den Kopf. Ich bekam das Hausfrauensyndrom, fand überall neuen Dreck, hatte ständig zu tun und wurde immer unzufriedener. Ich war nur noch gereizt. Bei einer kirchlichen Veranstaltung zum Thema Feminismus lernte ich vier Leipziger Frauen kennen, und daraus entstand eine Gruppe. Wir trafen uns regelmäßig, und ich begann meine Lage zu reflektieren. Zu fünft bereiteten wir die Veranstaltungsreihe »Frauenzentrum« vor. Die Konzeption entstand unmittelbar aus unseren eigenen Erfahrungen als Frauen in diesem Land. Daß es in der BRD »Frauenzentren« gibt, habe ich erst später erfahren, auch mein erstes Westfrauenbuch las ich lange danach. Erst dann fiel mir auf, daß viele Themen und sogar Begriffe, die wir selbst gefunden hatten, dort schon lange existierten.

Die Konzeption fürs »Frauenzentrum« hatte ich ordnungsgemäß bei meinem Chef eingereicht. Aber offenbar hat er sie nicht gelesen, denn erst als die Annonce in der Zeitung stand, bestellte er mich zu einem Gespräch. »Was soll denn das? Für Frauen ist der DFD zuständig und kein Jugendklubhaus. Ihr Auftrag ist die Arbeiterjugend und der Jugendtanz. Stimmen Sie sich mit dem DFD ab, dann sehen wir weiter!« Die zuständige DFD-Frau hatte wenig Zeit, aber auch keine Einwände. Die erste Veranstaltung lief hervorragend. Viele Frauen waren gekommen und zeigten Interesse, diese Reihe selbst zu gestalten, so wie es konzipiert war. Einen Tag später mußte ich antanzen. Bekam Hausverbot und ein Disziplinarverfahren. Der Grund: Ich hätte nicht mit dem DFD zusammengearbeitet. Das ganze endete mit meiner fristlosen Entlassung. Natürlich ging ich in Berufung. Die Leipziger Frauen kämpften einen heroischen Kampf, schrieben Eingaben, beschwerten sich. Alles verlorene Liebesmüh. Mit Versprechungen und Hinhaltetaktik, ständig neuen Terminen und Beratungen hielten sie uns ein Jahr lang bei der Stange. Bis es auch die letzte von uns kapiert hatte: Die wollen nicht, die haben Angst. Und: Die haben die Macht. Ich suchte einen Anwalt. Einzig Wolfgang Schnur erklärte sich bereit, den Fall zu übernehmen. Die Verhandlung beim Kreisgericht war vormittags. An der Tür ein Schild: »Öffentliche Verhandlung.« Die Tür ging auf, und der Saal war voller Leute. Beim Bezirksgericht lief es ähnlich. Die Öffentlichkeit bestand aus Leuten, die über eine »Eintrittskarte« verfügten. Natürlich verloren wir alle Prozesse.

Gleich nach dem letzten Prozeß bekam ich einen Anruf vom Arbeitsamt. »Wir haben eine Stelle für Sie, im Bezirkskabinett für Kulturarbeit.« Dort sollte ich für die inhaltliche Arbeit aller sechzig staatlichen Kulturhäuser im Bezirk verantwortlich sein. Das war kein Witz. Ich war wegen meiner inhaltlichen Arbeit entlassen, und nun das! Daß es ein totaler Abschiebeposten war, habe ich erst später begriffen. Aber ich mußte wieder arbeiten gehen, denn von den 400 Mark, die mein Mann verdiente, konnten wir zu viert auf Dauer nicht leben. Ich fing im Januar an, und wenige Wochen später lag ich im Krankenhaus, hatte Tabletten genommen. Das Prozeßjahr kam wie ein Bumerang zurück. Plötzlich war mir alles egal. Jeder Tag, den ich erlebte, war eine Anstrengung. Es dauerte nur paar Monate, und ich unternahm einen zweiten Suizidversuch. Wir renovierten gerade unsere Wohnung, alles war Baustelle, und Eckart begann nachts wegzubleiben. Von mir war nichts mehr übrig außer Selbsthaß. Ich kam in die Psychotherapie. Dort hab ich mich Stück für Stück wieder zusammengesetzt. Das verdanke ich all den Menschen, die zuhörten, mich annahmen und nicht versuchten, mich zu manipulieren oder zu ändern. Ändern kann man sich nur, wenn man das selbst will, das habe ich begriffen. Bin toleranter geworden, mir selbst und anderen gegenüber. Habe gelernt, vieles hinzunehmen, auch mir Unangenehmes oder Fremdes. Weil alles eine Geschichte hat. Daher kommt vielleicht auch meine »Untätigkeit« in dieser Wendezeit. Ich fühle keinen Haß auf die, die mich damals entlassen und verurteilt haben. Die sitzen alle noch in ihren Positionen. Ringsum erlebe ich Menschen, die sich jetzt rächen wollen für vergangene Demütigungen, die glauben, jetzt ist ihre Zeit gekommen, jetzt drehen wir den Spieß mal rum. Aber Haß verbindet mit dem gehaßten Gegenstand. Wer haßt, ist nicht frei.

Eckart machte dann auch eine Therapie. Das versetzte ihn in die Lage, einige Dinge offen mit mir zu besprechen. Er sprach über seine Liebschaften, und daß er für mich nur noch freundschaftliche Gefühle hatte. Ich schlug vor, uns auf ein Vierteljahr zu trennen. Da kann jeder erfahren, wie sich's allein lebt. Dann sehen wir weiter. Diese Zeit war eine unbeschreibliche Zäsur. Ich hatte geglaubt, ich verkrafte das nicht. Und siehe da, es war befreiend, allein zu sein. Allein – gelassen. Die Kinder blühten auf, wir lachten wieder miteinander. Sie hatten mich ja nur noch heulend erlebt, und Streit und Schläge zwischen den Eltern. Und jetzt war alles wie ein böser Spuk vorbei. Ich hatte wieder Zeit für Freunde, begann, eine Theatergruppe aufzubauen. Und ich fühlte, wie der Wunsch nach beruflicher Änderung langsam in mir wuchs. Ich kündigte, und begab mich auf das unsichere Terrain einer freischaffenden Journalistin. Und wie bestellt kamen die Arbeitsangebote. Ich arbeitete für den Rundfunk, stellte Frauenliteratur vor, schrieb für mich selber, probierte viele Dinge aus. Wie die Arbeitsangebote von selbst kamen, so kamen auch die Männer. An Liebe glaube ich nicht mehr. Das ist eine Form der Abhängigkeit, die ich nicht mehr leben will. Aber diese offenen und unabhängigen Beziehungen lebe ich gerne. Eine Beziehung gab es, in der ich sehr viel gelernt habe. Das war ein Siebzehnjähriger.

Ja, und dann kam dieser Sommer. Immer mehr Freunde verließen das Land. Im September besuchte mich ein Freund. Das klingt jetzt vielleicht kitschig, aber der sagte: »Petra, deine Kinder werden dich irgendwann mal fragen: Was hast du im Herbst 89 getan?« Ich fühlte mich nur noch gelähmt, konnte diese ganzen Ausreisezahlen schon nicht mehr hören, und jeden Tag wurden es mehr, jeden Tag schmolz mein Bekanntenkreis dahin. Ich konnte meinen Kindern später doch nicht sagen: »Leute, ich hab mich gelähmt gefühlt. Tut mir leid!« Als dieser Freund ging, fing es in mir an zu rattern. »Neues Forum, die Medien berichten drüber, was ist das, was will das, was soll das?« Ich setzte mich sofort in Bewegung und besorgte mir eine Adresse. Mir war klar, diese ganzen Sprüche, vonwegen die haben kein Programm und so, das mußte Tarnung sein. Irgendwo gibt's 'ne Zelle und die haben's in der Tasche! An diesen Kern muß ich rankommen. Ich erfuhr: Der harte Kern trifft sich am 4. Oktober. Ich dachte: »Na prima, da haste Geburtstag, wolltest eh nicht groß feiern, da gehste hin!« Wir trafen uns in der Zweinaundorfer Straße bei Micha Arnold im Hinterhaus. Ich war entsetzt. Nix mit hartem Kern und Programm in der Tasche. Da war Chaos, ob mir das gefiel oder nicht. Trotzdem schrieb ich mich ein. Ich hatte es mir vorher genau überlegt. Ich wußte, wenn ich mich als Kontaktadresse zur Verfügung stelle, heißt das Öffentlichkeit. Mein Name steht für alle lesbar, also auch für die Stasi, an der Nikolaikirche. Das Forum galt damals noch als staatsfeindlich und ich konnte verhaftet werden, vom Fleck weg. Ich mußte eine Lösung für meine Kinder finden für einen solchen Fall. Mein ehemaliger Mann war zu der Zeit schon nach Chile ausgewandert, meine Eltern kamen nicht in Frage. Wibke, eine Freundin, erklärte sich bereit, die Kinder aufzunehmen, falls mir was passiert. Ich schrieb ihr eine Vollmacht. Fortan lebte ich ganz puritanisch, streng nach

Zeitplan. Über meinem Telefon hing eine Liste, und meine Kinder wußten, wenn ich dann und dann nicht da bin, müssen sie die und die Leute benachrichtigen, und dann passiert das und das. Meine Tagebücher, meine Prozeßakten und anderes Material hatte ich ausgelagert, auch mit Haussuchung war zu rechnen. Als ich vorige Woche in der Zeitung las, daß 122 Leute aus Leipzig noch im Oktober für eine Internierung vorgesehen waren, wurde mir schlecht und ich mußte mich hinlegen.

Nun war ich also Kontaktperson. Früh um sieben standen die ersten vor der Tür, wollten sich in die Liste des Neuen Forum eintragen oder sich informieren. Das ging bis in die Nacht. Andere Kontaktpersonen lösten das eleganter. Das merkte ich erst später. Die führten Sprechzeiten ein, dann kamen auf einen Haufen 50 bis 60 Leute, und nach einer Stunde war das vergessen. Tür zu. Das war nicht mein Ding. Die Menschen kamen, um etwas von mir zu erfahren, aber auch ich wollte wissen: Warum tut ihr diesen Schritt, das ist gefährlich, was habt ihr für Erfahrungen? Sie bekamen ihren Kaffee oder Tee, und ich nahm mir Zeit. Für meine Kinder, auch für mich selbst hatte ich keine Zeit mehr. Aber irgendwie lief das, sie machten ihr Abendbrot selbst, kauften ein, holten Kohlen. Ich kam kaum noch zum Schlafen. Nach ein paar Wochen war klar, daß wir uns strukturieren müssen. So ging es nicht weiter. Bei einem Treffen wurde ich gemeinsam mit sechs Männern für ein Vierteljahr als Sprecherin gewählt. Wieder eine neue Erfahrung. Der Tag verlief ähnlich, nur daß es jetzt die Medien waren, die von früh bis nachts bei mir klingelten. Ich hatte Telefon, die meisten anderen nicht, und so spielte sich bei mir vieles ab. Die ganze Welt stand vor der Tür: Journalistinnen und Journalisten aus Kanada, Australien, England, Holland, Schweden, der Schweiz, den USA, und natürlich aus der BRD. Und meist unterhielten wir uns – wie gehabt – bei Kaffee oder Tee. Die sagten »Danke« und weg waren sie. Zunehmend fühlte ich mich ausgebeutet. Ich mußte die Presse verfolgen, die neuesten Nachrichten im Radio und Fernsehen hören, mußte immer den aktuellsten Stand wissen, damit ich seriös Auskunft geben konnte. Einmal klingelte das Telefon, irgendeine BRD-Rundfunkanstalt: »Was sagen Sie dazu, daß Krenz Chef ist?« Hilfe, ich hatte das noch gar nicht mitbekommen, und rief in den Hörer: »Hallo, hallo, ich höre Sie nicht! Hallo!« Es war ein Dauerstreß. Es drohte ein Zusammenbruch.

Ende Dezember nahm ich meine Kinder und fuhr nach Oldenburg zu einem Freund. Meine erste Westreise. Als ich zurückkam, war ich draußen. Der Informationsfluß war abgerissen und kam nicht mehr in Gang. Außerdem war mein Vierteljahr Sprecherzeit bald vorüber. Den Gründungskongreß des Neuen Forums im Januar machte ich noch mit. Ich gehörte damals schon zur Fraueninitiative Leipzig, die sich im Neuen Forum gebildet hatte. Nach diesem Kongreß trat die Fraueninitiative wegen der abgelehnten Quotierung geschlossen aus dem Neuen Forum aus. Diese konservative Haltung einer neuen Bewegung in dieser Frage kann ich bis heute nicht verstehen. Meinen eigenen Abschied gab ich bei einem Koordinierungstreffen Ende Januar. Ein Pressesprecher sollte gewählt werden, und einer machte den Vorschlag, es könnte ja auch eine Pressesprecherin sein. Da gingen die Emotionen hoch. »Wieso denn eine Frau?« Nach zehn Minuten hatten die Herren sich damit angefreundet, unter Umständen, vielleicht, eventuell eine Frau zu akzeptieren. Ja welche? Einer schlug mich vor, ein anderer Cornelia Matzke aus der Fraueninitiative. Der Versammlungsleiter, ein junger Mann, erklärte: »Ihr seid nicht integer. Cornelia Matzke hat für Quotierung plädiert, und über dich sagen die Leute: Das ist die Bohley von Leipzig.« Ich bin aufgestanden und gegangen.

Wir waren zufrieden

Erika W. ist im Sudetenland geboren und hat ihre Kindheit auf einem Bauernhof im Adlergebirge verbracht. Sie ist 65 Jahre alt, verheiratet, Rentnerin und lebt in einem Dorf in Vorpommern. Ihre beiden Söhne arbeiten in der Nähe von Berlin. *e.f.*

Als Deutschland 1938 das Sudetenland besetzte, war Haß da bei den Tschechen, weil sie das Land abgeben mußten. Vorher nicht, da haben wir gut mit den Tschechen gelebt. Aber mit der Gründung der Sudetendeutschen Partei, als Hitler aufkam, da gingen die Reibereien los. Da wurde mit der Zeit alles tschechisiert. Die Tschechen wollten, daß das Deutschtum tschechisch werden sollte. Der Einmarsch war für uns genauso eine Begeisterung wie für die Jugend heute. Wir haben uns als Kinder vorgestellt, daß wir ins Reich kommen, und daß es dann keinen Druck mehr von den Tschechen geben wird. Die Tschechen hatten ja bei uns alles besetzt. Wir haben uns wochenlang nicht ausgezogen, so eine Angst hatten wir vor ihnen. Als sie abziehen mußten über Nacht, hieß es, wir sind befreit. Da war die Angst weg, das wurde gefeiert, wir haben aufgeatmet und gedacht, jetzt beginnt ein neues Leben. Ein Jahr später mußten die Männer in den Krieg, und die ganze Jugend ist nicht wiedergekommen. Zwei Brüder sind gefallen, mein Schwager ist gefallen, zwei Brüder kamen zurück, die haben wir über das Rote Kreuz gefunden.

Am 8. Mai '45 war die Befreiung, da haben sich die Tschechen an den Männern gerächt. Diese Tage wird keiner vergessen. Ich kann unmöglich darüber erzählen, da hängt zu viel Trauriges dran. Ende Mai kam das Verbot, da durften sie nicht mehr morden, und am 6. Juni mußten wir binnen zehn

Minuten aus dem Haus sein. Wir haben aufgeatmet, obzwar wir von der Heimat weg mußten. Wir wurden bei 30 Grad Hitze hinausgejagt über die Grenze nach Schlesien, zu den Polen. Da mein Vater russisch und tschechisch konnte, hat er mit dem Kommissar verhandelt, und wir durften wieder zurück. Wir konnten auf der Wirtschaft bleiben, aber den Erlös hat der tschechische Kommissar eingesteckt. Ende Juli '46 wurden wir endgültig ausgesiedelt. Da ist es uns genauso ergangen wie jedem anderen Deutschen, wir waren ja um die zwei Millionen. Fünfzig Kilo durften wir mitnehmen, ein Bett und ein bißchen Kleidung. Mit uns waren die kleinen Kinder von meiner verstorbenen Schwester und eine alte Frau, die dreißig Jahre bei uns gedient hat. Keiner wollte den anderen im Stich lassen. Mit LKWs wurden wir ins Lager gefahren, da wurde nochmals alles durchkontrolliert, das beste weggenommen. Nach 14 Tagen im Lager sind wir in Viehwaggons nach Pirna bei Dresden abtransportiert worden. Dort haben uns die Deutschen übernommen.

Wir wollten nicht weg, wir wollten in der Heimat bleiben. Über dreißig Jahre hatte ich Sehnsucht, nach Hause zu fahren. 1975 hab ich es geschafft. Das war furchtbar, nach dreißig Jahren Sehnsucht, da kamen die Tränen, ob man wollte oder nicht. Als wir hinkamen, waren fremde Besitzer drin, die waren sehr nett, ein Doktor aus Königgrätz. Er hat uns eingeladen, brachte uns eine Tasse Kaffee und Gebäck und Kirschen, wir hatten ja Kirschbäume. Ich habe nichts runter gekriegt, so aufgeregt war ich. Damals hat uns ein Tscheche im Hotel angespuckt. Vielleicht hat er durch die Deutschen etwas erlebt, wodurch er den Haß in sich gehabt hat. Vielleicht haben sie ihm die Frau oder ein Kind weggenommen, oder den Besitz. Wenn Sie sich erinnern, Lidice bei Prag, das wurde ja völlig ausgerottet.

Am 21. August sind wir in Anklam angekommen. Wir wurden geimpft, gegen Läuse gepudert und mußten jeden

Tag baden. Zu essen hatten wir nichts, obzwar der Tscheche uns Reis, Zucker und Mehl mitgegeben hatte. Das haben sie uns aber in Anklam weggenommen, so war das. Dann wurden wir in die Kleinbahn nach N. verladen, und von dort mit Fuhrwerken in unser Dorf gebracht. Acht Tage haben wir im Saal gelegen, nichts Warmes zu essen. Wir wurden wie Zigeuner aufgenommen, sie hatten ja schlechte Erfahrungen gemacht, weil die ganzen Hinterpommern und Schlesier schon vorher gekommen waren. Was denken Sie, was hier los war! Dann bekamen wir eine Wohnung, ein Zimmer, eine kleine Kammer und eine Küche, das war furchtbar. Unsere sechs Mann kriegten die Woche ein Brot und eine kleine Schüssel Kunsthonig, keine Margarine, keine Butter, kein Fleisch. Die Bevölkerung hat gelebt wie die Made im Speck, aber für die Flüchtlinge hatten sie nichts. Der Bauer von nebenan hat uns Holz gegeben, und die Frau hat uns Magermilch verkauft. Hinterm Schloß haben wir Ähren getrocknet und mit der Kaffeemühle gemahlen, so haben wir überlebt. 500 Mark hatten sie uns auch gegeben, aber das wurde ja entwertet. Mein Vater war auf einem Speicher beschäftigt, der hat schön verdient, ich aber hab bei den Bauern für ein Stück Butter und Brot gearbeitet. Die haben uns ausgenützt. Unser Volk ist ja nicht anspruchsvoll und verwöhnt, im Gebirge mußten wir auch schwer arbeiten für einen kargen Lohn, die Erträge waren nicht wie hier im fruchtbaren Land. Wir haben immer gehofft, sie werden uns ein bißchen Korn geben, aber da kam nichts. 1947 sollte ich ins Uranbergwerk nach Aue. Da haben sie die Frauen, die keine Arbeit aufweisen konnten, hingeschafft. Wenn da eine Frau lange in den Bergwerken gearbeitet hat, war die hin. Meine Mutter hat sich die Hand gebrochen, da konnte ich zu Hause bleiben. Damit ich nicht wieder in die Verlegenheit kam, hat mich ein Bauer eingestellt. Da habe ich von morgens sieben bis abends um sechs nur für Essen gearbeitet. Die Versicherung mußte ich mir selber bezahlen.

Mit der Bodenreform 1948 bekam mein Vater 12 Hektar Land. Von '48 bis '60 haben sie sich emporgearbeitet, bis die LPG kam. Mein Vater stand sich gut, hatte auch schon etwas erspart. Wir hatten zwei Pferde, vier Kühe und zwanzig Schweine, aber dann mußten wir das ganze Vieh abgeben, bis auf eine Kuh. Das hat weh getan. Wir kriegten ein Formular, da stand: soviele Kühe, soviele Pferde, soviele Schweine und soviele Milchkannen, das wurde geschätzt. 3000 bis 4000 Mark wurden in die LPG eingezahlt, was drüber war, sollte sofort ausbezahlt werden. Darauf warten wir heute noch. Aber sie sagen immer noch, das Land ist eures, alles gehört euch. Mein Vater hat nicht viel Rente bekommen, und meine Mutter war nicht mitversichert, die kriegte gar nichts. Als sie nicht mehr konnten, haben wir sie hier aufgenommen bis zu ihrem Ende.

Als ich 1952 geheiratet habe, bin ich hierher zu meinem Mann gezogen. Wir standen uns gut, als die LPG kam. Alle Bauern, ob groß oder klein, haben alles verloren und mußten auf der LPG arbeiten. Manche haben sich gewehrt, die haben noch zwei, drei Jahre auf ihrem Land weitergearbeitet, aber das ging wirtschaftlich nicht. Dann haben sie die Felder einfach zusammengeschmissen. Wir hatten uns damit abgefunden. Die ersten Jahre hatten wir noch eine Kuh, aber das war zu umständlich. Wir mußten um sieben zur Arbeit und vorher noch die Kuh melken, und abends nach der Arbeit wieder, das haben wir dann abgeschafft. Mein Mann war Traktorist, hat gut verdient. Ich habe Feldwirtschaft gemacht, am Anfang mit der Hand, die Kartoffel gepflanzt, die Rübenpflege, aber dann kam der Aufbau und die Maschinen. Auf der LPG hatte man nicht weniger Arbeit als vorher, aber wenn man gut gearbeitet hat, bekam man eine Prämie, das hat sich am Jahresende gelohnt. Wenn die Männer Überstunden gemacht oder sonntags gearbeitet haben, dann wurden sie doppelt bezahlt. Man konnte sich auch qualifizieren, vom Brigadier zum Meister und zum Ingenieur. Schlecht ist das nicht, die LPG. Ich glaube nicht, daß es heute eine Frau gibt, die wieder zurück zur privaten Wirtschaft wollte. Wir hatten unsere Arbeit, aber nach Feierabend war Schluß, dann brauchten wir uns um nichts kümmern, höchstens wenn man auch privat Vieh hatte. Wir haben beide gut gearbeitet und viele Auszeichnungen gekriegt. Naja, gut gearbeitet haben alle, aber es gab doch auch manche drunter, die sich gedrückt haben. Die sind heute besser dran als wir, die wir unsere Gesundheit hingegeben haben. Wenn man zwei Mal ausgezeichnet wurde, bekam man einen Inlandsferienplatz, wenn man vier Mal ausgezeichnet wurde, einen Auslandsplatz. Mein Mann hat 25 Auszeichnungen bekommen, ich bloß fünf. Die Frauen wurden nicht so oft ausgezeichnet wie die Männer, weil es in der Landwirtschaft mehr Frauen gab als Männer. Einmal waren wir die besten Rübenroder der Republik, da waren wir in Rußland, das war schön. In Moskau, Odessa, Kiew, Minsk, alles erste Klasse und keinen Pfennig bezahlt. Wir sind schon ein bißchen rumgekommen in der Welt. Als Rentner durften wir ja auch in den Westen fahren. Aber mit 15 Mark in der Hand, das war beschämend, wenn wir rüber kamen und die Hand aufhalten mußten. Das können Sie sich nicht vorstellen, was das für ein Gefühl ist, wenn man als Bettler dasteht. Da haben wir verzichtet. Wir trauen uns auch heute nicht zu fahren, obzwar wir uns etwas umtauschen haben können.

Nun haben alle Sorge, wie es werden soll. Was wollten die Bauern wohl anfangen auf der Wirtschaft? Sie haben keinen Pflug, die Felder sind runtergewirtschaftet, ausgemergelt, die Erträge mußten ja jedes Jahr gesteigert werden. Wenn eine so große Wirtschaft auf einem Haufen ist, da geht nicht alles glatt, das ist unübersehbar, das sind ja mehr als 3000

Hektar. Das Stroh wurde in die Luft gepustet, dem Boden fehlt der Humus, jedes Jahr wurde immer mehr Kunstdünger verwendet, so viel Gift. Wir haben Kartoffel angebaut, was denken Sie, wie wir in diesem Gift gewirkt haben, ohne Gummizeug konnten wir da gar nicht dazwischen. Manchmal haben sie auch aus Flugzeugen auf uns draufgesprüht, das war manchmal unvermeidbar. Als dann die großen Maschinen kamen, war die Bearbeitung nicht mehr wie früher. Die Mähdrescher sind ja Zentner schwer, das hat den Boden vernichtet. Jeder hat nach Leistung gearbeitet, Hektar, Hektar, Hektar, ob Frauen oder Männer, jeder wollte verdienen. Anfangs haben wir noch versucht, etwas dagegen zu sagen, aber sie haben uns den Mund verboten. Wenn man vorwärts kommen und was verdienen wollte, dann war man still. Es waren schon welche dabei, die nicht still hielten, aber die konnten sich die Prämie aus dem Kopf schlagen oder die Qualifizierung. Das war ein schweres Arbeiten. Jetzt sind wir durch, kriegen unsere Rente, haben unser Möglichstes getan. Die Kinder wollten nicht hierbleiben, die LPG war nichts für die Jugend, die sind alle weggezogen.

Jetzt können wir nur hoffen, daß uns die Rente bleibt, daß sie ein bißchen erhöht wird, wenn alles teurer wird, damit wir uns auch weiterhin was leisten können. Einen Arzt möchten wir auch wieder. Wir haben zwar eine Arztpraxis, aber keinen Arzt, der ist nach drüben gegangen. Die Schwestern wechseln auch dauernd, das ist nicht schön für die Patienten. Zum Glück habe ich schon sechs Jahre keinen Arzt gebraucht. Aber seit ich nicht mehr arbeite, bin ich furchtbar dick geworden, das ist ein großer Kummer, denn ich war sehr schlank. Die Ruhe tut mir nicht gut. Mir fehlt die Arbeit, ich mache ja bloß meinen Haushalt, und mein Mann ist ja jetzt auch zu Hause. Ich hätte gerne noch ein bißchen gearbeitet, einen halben Tag oder stundenweise, aber das war nicht möglich. Mein Mann läßt das nicht zu, und die

Kinder haben gesagt, du hast genug gearbeitet in deinem Leben, du hast es dir verdient, aufzuhören. Sie haben es gut gemeint, aber für meinen Körper war das nicht schön. Das ist wie bei einem Leistungssportler, der plötzlich aufhört, der kann das auch nicht verkraften. Ich habe es ja eingesehen, ich habe vom 14. Lebensjahr an gearbeitet. Die letzten Jahre sind mir auch schwer gefallen, wir mußten immer mit den Jungen mithalten, da gab es keine Ausnahme, das hat uns auch nicht immer gepaßt. Aber manche Frauen haben noch in der Halle gearbeitet, das konnte jede halten, wie sie wollte. Wenn Saison war, haben sie stundenweise gearbeitet. Naja, und die Gesellschaft hat einem auch gefehlt, man war es gewöhnt, mit den Frauen zusammen zu sein, und hier saß man alleine, das war auch schwer. Man geht wohl hin und wieder zu der einen oder anderen, aber das läßt nach. Jeder ist so gleichgültig geworden durch dieses System, als wenn sie sagen wollen, soll werden was will.

Mein Mann hat 50 Jahre gearbeitet, ich 43 Jahre. Er kriegt jetzt 600 Mark Rente und ich 400. Das ist nicht viel, aber wenn wir uns noch was zuverdienen, können wir schön leben von der Rente. Nun wissen wir aber nicht, woran wir sind. Das macht uns Kummer und Sorge. Da wir mit der Rente alleine nicht klar kommen, haben wir es so eingerichtet, daß wir Ersparnisse haben. Wenn uns das jetzt genommen wird, haben wir praktisch die ganze Zeit umsonst gearbeitet. Wenn sie uns ein drittes Mal alles nehmen, wenn wir wieder alles sollen hingeben, dann ich weiß nicht, wie wir das verkraften sollen. Wenn wir nächste Woche zur Wahl gehen, wissen wir nicht, was wir wählen sollen. Modrow, zu dem hat jeder Vertrauen, wenn Modrow spricht, steckt Wahrheit dahinter, den versteht man. Er hat das Gute für uns im Auge, aber er ist wiederum von der Partei, die wir nicht mehr haben wollen. Ob er uns trotzdem erhalten bleibt? Wir möchten ihn gern haben. Der Gysi, der ist von derselben Partei, den mag keiner gern, der hat schon so einen Blick. Wenn sie uns nicht so betrogen hätten und mit dem Geld ein bißchen Südfrüchte oder sonstwas für die Kinder eingekauft hätten, wir hätten schön leben können, nicht? Wir hatten unser Auskommen, unsere Versorgung, wir konnten zum Zahnarzt und zum Arzt gehen, brauchten nichts zu bezahlen, und für die Kinder gab es die Organisationen, wat wollten wir denn mehr? Wir waren zufrieden. Das einzige war, daß wir gebunden waren. Wir waren nicht frei, durften nicht frei reden, durften nicht frei reisen. Als wir in Bratislava waren, wollten wir nach Wien reisen, aber wir durften nicht. Wir waren so dicht bei, das hat weh getan. Für die CDU ist hier keiner, da hat keiner Vertrauen, ich weiß nicht warum. Mir ist alles gleichgültig, ich habe nur Angst, daß das nicht friedlich ausgeht, einen dritten Krieg wollen wir nicht mehr erleben. Diese Zeit von November bis jetzt, das ist zu kurz, man weiß nicht, wo man hingehört. Das sind ja mehr als 20 Parteien! Das geht einem im Kopf durcheinander. Wenn es bloß ein oder zwei oder drei Parteien wären, dann wäre es nicht so schlimm. Und die Verwandten schreiben von drüben, wählt richtig. Aber was wir wählen sollen, schreiben sie nicht, nur richtig soll es sein. Aber das Mißtrauen ist in uns, weil sie uns die ganzen 40 Jahre so betrogen haben. Das ist ja nicht wieder gut zu machen. Von den Westpolitikern gefällt mir der Weizsäcker, da kann man Vertrauen haben. Ob man das zu Kohl haben kann, weiß ich nicht. Der will mit Gewalt durch, der will mit dem Kopf durch die Wand. Das wird alles so schnell über einen Stab gebrochen. Für mich kommt die Wahl zu früh. Wir sind das nicht gewöhnt. Wenn wir früher zur Wahl gingen, haben wir einen Zettel gekriegt, und auf dem Zettel standen die Kandidaten der SED drauf. Wir haben den Zettel zusammengefaltet und geschaut, daß wir wieder rauskamen. Wir wußten, ob wir hingehen oder nicht hingehen, es gab ja doch nur die einzige Partei. Wenn man nicht wählen gehen wollte, mußte man einen Grund haben. Wenn einer sich zum Beispiel ein Haus ausbessern wollte und das Material nicht bekommen hat, dann hat er gedroht, daß er nicht wählen geht. Der wurde dann schief angeschaut. Wenn einer nicht wählen ging, war das so, als wenn er gegen die Regierung war.

Naja, es wäre schön, wenn Deutschland wieder zusammen käme, wie es zusammengehört, aber schwer wird das sein. Das ist nicht so einfach, wenn 40 Jahre lang eine Politik in den Menschen drinsteckt, das kann man nicht auf einmal ändern. Hier war es der Sozialismus, und ihr habt den Kapitalismus, das ist ein ganz großer Unterschied. Ihr habt gelebt, und wir haben gelebt, aber das sind zwei verschiedene Fächer. Wenn wir jetzt zusammenkommen, und die DDR soll sich eurem System anpassen, dann ist das schwer für die Leute. Wir sind doch am Boden hier, was sollen wir denn anfangen, wenn wir keine Hilfe kriegen? Wir können uns nicht wieder aufrichten.

Vagabund wollte ich werden: Solidarność

Inge B. zieht junge Leute an wie ein Magnet. Wenn sie vorn steht und spricht, über Freiheit, Macht und Würde, sind alle gebannt. Ihre Sätze kommen langsam, wie aus Urtiefen, die Stimme ist eigenartig monoton. Daß diese Frau 64 ist, vergißt man völlig. Hier spricht eine Gleiche zu Gleichen. *p.l.*

Ich wurde im jetzigen Polen, in Niederschlesien geboren. Mein Vater arbeitete als Landarzt, meine Mutter war zu Hause, hatte aber eine Lehrerinnenausbildung. Es gibt eine ganz frühe Erinnerung: Ins Schlafzimmer meiner Eltern wurden Steine geworfen. Mein Bruder und ich konnten durchs Fenster auf den Hof sehen – alles voller Nazis. Ein furchtbarer Anblick. Vielleicht kommt es daher, daß ich oft Angst habe, wenn Massen zusammen sind. Das geschah 1932, da war ich sechs. Mein Vater hatte eine gewisse Lust an gefährlichen Situationen. Er ging als einziger Kommunist in die Naziversammlungen. Einmal schlugen sie ihn zusammen, das hat mir die Mutti erzählt. 1933 wurde er verhaftet, eine harte Zeit für meine Mutter: drei Jahre ohne Einkommen und drei Kinder. Als er 36 rauskam, war er plötzlich ganz fromm. Wahrscheinlich aus diesem ganzen Elend heraus, dieser Ohnmacht und diesen Schmerzen. Wir gingen dann immer in die evangelische Kirche. Aber er wurde noch frommer, nämlich katholisch. Ich bin dann auch katholisch geworden. Diese Geschichte erzähle ich gern: Ich liebte es, wenn die Zigeuner kamen und ihre Zirkuszelte aufschlugen. Ich bat: »Dürfen wir nochmal in den Zirkus?« Mein Vater war ganz raffiniert: »Ja, wenn ihr am nächsten Sonntag mitkommt in die katholische Kirche.« Ein kurzes Zögern – ich verriet meinen evangelischen Glauben. Als ich elf war, erwischte mich mein Vater mit Jungs. Kurzerhand schickten sie mich ins Kloster, zu den Ursulinen. Einmal hatte ein Mädchen Schwierigkeiten mit dem Glauben. Da fing ein Getuschel an, sie ging nicht zur Kommunion. Ich entschloß mich, auch nicht zu gehen. Da war schon eine gewisse Solidarität mit denen, die anders sind. Das ist keine Tugend bei mir, das kommt einfach so aus mir raus. 1939 wurde das Kloster aufgelöst. Ich kam nach Breslau ins Pensionat und an eine weltliche Oberschule. Wegen Französisch fünf und Latein sechs blieb ich sitzen. Der Lateinlehrer schrieb ins Buch: »Berndt durchaus nicht dumm, aber faul.« Mit der Französischlehrerin unterhielt ich mich über Kant und den Kategorischen Imperativ. Sie schüttelte den Kopf: »Da wissen Sie Bescheid, aber eine einfache französische Vokabel kennen Sie nicht.«

Vom Abitur wurden wir weggeholt. Die Jungs mußten Panzergräben ausheben, und wir waren für Kochen und Waschen zuständig. Während wir im Kessel die dreckigen Socken umrührten, die immer kleiner wurden, weil sie fast kochten, sangen wir: »Komm auf mein Schloß...« – es war ein Spaß, und wir vergaßen darüber fast den Krieg, so froh waren wir, von der Schule weg zu sein. Dann der Arbeitsdienst: Ich kam an, haute mich gleich auf ein oberes Bett, holte ein Zigarre raus, was völlig unmöglich war, denn: Ein deutsches Mädchen raucht nicht! Und qualmte los. Einmal wurde ich erwischt. Zum Morgenappell mußten wir alle unsere Kostüme anziehen. Da wußte ich schon, was passiert. Mir sollte zur Strafe die Brosche weggenommen werden. Ich zog einen viel zu großen Mantel an, borgte mir von »Unschuldigen« drei Broschen und füllte meine Taschen mit Schnüren, Tüchern und Kram. Ich wurde nach vorn gerufen. Die Führerin hielt eine Rede: »... hiermit nehme ich dir die Brosche weg!« Sie griff mir an den Hals – da war keine. Mit großer Gemütsruhe leerte ich meine Manteltaschen: Taschentücher, Schnüre und darin verwickelt – die Broschen. In ihr kochte es. Ich wollte nicht angeben, sondern irgendwie zum Ausdruck bringen, daß mir das ganze Theater zuwider war. Ende März 45 wurde ich strafversetzt in ein Kriegshilfsdienstlager in Schlesien. 1000 Russen und Franzosen und 300 Arbeitsmaiden – wir drehten Granaten auf. Die Front kam jeden Tag näher, und ich mußte aufpassen, daß niemand ausrückt. Ich ging zu den Mädchen: »Ich rate euch, abzuhauen, ich gehe noch heute.« Unter dem Vorwand, wir gehen ins Kino, setzte ich mich mit Jutta, einem Mädchen aus Halle, ab. Wir lösten eine Fahrkarte nach irgendeinem kleinen Ort, ein D-Zug hielt, und wir stiegen schnell ein. Er war voller Soldaten. Sie warnten uns, wenn Kontrolle kam: »Verschwindet auf die Toilette!« Danach klopften sie: »Fräuleins, ihr könnt wieder rauskommen.« Bis Leipzig sind wir gefahren. Da stand ich auf dem Bahnhof und sah zum ersten Mal eine zertrümmerte Stadt. Auf dem Weg nach Halle begegneten uns Soldaten: »Mädchen, seid ihr verrückt? Halle wird gerade umkämpft. Hier, trinkt erst mal einen!« Sie holten eine Flasche raus, ich dachte Wasser, es war natürlich Schnaps – mein erstes Schnapserlebnis. Wir zogen weiter. Jutta war ja in Halle zu Hause, und ich mußte auch irgendwo unterkommen. Das letzte Stück nahm uns ein Auto mit, wir saßen zwischen Panzerfäusten. In Halle blieb ich zwei Wochen. Als der Bahnhof brannte, lief ich mit Jutta hin. Güterzüge voller Lebensmittel standen in Flammen. Wir holten Korn, Wein, Jacken und Felle raus. Dort sah ich die ersten Besoffenen. Sie hatten einfach die Flaschenhälse abgeschlagen. Dieses Bild blieb in mir haften.

Ich wußte, daß meine Mutter von Schlesien nach Dermbach geflüchtet ist. Das liegt hinter Eisenach, dort wollte ich hin. Sie lebte dort mit ihren vier kleinen Kindern. Mein Vater hatte sich nicht mehr um sie gekümmert. Ich machte mich auf den Weg, allein. Mit einem schweren Rucksack mit

Korn, zwei Fellen und einer großen Feldflasche Wein. Es war ein sonniger Tag im Mai. Kurz vor Naumburg setzte ich mich an die Saale, trank Wein – und die Welt war herrlich. Ich sah furchtbar verschwitzt aus, sicher glänzten auch meine Augen ein bißchen vom ungewohnten Weingenuß. In Naumburg klingelte ich beim Pfarrer wegen Nachtquartier. Seine Frau öffnete: »Wir haben keinen Platz.« Ich sagte: »Gnädige Frau, ist es nicht möglich, daß ich wenigstens auf dem Fußboden schlafen kann?« Das »gnädige Frau« stimmte sie um, und ich bekam sofort ein Zimmer und wurde eingeladen, länger zu bleiben, aber mich drängte es weiter. Das letzte Stück bis Dermbach nahm mich ein Milchhändler mit, meine Füße waren wund, ich konnte nur noch auf Zehenspitzen laufen. Auf dem Marktplatz lief jemand auf mich zu: »Du bist doch Doktersch Inge!« Er brachte mich zu meiner Mutter. In Dermbach habe ich Güterwagen entladen. Dann hörte ich von einem Pfarrer, der eine Abiturklasse aufgemacht hatte. Mich packte die Sehnsucht nach Bildung. Ich holte das Abitur nach und bewarb mich in Leipzig. Als Kind hatte ich ganz andere Träume. Ich wünschte mir, daß mein Vater für mich ein winziges Bauerngut kauft. Morgens, bevor die Arbeit angeht, wollte ich ausreiten, dann duschen, frühstücken, mich in die Bibliothek setzen. Mein großer Plan war: Ich wollte nie Knechte, sondern immer Menschen um mich haben, die mir gleichgestellt sind. Von diesem Traum mußte ich Abschied nehmen. Und noch eine Sehnsucht: Ein Vagabund wollte ich werden – geistig bin ich es vielleicht auch.

1946, im Herbstsemester, fing das Studium an. Man hatte zwar Hunger, aber eine völlig freie Universität. Keiner sagte, welche Vorlesungen man besuchen muß. Ich hörte Tiefenpsychologie und Kunstgeschichte und ich weiß nicht, was noch alles. Aber als ich mich für Keilschrift eintragen wollte, setzte die Vernunft ein, und ich fragte mich: Was studierst du hier eigentlich? Das mit der Keilschrift habe ich dann gelassen. Geschichte als Hauptfach und Germanistik als Nebenfach. Es war mitten in der schönen Stalinzeit. Ich war nicht in der FDJ. Alle Nichtmitglieder wurden eines Tages in einem Hörsaal zusammengerufen. Die strampelten sich da vorne einen ab, um uns zu werben. Wir sagten keinen Ton, argumentierten auch nicht dagegen. Nur Schweigen. Die FDJler wurden immer nervöser und sagten dann voller Zorn: »Da müssen wir die Versammlung eben abbrechen.« Gegen Ende des Studiums wählte ich als zweites Nebenfach Philosophie. Ich meldete mich bei Bloch an, und dann hatten wir die Ehre, uns kennenzulernen. Als Thema hatte ich angegeben: Geschichte der Geschichtsphilosophie. Bloch zog seine Pfeife heraus, und ich begann mit dem Alten Testament. Das war natürlich was für ihn. Eigentlich war für Nebenfächer eine Viertelstunde vorgesehen. Ich kam nach einer Dreiviertelstunde raus, Bloch verabschiedete mich: »Ich bedanke mich für das Gespräch und hoffe, wir sehen uns noch öfters.« Er schickte daraufhin einen Assistenten und ließ fragen, ob ich bei ihm anfangen will, als Assistentin. Acht Tage nach dem Staatsexamen nahm ich meine Arbeit bei ihm auf. Mußte Seminare über griechische Philosophie halten. Ein bißchen Ahnung hatte ich, aber nicht viel. Was habe ich gearbeitet! Bloch besuchte ein Seminar und fand es vorzüglich. Und dann verliebte sich einer der Professoren in mich, mein Pech. Ein richtiger Stalinist. Wir gingen mehrmals zusammen in die Oper, aber dann wollte ich nicht mehr. Ich sagte die nächste Verabredung ab. Das hatte der Herr überhört. Er schrieb einen ganz bösen Brief, ich hätte ihn angelogen, und das würde Konsequenzen haben. Ja, und dann ging die Hetzerei los. Mein Zimmer wurde durchsucht, ein Student erzählte mir von einer Parteiversammlung, wo verkündet wurde, ich sei Agentin der Studentengemeinde. Schon während des Studiums war ich in Vorträgen vom Marxismus/

Leninismus abgewichen und hatte Schwierigkeiten bekommen. Ich war einfach dran! Bloch forderte mich auf, in eine Organisation einzutreten. Ich weigerte mich: »Nein, das vereinbart sich nicht mit meinem Denken.« Er drohte: »Entweder, Sie treten ein oder Sie kündigen!« Das war schlimm. Bloch hatte kein Verständnis. In ihm war eine kindische Hoffnung. Als Emigrant aus Amerika wartete er hier auf das Reich der Gerechtigkeit wie ein Kind auf Weihnachten. Und als Professor war er erst einmal weg von der Wirklichkeit. Ich war eine der ersten, gegen die es damals, 1953, losging. Es wurde unerträglich, und ich schrieb die Kündigung. Bloch weigerte sich zunächst, sie zu unterschreiben, wahrscheinlich war seine Drohung auch nur unter Druck gesagt, und jetzt wollte er nicht verantwortlich sein. Als alles vorbei war, habe ich geheult. Es war mir unbegreiflich, ein Philosoph sein heißt doch, Freund der Weisheit zu sein.

Dann begann eigentlich eine schöne Zeit. Ich hatte so etwas über 1000 Mark gespart, lebte von Bratkartoffeln und Sauerkrautsalat, kaufte mir Tabak und drehte mir Zigaretten. Und – ich fing an zu philosophieren! Über den Tod, dann kam ich auf den Begriff Person, dann wieder ein neuer Begriff, den ich für mich klären mußte, es war eine richtige Kette. Werner Becker, einer meiner Studenten, fragte: »Inge, wovon leben Sie?« Ich sagte: »Da oben in dem Pappkarton liegt mein Geld. Es geht zur Neige.« Da hat er mich beschäftigt, für ein bißchen Geld, in der Bibliothek der Studentengemeinde. Eine Wonne, Bücher über Bücher. Eines Tages fiel mir ein Buch in die Hände, dessen Autor ich nicht kannte: Arthur Rimbaud. Ich schlug auf – rechts französisch, links deutsch. Ich las und las und so lernte ich französisch, nur von den Gedichten her. Später schrieb ich oft in Französisch, es war viel leichter als Deutsch, unverbrauchter, ich konnte anders schreiben und denken. Werner Becker brachte mich dann im Benno-Verlag unter, als Korrektorin, für 300 Mark brutto. Ich, die Germanistikstudentin, fing an zu lernen, wo ein Komma hingehört. Ich saß Nächte. Jetzt weiß ich sogar, wo vor »und« ein Komma steht. Ich konnte nicht mal mehr Krimis lesen, ohne daß mir Komma- und Satzfehler auffielen. Ich wurde Lektorin, es blieb bei 300 brutto. Die Kollegen sagten: »Geh doch zum Direktor!« Ich faßte Mut und trug mein Anliegen vor. Er sagte: »Nein, im Augenblick ist eine Erhöhung nicht möglich.« Ich glaube, ein Mann hätte sich das nicht bieten lassen. Was finanzielle Dinge betrifft, kann ich mich nicht durchsetzen. Bei meinem ersten Gehalt hatte ich das Gefühl, mir wird etwas geschenkt. Mir fehlt diese Beziehung: Arbeit – Entlohnung. Das ist bis heute so geblieben. Ich glaube, als Lektorin war ich ganz gut. Ich wurde stellvertretende Cheflektorin. Machte fast alles alleine. Hierfür bekam ich 500 Mark, zum Schluß dann 700. Nur ein Kollege lektorierte noch mit, ich hatte irrsinnig viel am Hals, hatte den Kram oft satt und wollte kündigen. Im Herbst war's wieder mal so weit. Da grinste meine Kollegin, sie kannte mich und wußte, daß ich ein Herbstmensch bin. Ich liebe den Herbst, die Unruhe, die Aufbruchstimmung, noch einmal die ganze Fülle der Natur, alles ist farbig, und die Bäume liebe ich noch mehr als sonst. Ganz bewußt entschied ich mich, aufs Frühjahr zu warten. Ich kündigte im April. Kurz nach meinem 50. Geburtstag. Im Verlag herrschte Fassungslosigkeit, sie wollten es nicht glauben, immerhin war ich 23 Jahre dort.

Bald nach der Kündigung zog ich nach Dermbach – für vier Jahre. Meine Mutti hatte einen Schlaganfall, und ich pflegte sie. War völlig isoliert, aber es war eine Zeit, in der ich viel gelernt habe, menschlich. Ich war so angerührt, wie schwach ein Mensch sein kann, wie verlassen. Ich schlief in einem ganz kleinen Zimmer mit einer Verbindungstür zu ihrem. Nachts rief sie immer nach mir: »Mutti! Mutti!« Mit dem Wäschewaschen war es schwer. Da half mir wieder der

Werner Becker, er besorgte mir eine Waschmaschine. Hin und wieder kam er mich besuchen. Da hab ich gesagt: »Musik vermisse ich sehr.« Und er trieb in Westdeutschland jemanden auf, der mir über Genex diesen Plattenspieler schickte. Das hat mir wohlgetan. Wenn die Mutti immer ganz darniederlag, päppelte ich sie wieder hoch: mit westlichen Suppen, löffelweise, mit Sekt, und ab und zu mal ein Eierlikör. Dann merkte ich, es geht aufs Sterben zu. Ich hatte sie so im Arm und sagte: »Jetzt hört bald der Nebel auf, der dich ärgert, und die Fliegen kommen auch nicht mehr, und dann gibt es nur noch Blumen.« Ich habe lauter Blumennamen vorgesagt. Sie liebte Blumen und ärgerte sich über Fliegen. Bei dem Wort »Gänseblümchen« ist sie gestorben. Ganz ruhig. Ich habe sie gleich hochgebunden. Eine schwierige Sache. Hatte mich vorher erkundigt, das muß man alles selber machen, auch das Waschen. Ich stellte ganz viele Kerzen hin. Nachts halb zwei bin ich wieder rüber, aus Angst, was falsch gemacht zu haben, und nahm den Verband ab. Sie sah ganz lieblich aus, ein so schöner Ausdruck, richtig jung und glücklich. Da war ich froh und beruhigt. Ich blieb in Dermbach, doch es wurde unerfreulich. Ich wollte nur ein ganz kleines Zimmerchen, das hatte mir das Bürgermeisteramt auch zugesprochen, aber die Hauswirtin gab es mir nicht.

Ab September lebte ich wieder in Leipzig. Da lag auch schon eine Anfrage, ob ich über Sartre einen Vortrag halten will. Vorher hatte ich schon mehrmals über Camus Vorträge gehalten. Werner Becker meinte: »Du mußt deine Sachen in den verschiedenen Studentengemeinden anbieten.« Wir hatten uns dann geduzt, er ist ein wirklicher Freund geworden. Ich sagte: »Ich biete mich nicht an, das kann ich nicht.« Es ist überhaupt so, ich habe mich nie um irgend etwas gekümmert. Bei Bloch kam es auf mich zu, beim Verlag, und jetzt bei den Vorträgen war es genauso. Dann hatte ich so viel zu tun, daß ich auch absagen mußte. Platon, Sokrates, die Philosophie des Mittelalters bis hin zu den Existenzialisten, Sprachphilosophie, selbst in den Neopositivismus kniete ich mich rein. Vor den Vorträgen hatte ich immer Bammel. Trank Schnaps aus Angst. Die Angst kam, wenn ich diese vielen Zettel geschrieben hatte und sie nun zusammenstellen mußte. Ich schrieb alles mit der Hand, eine Schreibmaschine ist mir nichts. Dann hab ich sie umgearbeitet und nochmal und nochmal. Das tue ich grundsätzlich. Ich kann nicht einen Vortrag zweimal halten. Über Kierkegaard sprach ich zum ersten Mal in Halle. Da war kein Beifall. Schweigen. Einer sagte: »Jetzt könnte ich Ihnen seitenlange Briefe schreiben.« Ich mag den Erfolg nicht. Beifall besagt nichts. Oft kam ich melancholisch nach Hause von so viel Beifall. Einmal in Berlin sprach ich vor ungefähr 200 Studenten über Sartres Freiheitsbegriff. So viel Beifall, ich kam mir vor wie eine berühmte Schlagersängerin und dachte an diesen lateinischen Satz: »Ihr klatscht mir Beifall, hab ich was falsch gemacht?« Am Anfang waren bei mir sehr viele Leipziger Studenten, ich konnte nur nachts arbeiten, aber manchmal klingelte es auch in der Nacht. Ich war für andere da, aber nach mir wurde überhaupt nicht gefragt. Manches war ein Ausbeutungsverhältnis. Langsam kamen auch paar Asoziale zu mir. Die sind jetzt alle im Westen. Die Bundesrepublik hat sie mir abgenommen. Eine, die Chaoten-Elli, kam immer nach ihren Selbstmordversuchen. Ich sagte: »Am liebsten würde ich dich versohlen!« – aber das ging ja nicht. Später steckte sie mir einen Zettel rein: »Liebe Inge, ich wollte mir die Dresche bei dir abholen, jetzt kann ich sie ertragen.« Meistens kamen werdende Dichter. Mit der Lyrik ist das so eine Sache. Es gibt so einen gewissen lyrischen Sprachschatz, der in der Luft liegt – und wenn man den zu Papier bringt, fühlt man sich als Dichter. Es war manchmal schwierig, aber ich sagte ihnen immer die Wahrheit. Ein ehemaliger Priester hatte mir eine Nutte ans Herz gelegt. Sie saß 11 Jahre im Knast wegen Arbeitsbummelei, ihre Tochter war im Heim. Und diese Frau, sie war 40, verliebte sich in mich. Ich habe nichts gegen Liebe zwischen Frauen, habe dahin auch eine Zuneigung. Bin keineswegs orientiert auf den Mann. Mich interessiert sehr wenig, ob einer Mann ist oder Frau. Es kommt darauf an, ob ich den anderen liebe und eine Beziehung zu ihm habe. Diese Frau stürzte sich auf mich mit aller Gewalt, das war nichts für mich. Einmal warf sie eine Flasche Rotwein an die Tür. Das kannst du heute noch sehen. Dann kam ihre Tochter zurück, auch ein sozialer Fall. Sie hatte zwei Kinder, ging dann auf die Straße, wurde totale Alkoholikerin und kam in den Knast. Sie schrieb mir lange Briefe, daß sie »trocken« sei. Ich vermute, sie ist im Westen. Ich hatte mehrere Beziehungen zu Männern, zweimal war ich verlobt. In mir ist ein großer Sinn für Treue, obwohl ich unfähig dazu war. Das ist sehr schade. Mich verließ kein einziger, immer bin ich weggelaufen. Männer sind ja eigenartig. Rennt man ihnen nach, so wollen sie nicht. Sind sie aber unsicher, dann bleiben sie hartnäckig. Und bei mir wußte man nie... Eine richtig tiefe Liebe? Ja, zu N., darüber spreche ich nicht gern. Ich trennte mich von ihr, weil ich nicht mehr zur Ruhe kam. Sie war so völlig, ich will nicht unfertig sagen – widersprüchlich! Aber ich muß doch auch etwas Geborgenheit spüren. Geistig verstanden wir uns sehr gut. Bei ihr lohnte es, an den Texten zu arbeiten. Wenn ich sagte: »Das ist völlig daneben, es gefällt mir nicht«, dann sagte sie: »Du, bei dieser Zeile war mir auch ungemütlich zumute.« Es besteht auch noch eine Freundschaft, aber wir schlafen nicht mehr miteinander. Der Kontakt zu Frauen war vertrauter als mit einem Mann, die Übereinstimmung größer. Obwohl ich mit vielen Männern gelebt habe – die letzte Fremdheit ist geblieben, aber das kann auch an mir liegen.

1982 stieß ich zur Friedensbewegung, übrigens durch die

Tochter dieser Nutte. Sie nahm mich mit nach Stötteritz zu einem Treff in der Marienkirche. Wir stiegen in den Keller hinunter, und ich war sehr schüchtern. Wie werden sie mich, schon vom Alter her, ansehen? Die Tür ging auf, und der erste sagte gleich: »Ach, die Frau Berndt!« Er kannte mich von Vorträgen. Diese kleine Gruppe war toll. Viele Lehrlinge, Arbeiter, auch einige, die von SED-Eltern kamen, wo Widerspruch da war. Wir hatten viele Pläne. Ein Drucker schlug vor: »Wir machen uns T-Shirts! Ein Typ mit wüstem Haar, so wie wir, und daneben ein Bulle – sie geben sich die Hand.« Oder, bei einer Kundgebung vor dem Dimitroff-Museum wollten wir alle schwarz angezogen eine Art Prozession machen und die Verfassung beerdigen. Jeder sollte ein Stück Text verlesen, das dann in einen Sarg kam. Bei mir lag schon das ganze schwarze Zeug bereit. Nachts halb eins kam einer aus der Gruppe: »Es hat keinen Sinn, die Stasi weiß Bescheid!« Keine Ahnung, woher sie das hatten. Dann verteilten wir Flugblätter, aber die Gruppe verbot mir, teilzunehmen: »Wir brauchen dich für Gedanken, es ist notwendig, daß uns auch jemand Gedanken vermittelt.«

Die Kerzendemo war glaub ich 83, die Polizei nahm mich mit und brachte mich zur Harkortstraße. Die Körpervisitation – das war so ein Augenblick. In meinen Strümpfen waren große Löcher. Ich durfte mich dann wieder anziehen und in das Zimmer zu den anderen zurück. Von acht bis zwölf Uhr nachts wurde ich verhört. Was hab ich geschwindelt! Ich erzählte, ich sei katholisch, und dort in der Nikolaikirche war halt Gottesdienst, und da hab ich mir natürlich auch eine Kerze genommen und mitgemacht. Ich fragte den Polizisten: »Warum darf ich nicht rauchen?« – »Weil Sie uns vereiern!« Ich sag: »Diesen Ausdruck kenne ich nicht.« – »Gut, dann will ich's anders ausdrücken: Sie wollen uns austricksen! Aber das wird Ihnen nicht gelingen, wir haben Psychologie studiert!« Da mußte ich voll loslachen. Er setzte hinzu: »Und Sie in Ihrem Alter machen da mit?!« – »Aber das hat doch mit dem Alter nichts zu tun. Warum haben Sie vor uns harmlosen Leuten mit einer Kerze in der Hand soviel Angst?« – »Sie wissen doch, was in Polen los ist!« – »Ach, Sie haben wohl vor der Solidarność-Bewegung Angst? Weil dort was ganz Neues aufbricht bei den Arbeitern, ja, das kann hier auch kommen.« Es ging immer hin und her, und er rieb sich den Nacken: »Ihretwegen muß ich so viele Überstunden machen.« Am längsten zog sich die Debatte hin, als ich sagen sollte, ob ich noch einmal so etwas mitmache. Jetzt kam mein Existentialismus durch! »Wie kann ich über mich verfügen, weiß ich, was ich morgen mache?« Er konnte nicht mehr. »Dann sage ich Ihnen jetzt, was Sie antworten könnten: Ich verweigere die Auskunft!« Nun, das war die einzige Sache, die ich von ihm übernommen habe. Ich kam wieder ins Zimmer zurück. Inzwischen waren wir fünf, und vier Polizisten. Ich kapierte, was mir andere immer erzählt hatten: daß man aggressiv wird und frech. Wir durften nicht sprechen. Einer hatte ein Buch mit. Ich sagte: »Gib mal her, ich les euch vor!« – »Mund halten!« – »Nein, ich lese jetzt laut vor.« Es war eine lange Nacht, und es war kalt. Halb zwei war ich in der Freiheit. Ich weiß, daß auch geschlagen wurde, ich blieb davon verschont.

Eines Tages bekam ich Besuch. Ein junger Mann stand vor der Tür. Ich müßte ihn doch erblickt haben, er hätte mich so angeschaut, er liebe mich, er wisse selbst nicht, wie ihm geschah. Es war sehr sehr gut gespielt. Aber ich merkte, irgendwas stimmt nicht. Erstens kannte ich ihn wirklich nicht, und zweitens war er zu verliebt. Dann wollte er sich mit mir über Marxismus unterhalten. Schließlich drängte er mich an die Wand. »Haben Sie keine Angst vor mir?« Ich sagte »Nein!« und kratzte ihn ins Gesicht. Meine Fingernägel waren nicht geschnitten. Er ließ mich los: »Ich komme wieder.« Hab ihn nie mehr gesehen. Daß mich mein Gefühl nicht getäuscht hatte, bestätigte ein Gespräch mit meiner Nachbarin. Er war schon mal da, hatte geklingelt, und da ich nicht zu Hause war, hatte sie geöffnet. Er glaubte, ich sei das, und trat entsprechend auf. Das erzählte sie mir leider erst danach. Ich hab's mir so zusammengereimt: Beim ersten Gespräch mit der Stasi wurde mir vorgeworfen, ich hätte mit Bloch ein Verhältnis gehabt. Aber das stimmte nicht. Es kursierte der Satz von ihm: »Wäre ich jünger, würde ich mich lebhaft für Fräulein Berndt interessieren.« Ich sagte damals: »Das müßte schon ein Jüngerer sein, mit dem ich ein Verhältnis habe!« Und nun schickten sie mir also einen jungen Mann.

Bei den Leipziger Demos war ich natürlich dabei. Wie ich das Gebrülle hörte: »Neues Forum an die Macht!« da bekam ich schon ein bißchen Angst. Dann kam: »Wir sind das Volk!«, die Angst wurde größer, und dann: »Wir sind ein Volk«. Ich bin ein wenig im Kopf mit dem Denken beschäftigt und weiß, was im Namen des Volkes passiert, weiß auch, welch differenzierte Gruppe das Volk ist. Volk ist ein Pseudoeinheitsbegriff. Letztens las ich bei Nietzsche den Satz von der Kettenkrankheit, daß einer, obwohl er sich von Ketten befreit hat, doch noch an dieser Krankheit leidet. Und wir, die wir Untertanen waren, brüllen auf der einen Seite: Reps raus! Rote raus! Ausländer raus! Jetzt sind wir die Herrscher! Auf der anderen Seite dieses Abducken, dieses Schielen: Was wird die Wahl in der BRD bringen? Schade, daß die BRD-Wahl nicht vor unserer lag, da hätten wir gewußt, wen wir wählen sollen, CDU oder SPD. Das ist der Untertanengeist. Und da ist Sartre so wichtig: Weder Herr noch Sklave sein. Jetzt komm ich mal auf Frauenprobleme. Die fürchterlichste Auswirkung des Patriarchats ist ja, daß diese Strukturen auch in uns, den Frauen, sind. Deshalb kann ich Feministinnen nicht leiden, die einfach die Männer dafür verantwortlich machen. Es gibt keine alleinige

Schuld der Männer. Auch Frauen tragen diese Schuld in sich. Wenn ich mit Männern spreche, mache ich ihnen das auch klar. Dadurch werden sie offener, geben eher ihren Patriarchismus zu.

Im Neuen Forum bin ich von Anfang an, habe mir gesagt, ich bleibe an der Basis, gehe in eine Basisgruppe. Aber sie redeten von Organisation und Strukturen. So viel über Organisation und Strukturen habe ich noch nie gehört – aber es ist keine da! Ich versuchte, über Inhalte zu sprechen, zum Beispiel über die Verfassung, aber nein, es mußte Organisatorisches sein! Ich zog mich aus dieser Basisgruppe zurück. In einer neuen, thematischen Gruppe erarbeiteten wir einen Verfassungsentwurf, im Januar war er fertig. Als nächstes überarbeiteten wir das DDR-Strafgesetz. Dann kamen sie und wollten, daß ich auch noch am Betriebsverfassungsgesetz mitarbeite, aber das machte ich nicht, da müßte ich im Betrieb stehen. Inzwischen habe ich mich der Gruppe »Bildung und Erziehung« angeschlossen und arbeite mit in der entsprechenden Kommission im Rathaus. Und Donnerstag abend gehe ich zur Vollversammlung des Vereins für die Integration psychosozial Geschädigter. Ich denke, das reicht erst mal. Zur nächsten Vollversammlung des Neuen Forum werde ich ein Kurzreferat über Basisdemokratie halten. Ich glaube, das ist wichtig. Sicher, alles wird ein bißchen viel. Zu zwei Sitzungen bin ich einfach nicht gegangen. Ich hatte Besuch, wir waren fünf Stunden spazieren und haben Musik gehört. Da bin ich wieder zur Ruhe gekommen. Zu den Kommunalwahlen lasse ich mich nicht aufstellen. Wenn ich Abgeordnete bin, kann ich ja nicht verreisen. Ich möchte über meine Zeit verfügen, Ferien machen. So richtig treu bleibe ich nur bis zum 7. Mai. Dann fahre ich weg, in die Lüneburger Heide, nach Ostfriesland, ein Abstecher nach Amsterdam, nach Köln. Erst hatte ich alle Einladungen abgesagt, aber meine Freunde schimpften mit mir: »Du bist ja dumm!« Ich dachte nach und schrieb, daß ich komme. Bei der Pädagogik werde ich bleiben. Wenn man mal eine Zeit lang fehlt, kommt man wieder rein. Da habe ich auch viele Gedanken zu... Meine Vorträge lasse ich. Ab und zu werde ich noch in kleine Gruppen gehn und was vermitteln. Aber ich will mehr für mich tun, will Zeit haben für meine Freunde. Meine einzige Hoffnung ist, daß die Menschen an der Basis lebendig werden. Dazu will ich beitragen. Nietzsche sagt: »Es bezahlt sich teuer, an die Macht zu kommen. Macht verdummt. Und Macht läßt auch vor der Macht auf Knien liegen.« Das von Sartre will ich nicht unbedingt anwenden, aber er sagte: »Alle Parteien sind dumm.« Ein sehr hartes Urteil, aber die Menschen müssen die Parteien von der Basis her bedrängen. Man muß die Dunkelheit sehen, muß sehen, was auf uns zukommt, wie wir manipuliert werden. Es gibt die sanfte Diktatur. Die Diktatur der Gewalt haben wir ja erlebt. Und wenn man ein bißchen Courage hatte, widerstand man der Diktatur. Zumindest hat man geschimpft. Aber diese sanfte Diktatur der Manipulation eines kapitalistischen Systems, die dringt tiefer ein. Der westliche Pluralismus ist ein Scheinpluralismus. Das ist die Gefahr, die ich sehe.

Für den Kapitalismus bin ich eigentlich zu alt

Nach einem Auftritt von Gina P. in Leipzig nehme ich sie mit zu mir. Sie hat keine Penne, kann bei mir im Gästezimmer schlafen. Aufgekratzt und müde zugleich gönnen wir uns noch eine Zigarette. Gina kommt aus dem Bad, nackt, blonde zottlige Mähne. Sie ist abgeschminkt und wirkt jung, trotz der Falten, die jetzt deutlicher zu sehen sind. Sie sitzt auf dem Bettrand, ich lehne in der Tür. Starre auf ihren Bauch. Schwangerschaftsstreifen! Unglaublich, sie sitzt da, als hätte sie keine, redet, bewegt sich, lacht. Aber die Streifen sind da. Unübersehbar.

Als ich am nächsten Morgen aufstehe, ist ein Komplex begraben, der mich bald zehn Jahre unfrei gemacht hat. Mein Bauch, meine Streifen, gehaßt und versteckt, ein Makel. Seit diesem Abend bin ich wieder frei, sage: »Na und, das bin ich und das gehört zu mir.« Erst Jahre später erzähle ich ihr davon. *p.l.*

Wie ich mal ausgerechnet habe, bin ich offensichtlich an dem Tag gezeugt worden, als mein Vater aus Kriegsgefangenschaft zurückkehrte. Er kam aus Rußland zurück mit dem Bewußtsein, ein Mitläufer und Mittäter gewesen zu sein. Im Juli 53, drei Wochen nach dem berühmt-berüchtigten 17. Juni, trat er in die SED ein. Also in einem Monat, wo die meisten ausgetreten sind. Ich erkläre mir das heute mit diesem Schuldbewußtsein: So, das ist jetzt die zweite Hälfte des Lebens und die muß nun die Richtige sein. Da darf's auch keinen Widerspruch geben. Dementsprechend 250prozentig wurde ich auch erzogen. Kurz vor dem Abi trat ich in die Partei ein. Als ich fünf war, zogen wir nach Rudolstadt. Dort leitete mein Vater ein Kulturhaus, und meine Mutter betreute die Zirkel. Unser Leben spielte sich vornehmlich in diesem Haus ab. Von frühester Kindheit an stand ich auf der Bühne und sagte irgendwelche Gedichtchen her. In der Schule war ich dann immer so'n bißchen vorne dran, wurde gewählt als Gruppenratsvorsitzende und Freundschaftsratsvorsitzende. Wenn man einmal so eine Funktion hatte, mußte man natürlich auch sprechen lernen und sich durchsetzen. Ich bewarb mich um ein Schauspielstudium, aber in der 11. Klasse flog ich durch die Eignungsprüfung. Ja, und dann ging alles ganz schnell. Für Lehrer wurde in der Schule immer unheimlich geworben. Die beiden Fächer Musik und Deutsch lagen mir. Und so habe ich in der Zeit von 65 bis 69 Pädagogik studiert in Leipzig. Kurioserweise war ich sogar Beststudentin, aber ich wußte eh, daß ich nie Lehrerin werden will. Meine eigentliche Heimat war die Studentenbühne. Kurt Demmler gründete dort den ersten Singeklub, und das war meine Welt. Wir fuhren oft auf Tournee, auch in den Westen, weil Leipzig der Partnerbezirk vom Ruhrgebiet war. Sind ja immerhin die berühmten 68er gewesen.

Prag 68 hab ich überhaupt nicht begriffen. Glaubte an die Darstellung, daß dort die Konterrevolution ausgebrochen ist und daß die unterdrückt werden muß. Dann die Unisprengung. Zu der Zeit hatten wir gerade vormilitärische Ausbildung in Scheibe-Alsbach. Die Theologiestudenten zogen durch die Zelte und bereiteten Streiks vor, als Gegenaktion zur geplanten Sprengung der Unikirche und der alten Uni. Ich glaube, da hätte ich möglicherweise schon mitgemacht, das sah ich auch nicht ein. Aber in der betreffenden Zeit war ich grad mal wieder im Westen. Und dort las ich den schönen Satz in der Zeitung: »Ulbricht-Regime stürzt Kirchen.« Das so knallhart geschrieben zu sehen, brachte mich wieder in eine Verteidigungshaltung. Das waren die Anfangspunkte meiner Zweifel. Mein erster Konflikt mit der Partei hing mit einer Liebe zusammen. Q. studierte in meiner Parallelseminargruppe. Sein »Fehler« war, daß er diese berühmte Lesung »Unzensierte Lyrik« mit Jürgen Fuchs organisiert hatte. Sie haben ihn einfach geext. Er lag ein Jahr auf der Straße, hat Tanzmusik und alles mögliche gemacht. Und dann wurde er ans Becher-Institut aufgenommen. Das fand ich toll! Ich war stolz auf meine Partei, die den einen Fehler wiedergutmachte, indem er jetzt am Literaturinstitut studieren konnte. Tja, und die schmissen ihn auch nach einigen Monaten. Nach dem Motto: Aus Q. wird nie ein sozialistischer Dichter. Mit diesem Problem ging ich zu meinem Vater. »Mensch, das können die doch nicht machen! Er hat doch in letzter Zeit gar nichts Schlimmes geschrieben.« Mein Vater hatte dann immer diesen blöden Satz drauf, den wir später oft als Glosse verwendet haben: »Die Genossen werden sich schon was dabei gedacht haben.« Er brach die Diskussion ab, und ich stand zwischen den Fronten.

Nach dem Diplom holte mich das Kulturministerium nach Berlin in die Abteilung Unterhaltungskunst. Mein Chef sagte immer: »Wenn man einen politischen Mitarbeiter sucht, dann geht man nach Leipzig.« Es hieß ja auch: Die rote Uni! Das erste Jahr dachte ich, ist doch gut, mal reinzuriechen, wie so ein Staatsapparat funktioniert. Ich hätte gleich aussteigen müssen. Blieb aber vier Jahre dort, drei Jahre zuviel.

Damals war ich in einen vom »Oktoberklub« verliebt. Der brachte mich dort rein. Es gab viel Konkurrenz, Barbara Thalheim, Aurora Lacasa, Jürgen Pippig, jetzt Jürgen Walther, Tamara Danz, also viele Leute, die heute Profis sind. 1973, zu den Weltfestspielen, gab's einen großen Knatsch. Wir spalteten uns und gründeten die Gruppe »Jahrgang 49«. Über diesen Namen dachten wir lange nach. Darin lag das totale Bekenntnis zur DDR. Wir waren alle so um das Jahr 49 herum geboren und sind in der ersten Phase der Geschichte dieses Landes großgeworden, eben so richtige Kinder dieses Landes. Wir waren eine total verwöhnte Truppe. Das erste Privileg: Wir konnten diese schöne Freizeitbeschäftigung zum Beruf machen. Das zweite: Wir sahen die Welt. Waren die ersten in Portugal nach dem berühmten portugiesischen April, die ersten in Spanien nach dem Tod Francos. Mit jedem Land, das du neu erlebtest, wurde der Abstand zum Publikum in der DDR größer. Irgendwann gewöhnten wir uns völlig ab, darüber zu reden, wir haben dieses Thema verdrängt. Ist ja auch eine perverse Situation. Wir sind doch nicht hingefahren, um schöne Länder zu sehen, sondern wir haben tatsächlich dort gearbeitet. Aber erklär das Leuten, die nicht mal über die Mauer sehen können. Natürlich haben wir diese Privilegien auch genossen, man gewöhnte sich dran. »Jahrgang 49« hatte bei vielen einen schlechten opportunistischen Ruf, doch wir hatten auch Fans. Paar kleine kritische Liedchen, zum Beispiel »Lied über Ungerechtigkeit«, bekamen wir nie in die Medien rein:

Wenn ich von Ungerechtigkeiten hörte,
solche, die bei uns im Land geschehn,
und ich mich bis ins Innerste empörte,
verbarg ich's doch und sagte: Müßt verstehn!
Das ist ein Mißverständnis, ein Versehn,
das könnt ihr klären, ihr seid auch der Staat.
Wer hier die Macht hat, kann kein Bürokrat,
der muß ein Arbeitervertreter sein...

So ging der Refrain, völlig harmlos, aber damals nicht machbar. Das sind Dinge, wo du dir einreden kannst, du zählst ja auch zu den kritischen Leuten. So baut man sich seine Biographie zusammen, aber ich versuch ja jetzt dahinterzukommen, wie das mit mir entstanden ist.

Verheiratet war ich auch, von 71 bis 75. Wir lernten uns im Mai 71 kennen, und im Sommer habe ich aufgehört, die Pille zu nehmen, dachte einfach: »So, Studium haste beendet, jetzt biste in Berlin, bist 25, jetzt möchtest ein Kind.«

Ich fand den Mann toll, das muß ich schon sagen. Das ist mein Beitrag zum Scheitern dieser Ehe, daß ich den so angehimmelt habe. Bei der Scheidung bekam er meine Tochter zugesprochen. 74/75 war in der Juristerei dieses Landes eine Zeit, wo man wegkommen wollte von dem Schema: Das Kind gehört zur Frau. Eigentlich 'ne progressive Entwicklung, vom Kopf her seh ich das schon, aber gefühlsmäßig wehre ich mich dagegen. Frauke ist jetzt 18, und wir haben ein sehr gutes Verhältnis. Aber dieser Mann hat es fertiggebracht, mir bis zum 14. Lebensjahr Frauke einmal im Monat von 10 bis 18 Uhr zu lassen. Dazu war er verpflichtet, mehr brauchte er nicht tun, und mehr tat er auch nicht. Das halte ich im Nachhinein für verbrecherisch, nicht nur an mir, sondern auch gegenüber dem Kind.

Die Konzeption für »Jahrgang 49« hatte er mitgeschrieben. Wir waren beide voll drauf eingestellt, daß sich unser Leben ändern wird und ich viel unterwegs sein werde. Aber das theoretisch durchzuspielen und dann praktisch zu leben, sind eben zwei ganz verschiedene Dinge. Nach einem Jahr war die Liebe passé. Auch für den Haushalt hatten wir unterschiedliche Maßstäbe. Er galt für mich als Pingelfritze, und ich war für ihn eine Schlampe. »Der Waschlappen muß immer am linken Haken hängen!« Mir war doch wurscht, ob der rechts oder links hing. Hauptsache, er lag nicht auf der Erde, und ich rutschte nicht aus. Zugegeben, ich war im Haushalt nicht sehr begabt. Mit größtem Vergnügen wurde zu allen möglichen Feiern immer folgende Story zum besten gegeben: »Gina hat ihre ersten Salzkartoffeln abgeschreckt.« Klar, ist bißchen bescheuert, aber im Studium kochte ich immer nur Eier oder Spaghetti, und die schreckt man ab, das wußte ich. Da war's für mich bei den Salzkartoffeln halt auch so. Und damit war dann allen klar, was ich für ein Idiot bin. Ich stillte Frauke sieben Monate, war also lange zu Hause, das Babyjahr gab's damals noch nicht. Ich verwendete viele Stunden aufs Essen, so nach Kochbuch, um das nur ja schnell zu lernen. Er aß und sagte dann: »Liebes, sehr gut, aber weißt du, ein klein bißchen mehr Zimt hätte nicht geschadet.« Ja, das hab ich mir bieten lassen. Verkürzt brachte ich meine Ehe immer auf diesen Satz: »Ich zeige ihm heute, wie man Nähmaschine näht, und am nächsten Tag zeigt er mir, wie man Nähmaschine näht.«

Seit der Scheidung bin ich offen für die Frauenproblematik. Ich besorgte mir Bücher, las 'ne Menge von der entstehenden Frauenbewegung im Westen. Aber bei »Jahrgang 49« spielte diese Thematik nicht so 'ne Rolle. Dort war ich Hahn im Korb – witzig, daß es dafür keine weibliche Entsprechung gibt –, war die letzten Jahre die einzige Frau. Musikalisch entwickelte sich die Gruppe mehr in Richtung Rock, was mir nicht so lag. Und 1980 ging ich dann weg, sang noch kurz bei »Schicht«, und dann lag ich endgültig auf der Straße. Meine Schauspielerpappe hatte ich noch nicht, nur die Profipappe als Chansonsängerin, die besaß ich seit 72, nach dem Zusatzstudium an der Hochschule für Musik. Ich sah mich nach geeigneten Partnern um. Als Stefan Körbel bei der Gruppe »Karls Enkel« ausstieg, fingen wir an, zusammenzuarbeiten und brachten einen Brecht-Abend auf die Bühne. Plötzlich wollte Körbel von mir weg. Er meinte, er müsse sich von mir emanzipieren. Das war auch richtig so, für uns beide, aber damals sah ich das nicht ein, war völlig fertig. Aus dieser Unsicherheit heraus begann ich beim Rundfunk, als Redakteurin. Ich machte meine eigenen Sendungen, stellte die Musik zusammen, schrieb das Manuskript und moderierte. In der Zeit mit Körbel hatte ich auch begonnen, Frauentexte zu sammeln. So an die 500 Texte lagen parat, aber daraus entstand noch kein Programm. Eines Tages kam ein Kollege: »Los, jetzt gehn wir mal zu Hans-Eckart Wenzel. Der übernahm Regie, und wir erarbeiteten »Kinobesuch«, ein Frauenprogramm! Die Premiere war

1984. Alles lief parallel zur Rundfunkarbeit. Das war viehisch anstrengend. Ich wollte mir nicht nachsagen lassen, daß ich meine Arbeit vernachlässige. Bin oft um 4 Uhr von der Mucke gekommen und um 6 Uhr wieder raus ins Funkhaus. Vier Jahre lang zwei Berufe nebeneinander. Von dieser Doppelbelastung wurde ich krank. Die Psychologin fragte: »Was wollen Sie nun, Radio oder Bühne?« Ich sagte: »Wenn ich wirklich was will, dann ist es die Bühne.«

Seit 76 hatte ich eine feste Beziehung zu einem bekannten Schauspieler. S. machte mir einen Antrag, er würde ja gerne und so, aber von seiner Frau läßt er sich nicht scheiden. Ob ich das akzeptiere? Ich sagte: »Okay!« Seine Frau wußte vom ersten Tag an Bescheid. Ich war so richtig die legitime Zweitfrau. Eifersucht gab es nicht. Das war mein Tag und das ihr Tag. Das ging unheimlich gut, man kann so leben. Man muß es bloß ausmachen. Und wir hatten Achtung voreinander. Ich glaube, wenn da ein Mann gewesen wäre, der gesagt hätte: »Ach, meine Alte, die macht nur Probleme und nervt, und deshalb bin ich bei dir!« – das wäre nicht gegangen. Ich meine, ich war schon 30 und wußte, das ist der Preis. Meine einzige Bedingung war, daß es kein Beschißverhältnis wird. Entweder in aller Öffentlichkeit, oder gar nicht. Er war einverstanden. Unter uns, der war viel zu faul für ein Beschißverhältnis, sowas strengt doch an. Das waren sehr wichtige Jahre für mich, nicht nur wegen der Liebe, sondern ich hab von dem Mann auch 'ne Menge für meine Arbeit gelernt. Die letzten Jahre hatte er schon ein anderes Verhältnis, eine 23jährige. Er wechselte sozusagen von der Tochter- auf die Enkelgeneration über. Dieser Mann hat mich in meiner Arbeit mehr und mehr frustriert. Allein schon die Tatsache, so einen Mann an der Seite zu haben, der mit 30 schon 'ne Berühmtheit war – das kannst du nie und nimmer aufholen. Er setzte voraus, daß ich mir seine Stücke mindestens zehnmal angucke. Bei »Kinobesuch« war er in der Premiere, und das war's. Ich fragte: »Interessierst du dich eigentlich auch für meine Arbeit?« Selbst im Bett wurde es langweilig. Das Bier mußte kalt und die Zigarre lang sein – immer dieselben Abläufe. Auch politisch war er etwas fett geworden. Nach der Biermanngeschichte wußte er ja nun, was es für einen Künstler heißt, zwischen die Fronten zu rutschen. Wir diskutierten nächtelang über Politik, manchmal bis zum Anschreien. Ich warf ihm immer vor, daß er das Leben gar nicht mehr kennt, weil er in ähnlichen Höhen wie die in Wandlitz lebt. Der hatte doch wirklich drauf, vor meiner Schwester mit seinen Autos anzugeben. Die haben ewig und drei Tage auf ihren Trabi gewartet, und der redet von seinen sieben Autos. Nach elf Jahren haben wir uns getrennt.

Als ich »Kinobesuch« rausbrachte, war das eines von ganz wenigen Frauenprogrammen, auf der Strecke gab's doch damals nichts in der DDR. Demzufolge waren viele Frauen in den Vorstellungen, die ähnlich dachten wie ich. Aber viele waren auch befremdet: »Ich weiß gar nicht, was ihr wollt, ich habe keine Probleme!« Klar, wenn sich 'ne Frau noch nie theoretisch mit all dem befaßt hat, dann brauchst du ihr nicht allgemein mit dem Patriarchat zu kommen. Das glaubt sie dir sowieso nicht. Du kannst nur sagen: »Mir ging das so und so, vielleicht ging es Ihnen ähnlich.« Oft regten sie sich auch über Ausdrücke auf. Das Wort »Fotze« kommt zum Beispiel vor. Die saß da nackt auf dem Tisch, und die Männer ließen ihre Münzen rollen, und sie hat sie aufgefangen mit der Fotze. Ich sag dann: »Mensch, habt ihr denn nicht begriffen, daß ich eine Rolle spiele? Habt ihr dieses Wort noch nie an den Kopf geknallt bekommen? Na bitte! Und ich nutze jetzt ganz bewußt meine Möglichkeit, zurückzuschlagen. Ich spiele genau diese Typen vor. Mir ist das Wort Fotze gar nicht fremd.«

Oder ein anderes Beispiel: Mein Trikot. Darüber regten

sie sich auch auf. »Sie haben ja so geschwitzt, das hat man ja gesehen.« Ich sag dann: »Aber, daß ich gearbeitet habe, haben Sie bemerkt? Und wie würden Sie es bewerten, wenn Stevie Wonder oder Elvis Presley oder andere Rockstars auch so schwitzen?« – »Na, das ist doch was anderes, das sind doch Männer!« Ich hab gar nicht lange selbst reden müssen bei diesen Punkten. Die andere Hälfte des Publikums ist mir dann immer zur Seite gesprungen. Die Maike Nowak hat über »Kinobesuch« und mich mal ein Gedicht geschrieben: »...wie der Schweiß ihr Trikot färbte, und wie sie den Bauch nicht einzog, und wie einige Männer ihr Gesicht verzogen, und wie einige Frauen das Gesicht verzogen, da habe ich Danke gesagt in meinem Herzen...« Dieses mit dem Bauch einziehen, das ist wichtig. Ich weiß selbst, ich habe keine Traumfigur. Aber das sind Dinge, die machen mir heute nichts mehr aus. Als Teenager fand ich mich häßlich, zu große Nase, zu breites Gesicht. Aber damit habe ich leben gelernt. S., meine Elfjahresbeziehung, hat daran einen großen Anteil, er hat mich schön gemacht. Ich hatte immer Komplexe wegen meiner Brust. Vor der Schwangerschaft hatte ich einen sehr schönen Busen, danach, durch das lange Stillen, nicht mehr. Und er sagte immer: »Du hast so schöne Brüste, ich nenne sie: die traurigen Brüste.«

Bei »Kinobesuch« spielt dieses Schönheitsthema eine große Rolle, diese fürchterliche Prägung durch Idole. Mit diesem Programm bin ich nie ins Fernsehen reingekommen. Die TV-Leute sahen sich die Premiere an und sagten: »Das geht überhaupt nicht. Ist zu direkt. Faschismus haben wir hier nicht. Und außerdem ist es obszön und nicht gefällig genug.« Das hing natürlich mit dem üblichen Frauenbild zusammen. Ich paßte da überhaupt nicht rein. Neulich hab ich so für mich den Satz gesagt: »Für den Kapitalismus bin ich eigentlich zu alt!« Ich hatte nie einen Alterskomplex. Und jetzt fängt das an, dieser Zwang zu Jugend und Schönheit.

Nach einem Auftritt vor kurzem hörte ich zufällig ein Gespräch mit. »Sag mal, die ist doch bestimmt schon 40. Das kann man doch nicht machen.« Ja, langsam müssen wir anfangen, uns auf andere Bedingungen einzustellen. Ich habe viele Künstlerkolleginnen und Kollegen im Westen kennengelernt, die irre gut waren. Sie hatten aber alle noch mindestens einen, wenn nicht zwei oder drei Jobs nebenbei. Wenn die mich fragten »Wie lebst du denn?«, und ich sagte »Na, von meiner Arbeit«, da haben die immer gestaunt. Und das wird nun demnächst hier nicht mehr möglich sein. Oder nur noch für ganz wenige. Zieht man mal diese ekelhafte Zensiererei ab, so war die DDR doch ein recht künstlerfreundliches Land.

Ich würde mir schon gerne einbilden wollen, daß ich in den letzten Jahren so ein bißchen, sehr bescheiden, zu den Aufmüpfigen gehört habe. Trotzdem frage ich mich: »Warum hast du es mit so wenig bewenden lassen?« Ich hatte lange Zeit ein unheimlich kritikwürdiges Verhältnis zu Andersdenkenden. Mir hat schon mal jemand erzählt, daß im Knast geschlagen wird, und ich erinnere mich genau, ich habe es damals nicht geglaubt. Im Nachhinein frag ich mich, wie ich so arrogant sein konnte. Die vielen Eröffnungen jetzt – nun muß ich glauben. Meine Geschichte kann ich nicht rückgängig machen. Da ist jetzt so viel Trauer in mir, ich nenne das für mich: Niemandslandsituation. Der Opportunismus ging durchs ganze Land. Natürlich wußte ich von Wandlitz. Wir alle wußten es. Aber jetzt zu hören, die haben tausende Mark an Staats- und Parteigeldern verschleudert... Ich hab mindestens eine dieser Bonzenschleudern bezahlt. Zum Schluß zahlte ich 90 Mark Parteibeitrag pro Monat. Es war also nicht nur ein Privileg, da drin zu sein. Je mehr ich mitbekam in den letzten Jahren, um so größer wurde das Schamgefühl. Ab Juni vorigen Jahres wurde es ganz unerträglich. Die Verteidigung der Ereignisse in Peking. Ich bin jede Woche x-mal ausgetreten und wieder eingetreten. Konnte mich nicht so schnell lösen, es war wie in einer Ehe. Ich erhoffte von der neuen Partei auch eine neue Frauenpolitik. Und das sah im Dezember ja ganz gut aus. Auf dem außerordentlichen Parteitag sollte die Quotierung durchgesetzt werden. Ich war zu der Zeit in Kassel. Vorher haben alle gesagt: »Warte mit dem Austritt doch noch!« Ich machte es davon abhängig, wie die Frauen in der neuen Parteileitung vertreten sein werden. Nachts kam ich zurück und schlug sofort die Zeitung auf. Der Parteivorstand glänzte mit dem Verhältnis 83 Männer zu 16 Frauen. Da war mir klar, das ist ein alter Haufen, und erklärte meinen Austritt. Wenn die PDS die 50-Prozent-Quote macht, wenn ich meine Zweifel über die Erneuerbarkeit dieser Partei überwunden habe, wäre es durchaus denkbar, daß ich wieder eintrete. Diese politische Heimat fehlt mir schon. Ich muß in letzter Zeit oft an meinen Vater denken. Das ist ja fast vergleichbar, der Zusammenbruch all dessen, woran du dein ganzes Leben geglaubt hast. Aber im Gegensatz zu meinem Vater bin ich überhaupt nicht sicher, daß jetzt die bessere Hälfte meines Lebens kommt.

Da könnt ick hochgehn wie Gagarin!

Johanna B. ist 36 Jahre alt, geschieden und hat einen Sohn (14) und eine Tochter (9). Sie ist gelernte Köchin und arbeitet in einem großen Kombinat als Küchenleiterin. In ihrer Werksküche, die täglich 250 Mitarbeiter/innen versorgt, arbeiten »sechseinhalb Volltagsbeschäftigte«. Johanna B. verdient 915 Mark im Monat. Ihr Arbeitstag beginnt um fünf Uhr früh. *e.f.*

Ick hab seit November die ganzen Berliner Zeitung aufjehoben, wenn mein Junge einmal so weit is und meine Tochter, um det zu begreifen, wat eigentlich da am 9. November passiert is. Die Grenzen haben um dreiviertelzwölf oofjemacht, und ick war fünf nach zwölf in Westberlin drüben. Ick krieg 'ne Gänsehaut, wenn ick dran denke, wat sich da auf der Oberbaumbrücke abgespielt hat. Berlin war eins in dieser Nacht. Und ick war die erste, die dabei war! Wir hoch zur Grenze, da liefen uns schon auf der Warschauer Brücke die Tränen runter. Soviel Menschen hab ick mein Lebtag um die Zeit nachts noch nie jesehn an der Warschauer Straße. Det is 'ne schöne Zeit jewesen. Aber die Ernüchterung kam kurz danach. Dann ging's Schlag auf Schlag. Und so, wie sich die Leute det vorstellen, bis zum Juni gibt's die D-Mark, und bis Ende des Jahres sind wir ein vereintes Deutschland, wieso so schnell? Ick bin erwachsen jeworden in 18 Jahren, ick kann nicht 'nen Staat, der im Prinzip noch 'n Kind ist, von eener Minute zur anderen zum Erwachsenen erklären, det geht nich.

Heute sind die Chefs, die ick die ganzen Jahre gehaßt habe, meine besten Freunde, und irgendwo is da wat verkehrt. Det sind allet Wendehälse. Jetzt fällt det Kombinat auseinander, ab 1. Juni sind wir eine GmbH. Die Aktionäre aus Schweden und der BRD sitzen drüben, 30 Prozent an Anteilen bleiben im Betrieb. Die einzelnen Betriebsteile sollen eigenständig werden, und da geht der Konkurrenzkampf los. Jeder kleene Betriebsleiter wird auf eenmal in den Stand eines Direktors jehoben, da kriegen die Höhenflüge! Die drehen irgendwo durch. Ick hab 'nen Direktor, der war Genosse hoch zehn und hat jetzt den Traum, Privatunternehmer zu werden, ganz doll hat er den. Früher war Eigeninitiative hier nie jefragt. Ick hab die Küche 1978 übernommen. Es war ein Chaos. Die Küche war von Schaben befallen, die Fliesen sind von der Wand jefallen, die ganze Kanalisation war unter aller Sau. Zehn Jahre hab ick darum geschrien, damit die Küche rekonstruiert wird. Ick hab da manchmal jestanden mit anderthalb Leuten und hab trotzdem für 200 Mann voll meine Arbeit tun müssen. Da mußte ick 16 Stunden hintereinander arbeiten. Und wenn ick gesagt habe, ick hab Kinder zu Hause, die müssen ooch mal versorgt werden, hab ick von meinem Direktor zu hören jekriegt: »Ihre Gören interessieren mich nicht.« Da bin ick bis zum Arbeitsgericht gegangen, nur wegen diesem Ausdruck.

Mir hat man jetzt angeboten, meinen Küchenbetrieb als Privatunternehmen weiterzuführen. Hört sich ja unerhört jut an, ick war janz happy im ersten Moment. Aber dann kamen die Zahlen: Energiekosten, Miete, Unkosten, Alljemeinkosten, Grundmittel. Ick hab mir allet von unserer Lohnbuchhaltung durch den Computer jagen lassen, und dabei is rausgekommen, daß ick, um ein kleiner Kapitalist zu sein, einen Umsatz von 300.000 DM bringen müßte. Die kann die Küche gar nicht erwirtschaften, weil wir keen' Publikumsverkehr haben. Und wenn die Kollegen hören, daß ein Essen zwischen acht und neun Mark kosten wird, dann ißt keener mehr mit. Ick hab ooch nicht die Ausbildung, ick würde mir det quasi als Laie aufladen. Zehn Jahre hab ick darum gebettelt, einen Gaststättenleiter machen zu können,

Betriebswirtschaft studieren zu dürfen. Jetzt möchten sie schon, aber jetzt bin ick 36, ick müßte erst mein Abitur nachmachen. Aber et is ja noch nich alles verloren. Ick habe am Donnerstag mit meinem Direktor 'ne Unterredung, ob wir vielleicht 'nen anderen Weg finden können. Wir können doch ooch mal wat janz Neues machen! Grundmittel und Pacht könnte der Betrieb übernehmen. Det is ja Betriebseigentum, diesen Kultur- und Sozialfonds, den der Betrieb stellen mußte, den haben sich die Arbeiter erarbeitet. Wir haben jetzt ooch 'ne neue Gewerkschaft, nu sollen sie mal zeigen, daß sie wat können! Wir haben jahrelang um diese Arbeiterversorgung jekämpft, so daß unsere Frauen zu Hause entlastet sind. Meine Kinder haben in der Schule Mittag jejessen, mein Mann im Betrieb, und abends haben wir kalt jejessen. Ick kann doch jetzt nicht allet tot machen. Wenn det abjeschafft wird, wat is dann? Dann wird die Frau wieder an den Kochherd zurückgetrieben. Und dagegen hab ick wat. Ick bin nicht nur dafür auf die Welt, daß ick zu Hause die Familie versorge und ansonsten hab ick den Mund zu halten. Wenn ick nur für die Familie sorge, bin ick irgendwo abgeschnitten, hab ick keene Kollegen, mit denen ick reden kann. Da hätte ick nur meine Kinder als Ansprechpartner und meen' sehr müden Mann, der irgendwann nachmittags nach Hause kommt und seine Ruhe haben will. Für mich wär det die Hölle. Aber ick bin schon dafür, daß die Frauen drei Jahre beim Kind zu Hause bleiben, weil det die schönsten Jahre sind. Nee, det muß nicht die Mutter sein, warum soll's nich der Vater sein? Ick würde det sehr begrüßen. Vielleicht hätten dann die Väter endlich 'ne engere Bindung ans Kind. Aber daran ist man ja gar nicht interessiert. Ick bin zum Beispiel schwer krank geworden, ick hatte so 'ne Cholera-Ruhr, mit Blaulicht abjeholt. Im Krankenhaus steht auf eenmal zwee Tage später det Jugendamt neben mir, ob ick det denn richtig fände, daß meine Kinder beide von 'm wildfremden Mann versorgt werden. Ick sage, entschuldigen Sie bitte, von wem reden Sie denn? Na, vom Herrn Otto K. Ick sag, entschuldigen Sie bitte, mit dem Mann lebe ick schon drei Jahre zusammen, det is der Vater der Kleenen. Das interessiert nicht, er ist vielleicht der Erzeuger, aber nich der Vater. Wir müssen die Kinder aus der Wohnung entfernen. Ick hab mich dann beim Anwalt erkundigt, und der hat mir erklärt, daß ein Lebensgefährte kein Anrecht auf die Kinder hat. Na, was hab ick jemacht, ick bin aus Krankenhaus jekommen, wir haben Aufjebot bestellt und haben jeheiratet een Jahr später, damit sowat nich wieder passiert. Wieso es überhaupt diese Geschlechtertrennung gibt, det finde ich schon mal unerhört. Wenn man sich det überlegt, wat eine Frau leistet und wat ein Mann leistet, da müßten die Frauen da oben sitzen und Politik machen.

Aber ick habe so det Gefühl, die Frauen sind heute irgendwie ins Abseits geraten. Es jeht mir persönlich ooch so. Ick stehe seit dem 9. November zwischen Himmel und Erde, ick komme mit meiner Materie selber nich klar. Ick habe mich hier beim Neuen Forum mit verschiedenen Männern unterhalten, die verkraften det alle besser. Ja, die brauchen sich nicht um Kinder zu kümmern, und ob zu Hause die Miete bezahlt ist. Die Frauen sind im Moment überfordert. Ick hab mir da drüber ooch schon Talk Shows anjeguckt, da mußte ich verschiedene Frauen belächeln, die fordern, mehr Frauen ins Parlament. Ja, ick fand det im Moment lächerlich, weil det für mich Neuland is. Wenn man sich jetzt Rita Süßmuth anguckt, die hat ooch drei Kinder, ja wie hat die denn ihre Kinder versorgt? Ick könnte nicht Karriere machen, weil ick keene Kinderfrau habe. Letztens hatte det Neue Forum Versammlung, gleichzeitig war aber Elternversammlung. Da war mir die Elternversammlung wichtiger. Also stehn da wieder die Kinder an erster Stelle. Ick finde, daß man auch hier in der DDR als Frau erst aktiv werden kann, wenn die Kinder nicht mehr Mutters Rockzipfel brauchen. Ick würde mich politisch gerne mehr engagieren. Aber früher hab ick mich nie für Politik interessiert. Also müßt ick erst mal versuchen, 'nen Einstieg zu finden, müßte lernen, mit Leuten über Probleme reden, was man eben jahrelang nicht jemacht hat. Aber wenn ick nach Hause komme, da bin ick erledigt. Det jibt Tage, wa, da möcht ick abends um sieben schon im Bett sein. Diese Zeit is 'ne sehr große psychische Belastung. Manchmal hat man det Jefühl, man erstickt. Im Moment denken die Frauen wahrscheinlich zu langsam. Viele haben ooch die CDU gewählt. Ick muß zugeben, ick hab ooch mit dem Gedanken gespielt. Ick hab mir gesagt, wenn, dann möcht ick die Wende komplett haben, mit allen Vor- und Nachteilen, wat so ein Regierungswechsel mit sich bringt. Zum Beispiel unsere janzen sozialpolitischen Errungenschaften, die wir hier haben, die sind wat für 'n Arsch. Ick hab gegen die sozialpolitische Maßnahme als solche nischt, bloß wer sich Kinder anschafft, der hat ooch dafür zu sorgen, daß diese Kinder groß werden. Ick hab det am eigenen Leib erlebt. Bei mir in der Küche sind zwee Frauen schwanger jeworden. Ick hab so zu kämpfen gehabt, daß ick diese Arbeitsplätze freikriege, daß ick dafür neue Leute einstellen konnte. Denn die haben ja det Geld voll weiterjekriegt. Der Honecker hat immer jesagt mehr Kinder, mehr Kinder, aber der hat auf der anderen Seite nicht gesehen, daß wir ausbluten. Unsere Rentner, die diesen Staat aufgebaut haben, die nagen am Hungertuch, und diese Kinderreichen schaffen sich ein Kind nach dem anderen an und liegen dem Vater Staat sechs, sieben Jahre auf der Tasche. Deswegen is det in der DDR wahrscheinlich ooch so, daß die so unproduktiv sind. Wir haben für jeden Arbeitsplatz, wo normalerweise einer ausreicht, drei. Und deswegen hab ick gesagt, es müssen drei Millionen arbeitslos werden, damit jeder einzelne begreift, daß ein Arbeitsplatz etwas janz Wichtiges is!

Jetzt haben die alle Angst vor dem, wat kommt. Unsere Büroweiber da oben, die jammern alle, daß sie arbeitslos werden. Sie sind verheiratet, sie haben ja einen Mann zu Hause, einen Ernährer, also werden sie als erste arbeitslos, von diesem Klischee jehn sie wieder aus. Die Frauen würden die Arbeitslosigkeit auf alle Fälle eher akzeptieren, und so manche is da drunter, die det wahrscheinlich ooch begrüßt. Ick nehme an, det is ein Überbleibsel vom letzten Jahrhundert. Det steht aber ooch heute noch in den Schulbüchern drin: Mama am Herd, Papa auf Arbeit. Und die Kochhefte sind vom Verlag für die Frau, und Häkelhefte sind vom Verlag für die Frau. Daß ick nu ein halber Junge bin, dafür kann ick nischt. Mein Vater hat immer jesagt, du mußt so selbständig sein, daß du jedem Mann wat vormachen kannst. Bis mein Bruder jeboren wurde, dann hat er seine Meinung geändert. Aber det hat die sechs Jahre jereicht, um mir det mitzugeben, daß ick weeß, wer ick bin. Doch, doch, bei jewissen Sachen hab ick diesen Widerspruch sehr empfunden. Wenn es zum Beispiel um Sex im Bett geht, da will immer der Mann der treibende Keil sein. Also, da werd ick fuchsig. Det is 'n Thema, das wirklich mal auf den Tisch jehört. Ick hör immer von den Männern, na, die Frauen wollen ja nich. Aber da fragt sich nicht ein DDR-Mann, wieso det so is. Na, wieso denn? Wenn ick mit 'n Mann ins Bett geh, dann möcht ick doch wat davon haben, aber unsere Männer sind alle der Meinung, nur sie. Schluck Wasser, umdrehen, schlafen. Und du liegst da. Ick wünschte manchmal, ein Mann hätte so viel zu tun, wie 'ne Frau, damit er einsieht, daß ick im Bett von Sex absolut nischt mehr wissen will, weil ick wirklich groggy bin. Ick sag, ick hab 'n Sechzehnstundentag hinter mir, ick bin fertig. »Na, von was denn?« Als wenn wir Frauen auf Arbeit schlafen. Da könnt ick hochgehn wie Gagarin! Der Gros der Masse sind keine Liebhaber, sondern Benützer. Die sehn in een' Frauenkörper nur ihre Befriedigung. Die sind der Meinung, daß wir det über uns ergehn lassen müssen. Ja, und dazu bin ick absolut nich jewillt. Da kann der wieder gehen, dann such ick mir den nächsten. Also, wenn ick das Bedürfnis habe, mit een' Mann zu schlafen, da hab ick dabei noch nie Probleme jehabt. Ick hab noch immer den auskieken können, den ick für eene Nacht haben will. Aber da is mein Wecker eingestellt auf morgens um vier, daß derjenige aus der Wohnung is, bevor meine Kinder erwachen.

Wegen der Sexualität gehen viele Ehen kaputt. Sexualität im Bett ist immer eins der Scheidungsgründe. Steht ooch bei mir im Scheidungsurteil. Für meinen Mann war Sexualität nur eine Bestätigung. Das Schlimmste für ihn war: Du hast allet jemacht, du hast das meiste Geld nach Hause jebracht, du hast die Entscheidungen jetroffen. Ick sage, ja, irgendeiner mußte sie ja fällen, du warst ja nie da. Entweder warst du beim Fußball oder auf Arbeit oder in der Kneipe. Also, die fühlen sich irgendwie benachteiligt. Det is wahrscheinlich det, was die Männer hier hassen, daß wir Frauen so unerhört selbständig sind. Ick hab ooch die Scheidung eingereicht, da hat der gar nischt davon jewußt. Er hat sich nicht mit einem Wort zu geäußert, keine Rechtfertigung, nischt. Und wo isser jetzt? Im Goldenen Westen! Nu kommt er aleene nich mehr klar, nu muß er janz schnell heiraten. Die Männer in der DDR sind einfach unmündig. Also, ick gehe meen' Weg aleene, dazu brauch ick wirklich keen' Mann. Ja, ick finde det ausgesprochen jut. Die Frauen haben det einfach jeschafft, aus einer Notlage heraus. Wir wissen, daß wir wat leisten können, wir wissen, daß wir genau datselbe Geld nach Hause bringen können wie 'n Mann. Also haben wir auch verlangt. Und Sie werden ooch hier kaum 'ne Familie finden, wo die Männer nich im Haushalt mitarbeiten. Die müssen ooch Wäsche waschen und bügeln und die Kinder ins Bett bringen. Viele resignieren. Ick sehe, daß die Männer an Kneipentischen sitzen und sich bedauern, wie schlecht ihre Frauen sind. Meine Frau is heute schon wieder zu 'ner Vorlesung gegangen, und meine Frau ist in die Ausstellung gegangen! Ick denke, wenn seine Frau der Meinung is, sie muß 'ne Ausstellung besuchen, warum zieht der sich nich an und jeht mit? Nee, det hätte seine Bequemlichkeit gestört, da hätte ihm keener die Pantoffel zum Sessel jebracht und keener die Zeitung gereicht. Ick höre det ooch in meinem Bekanntenkreis. Na, unsere Eltern hatten det besser, da is Vater auf Arbeit jegangen und Mutter hat den Vatern verwöhnt. In diesem Staat haben wir Frauen mehr zu sagen als die Männer. Die Richterin hat bei meiner Scheidung nur mich gefragt, nicht meinen Mann. Und wenn ick als Mutter nich jewillt bin, daß mein geschiedener Mann det Kind sieht, dann kann ick gerichtlich verfügen, daß der Vater sich nur auf 100 Meter dem Kind zu nähern hat. Det hab ick bei meinem Großen so gemacht. Der Vater war nicht jewillt, 'ne Familie uffzubauen, hat sich aus die Verantwortung herausjestohlen, also muß er ooch ein Leben lang dafür zahlen.

Die Frauen in der BRD sind nicht so selbstbewußt wie hier, det is mein Eindruck. Hier werde ick als Frau akzeptiert, drüben nicht. Es wird immer erst der Mann anjesprochen. Ooch in Gesprächsrunden, man unterhält sich in erster Linie mit dem Mann, nicht mit der Frau. Dafür bin ick am Bahnhof Dortmund gleich dreimal anjesprochen worden: »Du Geld verdienen?« Ick wußte überhaupt nich, wat die von mir wollen. Ick bin nur auf die Toilette jegangen. Dann bin ick wieder ins Kaffee zurück und erzähle det meinem Mann. Der sagt, bist du bescheuert, da hättest du 'ne schnelle Mark machen können. Also, so wat hab ick hier auf 'n Ostbahnhof noch nie erlebt. Sowat finde ick nich schön. Det ist Ansichtssache, habe ich mir von meinen Kollegen schon sagen lassen, ick soll det nich so verbissen sehn. Aber ick seh det so verbissen. Da ist man doch quasi Freiwild als Frau, wenn man da ständig anjesprochen wird. Ick hab ooch so Sexzeitschriften gesehen, da is mir det Kotzen gekommen. Da ist nischt Schönes dran. Det is schmutzig. Da fühle ick mich original als Frau diskriminiert. Da wird die Frau als Lustobjekt hingestellt, und det find ick nich in Ordnung. Ick hab ooch 'ne Zeitschrift in der Hand jehabt, wo nur Männer drinnen waren, aber die sind nicht so zur Schau gestellt wie die Frauen. Ick schaffe mir deswegen ooch keen Video an. Ick hab det in Dortmund gesehen, det ziehen sich ooch die Kinder rin. Wenn so 'n junger Mensch noch nicht jefestigt ist, der nimmt det für bare Münze, wat da in diesen Filmen jezeigt wird, weil er diese schönen Erfahrungen per Sex mit dem anderen Geschlecht noch gar nich kennt. Det hat sich ooch die Freundin von meinem Mann angekiekt. Und die fand det schön! Also, ick fand da dran nischt schön. Und schon jar nicht mit Tiere! Der hat sich da dran hochjezogen! Ick sage zu dem, hast du deinen Geist in der DDR vergessen? Na, hätt ja sein können, hätt ick ihm nachjeschickt. Aber hier herrscht ein großer Nachholbedarf. Da wurde nur drüber jeredet, aber man hat et nich jesehen. Und Pornozeitschriften sind hier in Berlin gehandelt worden, für so 'n kleenet Heft 50 Mark. Mein Mann is ooch einmal mit sowat anjekommen. 60 Mark hat der in 'ner Kneipe dafür bezahlt. Ick sag, von mir kriegst du nächste Woche kein Taschengeld.

Det war ja hier ein Tabuthema, hier wurde Moral ganz groß geschrieben, wat zu Hause war, interessierte ja keen'. Ick meine, der Gruppensex is hier ja ooch unerhört grassiert, da bin ick mal hineingeschlittert aus Neugierde. Det war zu viel für mich, aber det muß man mal jesehen haben! Ick hab ooch schon mal meine Experimente gemacht, um zu sehen, wie weit man gehen kann als Frau. Da hab ick een' kennengelernt, der hat den großen Mann markiert, da denke ick, mal sehen. Und den hab ick original im Bett gefordert, da war der so schockiert drüber, daß er gewalttätig jeworden ist. Der war der Meinung, daß Brutalität det war, wat ick von ihm wollte. Ja, mein Gott, da hat der halt 'ne Linke jekriegt und durfte gehen. Der hat nich begriffen, daß ick ooch wat haben wollte von der Nacht. Det kommt wahrscheinlich daher, daß keene Bordells vorhanden sind, wo der Mann mal schnell 'nen Seitensprung machen kann. In Westberlin soll es ja ooch wat für Frauen geben, een' Männerpuff. Dafür wär ick zu haben, det möcht ick zu gerne mal erleben. So viele in eener Reihe, det müßte man mal ausleben. Aber aleene trau ick mich nicht rein, da bin ick zu verklemmt.

Wie jesagt, ick komm aus der Gastronomie, da hat man in der Nachtbar viel mit Frauen Kontakt, die det für Geld machen, det war schon in den 70er Jahren ganz aktuell. Offiziell war et verboten, aber die haben ganz offiziell ooch den Stempel hinten im Ausweis jehabt. Ick hab auf Saison gearbeitet, Erholungsheim Walter Ulbricht. Da war für die Regierungsdelegationen ein Auslandskasino drin. Zutritt für Anjestellte nur, wenn sie vom Major aufjefordert wurden. Da wurde dann unten bei uns im Personal geworben. Wer möchte dort oben servieren? Ah, da war ick gleich die erste, wa! Solche Leute bedienen! Aber wie ick dann gesehen habe, wie ick bedienen soll, da war ick schnell wieder weg. Eben oben ohne. Det waren Animiermädchen, und det ging natürlich bis ins Bett. Ick meine, det is nich schlecht bezahlt worden, andere haben sich 'ne schöne Kohle Geld dabei verdient. Aber ick fühlte mich mit 19 Jahren zu schade dafür. Die sind dazu nicht gezwungen worden, det is allet auf freiwilliger Basis jewesen. Auch bei uns im Kombinat haben wir gewisse Frauen gehabt, die sind für die Leipziger Messe direkt dazu anjeheuert worden. Die haben 'nen offiziellen Arbeitsauftrag jekriegt und sind dafür freigestellt worden. Die hatten dann einen jemachten Weg, die haben meistens nicht mehr lange im Betrieb jearbeitet. Det waren doch Devisen! Ick wüßte nicht, was dieser Staat für Devisen nicht gemacht hätte.

Nee, in die BRD fahr ick vorläufig nich mehr. Ick hab mich dort nicht in der Heimat gefühlt, ick kam mir vor wie 'm Ausland. Nee, im Prinzip dürfte det überhaupt keen Ausland sein. Ick bin mit der Euphorie »Deutschland einig Vaterland« hingefahren, mit dem 9. November im Hinterstübchen, aber ick wurde dermaßen von meiner rosaroten Brille runtergeholt, det hat richtig geknallt. In Wilgersdorf bei Siegen durftest du gar nicht sagen, daß du aus der DDR bist, det war für die schon ein rotes Tuch. Die zwee Baufirmen, die da sind, haben BRD-Bürger entlassen, um DDR-Bürger einzustellen, weil die billiger sind. Da is een richtiger Haß unter der Bevölkerung. Es ist kalt in der BRD. Dieset Land strahlt nicht die Wärme aus, die man von hier kennt. Meine Schwester wohnt in een' Haus, da sind 14 Mietparteien, und die kennt nich eene. Det is allet so anonym. Ick kenne hier im Haus jeden, und wenn die alte Frau unter mir nachts klingeln würde, weil sie dringend 'n Arzt braucht, würd ick gehen und 'n Arzt rufen. Und da steh ick auf dem Standpunkt, warum soll ick dieses bißchen Menschlichkeit, wat wir uns hier die 40 Jahre erhalten haben, allet auf 'n Spiel setzen. Und det war ooch eigentlich ein Grund, warum ick gesagt habe, ick bleib hier. Ick würde drüben sofort Arbeit kriegen und ick würd ooch 'n Schweinegeld verdienen. Ja, aber ick will ja nichts drüben verändern, ick wollt ja hier wat verändern. Meine janzen Freunde, die sind alle rübergegangen. Der Goldene Westen hat jelockt. Da hausen die jetzt lieber drüben in der Turnhalle mit 50 Leuten! Ick habe mir mein eigenes Bild von der BRD jemacht. Ick bin durch Siegen geloofen, und da hab ick junge Frauen mit Kindern an der Ecke in der Kälte auf dem Stein sitzen sehen und betteln. Ick war vollkommen verstört, auf der een' Seite so 'n extremer Reichtum, auf der anderen Seite so 'ne extreme Armut. Det muß man erst verarbeiten. Und die Konsumwelt hat mich erschlagen, ick hab ooch nich weiter geguckt, ick konnte gar nicht. Wat mich erschreckt hat, waren die vielen DDR-Artikel, die es zu koofen gibt. Ick suche ein Dampfbügeleisen mit abnehmbarem Tank, sowat haben wir gar nicht, krieg ick hier zu hören. Da geh ick zu Aldi und seh eins, hergestellt in der DDR. Ick hab mir drüben eine Jacke gekooft, war ganz stolz, daß ick mir die erhascht habe für det Geld. Es geht mir det Futter kaputt, da is 'n Band drinnen: »Made in GDR«. Ick bin sehr enttäuscht, daß uns diese Regierung so furchtbar für dumm verkauft hat. Die hätte offen zu uns sein sollen, vielleicht wär's dann ganz anders jewesen. Es hätte eben keine Diktatur werden dürfen.

Meine Idealvorstellung von einer Gesellschaft? Det is nur ein Traum. Gleichberechtigung eben, aber nich nur unter Deutschen, sondern allgemein. Diese Rassendiskriminierung, die ick drüben gesehen hab, sowat dürfte es in unserem Zeitalter nicht mehr geben. Und ick hab unter meinen Kollegen auf Arbeit viele, die verkappte Nazis sind. Ick hab mir det ooch von den Republikanern durchjelesen, wat sie mir an der Oberbaumbrücke allet in die Hand gedrückt haben. Mein Sohn is ooch mit sowat angekommen, Hakenkreuz und allet. Det klebte ja überall an den Schulen dran. Da hab ick im Bett jesessen und hab jeheult. Denk ick, du mußt eine Nachgeburt großjezogen haben und nicht dein Kind. Also, da hätt ick den ins Heim geben können. Bis mir dann mein Kollege sagt, Mensch, fahr mit dem ins Museum und zeig ihm, wie's wirklich war. Da bin ick mit ihm ins Museum für Deutsche Geschichte gefahren und hab ihn den Film über das KZ Buchenwald angucken lassen. Mir sind ja schon beim Anfang die Tränen runtergeloofen, weil ick ja wußte, wat det für 'n Film ist, ick hab den schon zweemal jesehen. Mein Sohn, der fing Mitte des Films neben mir an zu schluchzen. Wir haben dann bis morgens um drei gesessen und haben drüber diskutiert. Der hat von Stund an nichts mehr gegen Juden jesagt. Die sind in der Schule zu einseitig gelehrt worden, ihnen is die Geschichte nie richtig erklärt worden. Det war für die eine Leier, det lernen die auswendig, aber begriffen haben sie det nich. Die Kinder sind nich zum selber Denken erzogen worden. Man merkt janz schnell, daß man einigermaßen jut fährt, wenn man den Leuten nach dem Mund redet. Und wenn der Zwang plötzlich nich mehr da ist, dann entlädt sich det eben so. Die Deutschen haben doch 'ne Geschichte, die bewältigt werden muß. Da kann nicht jedes Geschichtsbuch in der DDR '33 bis '45 ausklammern. Wenn die »Juden raus!« schreien, wissen die ja gar nich, wovon die reden. Der hat sich det wahrscheinlich ooch nie ausmalen können, daß in Treblinka Millionen Kinder draufgegangen sind.

Der Wiedervereinigung seh ick mit Angst entgegen. Wir sind auf eenmal vor die Alternative gestellt, du kannst jetzt über dich frei entscheiden, und ick weeß damit im Moment noch gar nischt anzufangen. Ick hab so det Jefühl, wir werden vom Westen vereinnahmt. Wir bluten so janz langsam aus. Stück für Stück. Es kommt so jeder, der drüben die Millionen in der Tasche hat, und kooft sich 'n Stück von der DDR, ob wir det nu wollen oder nich. Wir haben dieset Rad in Schwung gebracht, und det überrollt uns jetzt. Nu müssen wir sehn, daß wir det Beste draus machen. Und ick seh det im Betrieb, die sind alle janz happy, die wollen unbedingt die 1,6 Millionen Mark Kredit aus der BRD für meen' Chef haben. Aber jetzt sind so verschiedene Kollegen, die zu Gott beten, daß der die nich kriegt. Denn dann haben wir nichts mehr zu lachen. Also, unserem ökonomischen Leiter ist die Nacht vom 8. zum 9. März nich bekommen. Den muß sich eener vorgeknöpft haben. Er hat nichts weiter gesagt, er hatte bloß so 'ne gesunde Gesichtsfarbe, als er am nächsten Tag auf Arbeit kam! Auf alle Fälle werd ick det erste Mal in meinem ganzen Leben am 1. Mai auf die Straße gehn. Mit dem Bedürfnis, daß det jetzt wirklich 'n Tag der Arbeit is und nich ’n Tag der Propaganda. Und da wird Berlin erstmal zeigen, wieviele Berliner det hat!

Woman of the World

Salomea G. wurde 1932 im jüdischen Krankenhaus in Berlin-Wedding geboren. Ihre Mutter stammt aus Lemberg, der Vater aus der Ukraine. Die Eltern wurden 1937 geschieden, 1939 emigrierte die Mutter mit den drei Töchtern zu ihrem Bruder nach Australien. Dort ging Salomea zur Schule und lernte Stenotypistin. Zwölfjährig trat sie 1944 dem Kommunistischen Jugendverband bei, siebzehnjährig der Kommunistischen Partei Australiens. 1951 fuhr sie zu den 3. Weltjugendfestspielen nach Berlin und, so schrieb sie 1986 ironisch in einem autobiographischen Text, »sah mit eigenen Augen: hier wird an der Neuen Welt und dem Neuen Menschen gebaut«. Nach Australien zurückgekehrt, zog sie Bilanz: »Das Jüdische brauchte und wollte ich nicht, Australierin war ich nicht. Ich glaubte, Identität könnte man wählen. Mit 21 wußte ich, was ich sein wollte: eine deutsche Kommunistin. So machte ich mich auf den Weg und kam nach neunjährigem Bemühen dreißigjährig 1963 in die DDR. Froh war ich, endlich in diesem antifaschistischen Staat mein Zuhause, eine Heimstatt für mich zu finden. Denn hier ist die Menschenwürde zu Hause, der Faschismus für immer verbannt und mit ihm auch der Antisemitismus. Hier lohnte es sich zu leben, zu arbeiten, sich zu engagieren – für den Staat und für die Individuen. Hier spielt es keine Rolle, daß ich Jüdin bin. So wenig wie es für mich selbst eine Rolle spielte.« In der DDR arbeitete Salomea als Journalistin, Rundfunk-Sprecherin und Übersetzerin und absolvierte ein Fernstudium der Philosophie an der Humboldt-Universität. 1987 wurde sie mit 55 Jahren VdN-Rentnerin. Ihre beiden erwachsenen Söhne leben in Westberlin.

Als ich mit Fotografin Christel zu Salomea G. fuhr, gerieten wir an die falsche Adresse. Es gibt in Berlin zwei So-

phienstraßen. Als wir mit unseren Gerätschaften vor der Haustür standen und rätselten, warum Salomeas Name nicht an einer der Klingeln stand, hatten wir das unangenehme Gefühl, beobachtet zu werden. In der Tat hingen aus mehreren Fenstern des Innenhofs Männer und Frauen, die unsere Ratlosigkeit schweigend und teilnahmslos beobachteten. Einen Augenblick lang vergaß ich, daß wir den 5. März 1990 schrieben. War es klug von uns gewesen, so auffallend ausgerüstet hierher zu kommen? Die Frau, die auf unser Klingeln öffnete, wußte von nichts. Sie haben sie abgeholt, schoß es mir durch den Kopf. Doch dann erschien ein junger bärtiger Mann in der Tür, der Salomea zufällig kannte und uns an ihre richtige Adresse in Berlin-Mitte verwies. Mit einstündiger Verspätung kamen wir bei ihr an. Wir kannten einander nicht, doch sie empfing uns wie alte Freundinnen. In ihrer Wohnung war mir alles vertraut, die Bücher, der Computer, die Plakate an der Wand, der siebenarmige Leuchter. Ich ließ mich in die Wärme fallen und konnte wieder atmen. e.f.

Ich war vielleicht fünf, und wir laufen zu dritt über den Alex. Es war sehr voll, ein Menschenstrom in die eine Richtung und ein Menschenstrom in die andere Richtung. Da geht ein Mann vorbei mit einem Sack, wahrscheinlich war Feuerholz drin, und plötzlich spüre ich einen ungeheuren Schmerz im Auge. Ein Zipfel des Sacks hatte mir ins Auge gehauen, der Mann hat's nicht einmal gemerkt, ging einfach vorbei. Ich war für ihn gar nicht da, weiß ich heute als erwachsene Frau. Aber als meine Mutter sah, was geschehen war, hat sie den Mann beschimpft, hat jiddische Flüche von sich gegeben, und in meinem fünfjährigen Kopf hat sich die Überzeugung festgesetzt, daß dieser Mann mir ein grünblauschwarzes Auge gemacht hat, weil ich Jüdin bin. Meine Mutter ist doch in diesem antisemitischen Polen aufgewachsen. Wenn man mit einer Mutter groß wird, die so vieles als

Antisemitismus auslegt, wird man das Gefühl nicht los, daß einem ständig Dinge passieren, weil man Jüdin ist. Und in diesem Naziberlin schon überhaupt. Wir wohnten am Rande des Scheunenviertels, wo die SA besonders gern durchmarschierte. Ich hatte oft Angst auf den Straßen zwischen '36 und '39.

Alles in meiner Kindheit hat sich zusammengeschoben, mir einzuschärfen, daß ich mich nur ja nicht selbst anzunehmen habe. Meine Mutter war das sechste von neun Kindern aus einer armen jüdischen Familie in Lemberg und gehörte zu der Generation Frauen, die mit der Überzeugung aufwuchsen, der Mann sei dazu da, sie glücklich zu machen. Weil er das nicht konnte, hatte sie einen verbitterten Haß gegen meinen Vater, den sie 1984 mit ins Grab genommen hat. Sie hat mir beigebracht, daß die eine Hälfte von mir böse, ablehnenswert und verächtlich ist. Deshalb habe ich immer Rollen gespielt, konnte nie ich selbst sein. In meinem 42. Lebensjahr wurde mir bewußt, daß ich mich selbst nicht mag, als Frau nicht und als Jüdin schon gar nicht. Als ich zehn Jahre später mit Hilfe einer zweijährigen Psychotherapie lernte, das Kind in mir anzunehmen, habe ich auch angefangen, mich besser zu mögen und mich in mir selbst zu Hause zu fühlen. Mitten in dieser Psychotherapie erlebte ich, daß ich in einer lichtlosen Zelle lebe, mit viel Papier überall, Bedrucktes und Unbedrucktes. Ganz oben ist eine Glühbirne, die meistens an ist, um mich herum graugrüne Metallwände, eine geschlossene Tür. Ich sitze am Schreibtisch und schreibe oder lese. Ab und zu flackert das Licht, und dann kann ich nicht mehr schreiben. Manchmal muß ich mich auf den Boden hocken, weil ich nicht mehr die Kraft habe zu schreiben oder zu lesen. Dann flackert es immer schlimmer, manchmal geht das Licht auch aus. Dann liege ich auf dem Fußboden und wünsche, ich möchte bitte nicht mehr da sein. Aber irgendwann kommt die Kraft wieder, das

Licht geht an, und die Scheiße fängt von vorne an. So habe ich 50 Jahre lang gelebt. Dann war ich eines Tages so weit, daß die Tür zu dieser Zelle aufging, erstmal nur zehn Zentimeter, es kam frische Luft herein und ein bißchen Licht, und draußen vor der Tür war eine von einem Kind gemalte Wiese. Und eine Woche später spürte ich, wie die Wände der Zelle sich in Luftblasen auflösten, bis die Zelle plötzlich weg war. Ich atmete durch und fühlte mich gut. Nicht wie neugeboren, aber fast.

Die Zelle kommt nicht mehr wieder, nein, aber es ist nicht so, daß ich keine Probleme hätte. Seit ein paar Wochen geht es mir ausgesprochen schlecht, weil ich so ziellos dahinlebe. Das hat mit dem Zustand dieses Landes zu tun. Ich habe das Gefühl, mitten in einem riesigen Ozean auf einem kleinen Schiff zu sein. Jede Stunde wechselt das Wetter, und man weiß nie, in welche Richtung es umschlagen wird. Und diese Ziellosigkeit ist ja angewachsen, obwohl es eigentlich meine Stunde wäre. Endlich darf ich mich artikulieren und ich werde auch gehört, brauche keine Angst zu haben. Aber die Dinge, die hier passieren, sind nicht das, was ich wollte. Das heißt, die eine Hälfte wollte ich schon, aber diese neue Chance, die sich zu öffnen schien, war nur ein Schein. Ich gehörte zu den ersten Hundert im September '89, die für das Neue Forum unterzeichnet haben, und es ging mir sehr dreckig, als ich merkte, auf welche Wirklichkeit ich mich einstellen muß. Mitte Dezember wurde mir klar, daß es einen Anschluß geben wird, und auch die Dinge, die ich für wichtig halte, werden nicht erhalten bleiben. Vor allem wurde mir klar, daß die Befehlsempfänger, die sogenannten mittleren Kader, nicht weg sind, sondern nur höher gerückt sind. Sie haben ihre Chefs ersetzt und haben jetzt das Sagen. Aus denen, die abgesägt wurden, wurden Sündenböcke gemacht. Dieses Land ist dabei, sich eine dritte Schuld aufzuladen. Immer wieder hört man, ich habe es nicht gewußt, habe nichts geahnt, nichts getan, bin nicht verantwortlich. Das führt zu einer moralischen Verkommenheit, die mir angst macht.

Da empfinde ich, daß ich als Jüdin in eine makabre Situation komme. Mitten in dem, was ich die Gedenkepidemie des Jahres 1988 nenne, haben im Februar sechs Kinder zwischen fünfzehneinhalb und siebzehn Jahren den Jüdischen Friedhof in der Schönhauser Allee geschändet, Steine umgeworfen, auf die Gräber uriniert, Judenpack gerufen. Sie wurden im Juli '88 vor Gericht gestellt und bekamen folgende Urteile: Frank L., sechzehn Jahre alt, sechseinhalb Jahre, René K., sechzehn Jahre alt, fünfeinhalb Jahre, und die anderen fünf Jahre, drei Jahre zehn Monate, zwei Jahre sechs Monate und der letzte ein Jahr und irgend etwas. Die Begründung war der materielle und geistige Schaden, den sie angerichtet haben, weil man den Anfängen wehren muß, und weil dieser Fall Ängste und Beunruhigung unter der jüdischen Bevölkerung ausgelöst habe. Was eine absolute Lüge war. Erstens erschien im Gerichtssaal nie ein Jude, der seine Ängste äußerte, und zweitens haben die Juden das überhaupt nicht gewußt, weil es ja gar nicht berichtet wurde in der Presse. Hier wurden die Juden von meinem ehemaligen Staat mißbraucht, der sich auf Kosten dieser Jugendlichen reinwaschen wollte. Ich habe mir gesagt, wenn diese Jungs das absitzen, werden sie ganz bestimmt als eingefleischte Antisemiten rauskommen, und ich als Jüdin bin eine der wenigen, die dagegen etwas unternehmen kann. Ich habe den Verteidiger des Jungen gefunden, der sechseinhalb Jahre bekommen hat, und er hat mir geholfen, an ihn heranzukommen. Ich habe ihn aufgesucht, und meine Vermutung hat sich bestätigt: Das sind Sozialfälle, Produkte von kaputten Ehen, von Unwissenheit über die Judenfrage, von Aggressivität aus Frustration mit der Schule, dem Leben, der Familie. Ich habe die Eltern zusammengerufen, die fühlten sich alle hilflos und waren es auch, denn der Staat hat nicht ihnen zugehört, mir aber schon. Inzwischen war die sogenannte Wende gekommen, und ich habe die Medien mobilisieren können. In dem Augenblick, wo das ZDF beantragte, in das Gefängnis zu gehen, um die Jungs zu filmen, war sofort alles anders. Der Staatsanwalt von Berlin gab plötzlich bekannt, das die Jugendlichen am 12. März entlassen werden, mit Ausnahme des einen, der sechseinhalb Jahre hatte, für den braucht man einen Gnadenerlaß. Und jetzt wird es makaber: Ich rufe bei der Generalstaatsanwaltschaft für Berlin an und unterhalte mich darüber, wie man auch diesen Jungen herausbekommt. Da kriege ich von demselben Generalstaatsanwalt, der es noch im Dezember ablehnte, diesen Jugendlichen auf Bewährung freizulassen, gesagt, schade Frau Genin, daß Sie sich nicht schon früher mit mir in Verbindung gesetzt haben, wir haben ja ähnliche Ideen in dieser Sache, Sie hätten sich viel Arbeit erspart.

Wenn du Jude bist, merkst du, daß seit ungefähr zehn Jahren, nach dem Holocaust-Film im Westen, auch hier einiges Positives passiert ist, was nicht an die Öffentlichkeit kam. Von unten entstand ein Interesse am Judentum, viele wollten es endlich genauer wissen. Aber es wurde auch eine Art Mode draus, sich mit dem Judentum abzugeben, die Veranstaltungen in der Jüdischen Gemeinde waren bald übervoll, wir mußten Plätze für die Gemeindemitglieder freihalten. Und die Synagogenkonzerte, früher dreiviertel leer, waren plötzlich ausverkauft. Dann gibt es diesen für mich widerlichen Philosemitismus und auch das Phänomen, das ich unter Christen oft bemerkt habe: Ich soll ihnen die Absolution erteilen, weil sie Schuldgefühle haben... Und nun kommen auch noch diese Wendehälse und wollen sich mit Hilfe der Jüdin ins rechte Licht rücken. Der Staatsanwalt, der diese hohen Urteile beantragt hat, ist plötzlich mit mir einer Meinung!

Gefängnis ist Gewalt, und Gewalt erzeugt Gegengewalt. Deswegen habe ich mich für die Jungs engagiert. Damit wir endlich aufhören, einander die Köpfe blutig zu schlagen. Das ist mein Versuch, es anders zu machen, die Feindbilder abzubauen. Es ist ein Zeichen, das ich setzen will, eine Aktion Sühnezeichen, wenn man so will. Ja, doch, auch ich habe Dinge zu sühnen, denn ich bin mitverantwortlich für den Zustand dieser Gesellschaft, ich habe sie lange genug unterstützt. Die Mauer zum Beispiel hielt ich lange Zeit für notwendig. Ohne sie würde ja die DDR nicht mehr bestehen, und ohne DDR würde es wieder ein Großdeutschland geben, das einen dritten Weltkrieg anfangen würde, das war meine Argumentation bis 1981. *Ich* fühlte mich hier nicht eingesperrt, ich hatte zwar keine Reisefreiheit, aber ich war schon viel gereist, das war mir nicht so wichtig. Und ich hatte Meinungsfreiheit. Ich habe sie zwar als mächtig eingeengt empfunden und habe mich auch ständig gegen diese Einengung gewehrt, aber ich hatte eine wesentlich größere Meinungsfreiheit als andere Leute und habe sie auch genutzt. Als Altkommunistin und als Jüdin hatte ich Narrenfreiheit in diesem Land, das war ein Schutzschild, das dicker nicht sein konnte. Als ich 1982 endlich kapierte, daß ich in einem Polizeistaat lebte, waren zwanzig Jahre vergangen. Und dann hatte ich zwei Jahre Angst, es zu denken, geschweige denn auszusprechen. Erst im Mai '89 bin ich aus der Partei ausgetreten, so lange brauchte ich, um meine Angst zu überwinden.

Es war ja nicht die Angst vor der Staatssicherheit, es war viel subtiler, denn da hatte ich die Haltung eines Kommunisten: Vor meinen Feinden hatte ich keine Angst zu haben und ich hatte auch keine. Wovor ich Angst hatte, waren meine Übervater. Weißt du, ich bin in zweierlei Personen aufgespalten: Ich bin dieses Kind, das hergekommen ist mit seinem Ariertick und der Sehnsucht, vom Übervater angenommen zu werden, was ja die Partei war. Die Partei hat für mich die Familie ersetzt. Und dann bin ich die kämpfende Genossin, die rationale aktive Frau. Das Kind in mir hatte Angst, öffentlich seine Meinung zu sagen, die Kommunistin fühlte sich verpflichtet, es zu tun. Der Übervater war ein »arischer« Genosse, blond und blauäugig!

Als Kind hatte ich ein Erlebnis: Ich war sechs Jahre alt, und es war der 3. Dezember 1938, kurz nach der »Kristallnacht«. Es war Tag der Nationalen Solidarität, und die wollten für die Winterhilfe sammeln. Juden durften zwischen 12 und 20 Uhr nicht auf die Straße gehen. Da ich blond und blauäugig war, hat mich meine Mutter die Zeitung und Schabefleisch einkaufen geschickt, und als ich damit zurück kam, sah mich ein Junge aus der Gegend, der mich kannte. Er hat mich angehalten und angebrüllt, was ich auf der Straße suche. Ich soll sofort nach Hause gehen und mich nicht vor morgen früh zeigen, sonst würde er mich bei der Kreisleitung melden. Ich habe ungeheure Angst gekriegt, bin nach Hause gerannt und habe nie mehr darüber geredet, aber ich habe es nicht vergessen. Erst 45 Jahre später wurde mir klar, daß die vielen Männer in meinem Leben, von denen sehr viele blond, blauäugig und provinziell waren, etwas zu tun hatten mit dem Wunsch des Kindes in mir, von diesen »Ariern« angenommen zu werden. Und daß es eine Triebkraft meines Lebens geworden ist *to merge with the Germans*, mit den Deutschen zu verschmelzen, um eine Aussöhnung zu erreichen. Auch der Vater meiner Kinder ist blond und blauäugig. Wir haben zusammengelebt, sieben Jahre lang, dann haben wir uns getrennt. Ich habe an irgendeinem Punkt die Hanse nummeriert, die in meinem Leben eine Rolle gespielt haben. Er war Hans Nummer 2, insgesamt habe ich es auf vier gebracht, abgesehen von den Kurts, Fritzens, Jürgens. Jetzt ist mir das ziemlich gründlich vergangen.

Ich habe in der DDR keine Heimat gefunden, so wie ich

mir das vorgestellt hatte. Aber dadurch, daß ich hier zwei Kinder bekommen habe, habe ich Wurzeln geschlagen, wie man sie eben schlägt, wenn Kinder zur Schule gehen, und man sich über die Kinder mit der Umwelt abgeben muß. Daß ich hier in sehr schmerzhafter Weise so viele Illusionen lassen mußte, auch dadurch habe ich Wurzeln geschlagen. Ich möchte hier nicht weg, ich fühle mich Ostberlin schon sehr verbunden. Aber Heimat finde ich nur in mir selbst, das vor allem habe ich gelernt. Ich bin und bleibe *a woman of the world,* ob ich will oder nicht. Ich bin und bleibe Jüdin, ob ich will oder nicht, weil die Umwelt mich sehr wohl daran erinnert. Schon über das betroffene Schweigen, daß so oft eintritt, wenn man es erwähnt. Aber ich glaube, man hat in Deutschland aus der Nazizeit doch etwas gelernt, keiner möchte mit einem Nazi identifiziert werden, dagegen wehrt sich jeder. Wo ich Ängste habe, ist, wenn Leute immer noch die Verhaltensweisen von Nazis haben und es gar nicht merken. Es gab in diesem Land nur den verordneten Antifaschismus, jede wirkliche Diskussion wurde unterdrückt, so daß viele überhaupt nicht wissen, daß sie Nazis sind. Um dir in Kurzfassung eine Geschichte zu erzählen, die ich hier erlebt habe: Ich habe im Haus, in dem die Hausgemeinschaftsleitung eine Wandzeitung angeschlagen hatte, diese mit Kugelschreiber verändert, weil mich der Befehlston störte. Da wird mir von einem führenden Genossen vorgeworfen, das sei eine strafbare Handlung. »Dann zeig mich doch an«, sage ich. Da sagt er, daß sei eine Unterstellung. Er hat mich auf meiner Parteigruppe zur Rechenschaft ziehen lassen. Sie unterstellten mir, ich hätte das Plakat nur geändert, um den Genossen zu verleumden, und drohten mir Konsequenzen an. Danach hatte ich eine Vision: Ich stehe im Fahrstuhl mit ihm, und er zielt mit dem Revolver auf mich. »Erschieß mich nicht«, sage ich, und er: »Was redest du denn, ich bin doch kein Mörder«, und schießt. Ich falle tot zu Boden, und er steckt seinen Revolver ein, zufrieden, daß dieses Insekt, das ihm so lästig war, endlich weg ist. Das war nur eine Vision. Er war kein Antisemit, ist doch klar. Dann gehe ich nach Westberlin in eine Ausstellung über die Nazizeit. Da sehe ich eine Wandtafel aus dem Jahre '38, die die Nazis aus Metall und Email in allen Häusern anbringen wollten. Dann brauchten sie aber das Metall für den Krieg, und auf Papier waren sie noch nicht gekommen, das blieb dann der DDR vorbehalten. Auf dieser Tafel steht: Wenn die Mieter des Hauses Probleme haben, mögen sie sich bitte an die NSDAP, Kraft durch Freude, Frauenschaft, HJ usw. wenden. Dann war Platz, wo man hinschreiben konnte, was man wollte, und ganz unten stand: Die mißbräuchliche Benutzung dieser Tafel wird strafrechtlich verfolgt. Jetzt wußte ich, woher er das hatte.

Über Juden wurde nie gesprochen in der DDR. Es hat in Buchenwald keine Juden mehr gegeben, obwohl Hermann Axen in der Judenbaracke von Buchenwald gewesen war. Im Widerstandskämpferkomitee der DDR waren Juden Bürger zweiter Klasse. Der eigentliche Mensch ist der Widerstandskämpfer, dann kommt lange nichts, dann möglicherweise die Juden, dann lange überhaupt nichts, und dann dieses Pack, das hier rumläuft auf der Straße und überhaupt keinen Widerstand geleistet hat. Denen wurde nur Verachtung entgegengebracht. Eine ungeheuerliche Arroganz, es hatte unwichtig zu sein, daß man Jude war. Da kamen zwei Dinge zusammen: der Stalin'sche Antisemitismus und der Hitler'sche Antisemitismus. Es war mir unmöglich, einen Text über Juden zu publizieren, aber niemals haben sie erklärt, warum. Ich wurde mundtot gemacht, aber niemals wurde es mir gesagt, sie haben sich immer nur weggeschlichen. Immer waren es technische Gründe, zu lang oder was immer. Niemals faßbar, niemals.

Innerhalb von 25 Jahren haben nur vier Leute mit mir

über ihre Nazivergangenheit geredet, so wenige sind mit mir ehrlich gewesen. Aber ich habe gelernt, zwischen Deutschen und Deutschen zu unterscheiden, sonst könnte ich hier nicht leben. Es ist ja nicht so, daß ich nicht immer wieder Angst kriege. Es kommt in mir immer wieder ein Gefühl hoch, das sagt, ich hasse die Deutschen. Aber ich weiß, daß es irrational ist, weil ich meine Freunde ausklammere. Daß es in mir diese Haß-Ecke gibt, habe ich in einer Gruppentherapie erlebt. Drei Tage brauchte ich, bis ich gestehen konnte, daß ich Jüdin bin, und dann war die Reaktion: Na und? Ich verstand, daß sie nicht begriffen haben, was das bedeutet. Ich ertrug dieses Schweigen nicht. Ich wollte ihnen ins Gesicht schreien, was heißt hier, na und? Ihr merkt es nicht, aber ich bin zufällig Nummer 3721635 auf der Deportationsliste. Das wollte ich ihnen sagen. Nach zwei Wochen wollte ich abreisen, und der Arzt sagte, gut, er könne mich nicht daran hindern, aber ich möge doch der Gruppe erklären, warum. Das fand ich in Ordnung, aber ich konnte es nicht sagen. »Wenn du es nicht sagen kannst«, schlug einer vor, »dann schrei es doch heraus«. Da holte ich tief Luft und schrie: »Ich hasse die Deutschen.« Ab da konnte ich wieder reden. Ich habe ihnen erzählt, ich bin die Nummer 3 Millionen usw. auf der Deportationsliste, und hier in der DDR gibt es Antisemitismus, ihr wißt es nur nicht, weil es nicht an die Öffentlichkeit kommt. Ich aber habe es erfahren und jetzt erzähle ich euch ein bißchen davon. Ich habe eine halbe Stunde geredet und bin nicht abgereist. Da wußte ich, warum ich immer wieder vor Angst schlottere in diesem Lande. Da ist sehr wohl etwas, was aus meiner Kindheit hochkommt, und es hat sich verbunden mit den Ängsten, die aus der Zeit vor dem November herrühren. Ich weiß, daß mein Telefon abgehört wurde, daß man mich hier in diesem Zimmer über das Telefon abhören kann, auch wenn der Hörer draufliegt. Ich war mir auch ziemlich sicher, daß ich Wanzen in meiner Wohnung hatte, und daß die in meine Wohnung kamen, wenn ich nicht zu Hause war. Das waren einfach *facts of life,* ich habe gelernt, damit zu leben. Aber es gab immer wieder Augenblicke, wo ich mit den Knien schlotterte, so daß meine Übervaterangst sich verband mit meiner Angst vor den Deutschen.

In meinem Text, den niemand drucken wollte, schreibe ich, daß ich mir ein Gebetbuch gekauft habe. Das heißt, daß ich aufgehört habe, die Religion abzulehnen. Ich habe eine Weile probiert, in die Synagoge zu gehen, aber da ich zu dieser offiziellen Jüdischen Gemeinde eine sehr gestörte Beziehung habe und dort ständig nur Kälte erfahre, gehe ich nicht gerne in die Synagoge. Aber ich habe gelernt, daß es etwas in mir gibt, das unabhängig ist von der Materie meines Körpers. Das war für mich lange Zeit mein Unterbewußtsein, heute würde ich dazu neigen, es meine Seele oder meinen Geist zu nennen. Ich bin dazu übergegangen, ab und zu zu meinem Inneren Kontakt zu suchen. Es ist nicht eine Frage von Gottgläubigkeit im landläufigen Sinne. Ich habe gelernt, daß ich ein Produkt des osteuropäischen jüdischen Gettos bin, modifiziert durch australische Zustände. Und zu diesem osteuropäischen jüdischen Getto gehören eben auch die Verhaltensweisen, Denkweisen, Gefühle, die über die Religion vermittelt wurden. Meine Mutter gehörte zu der Generation osteuropäischer Juden, die die Religion abgelegt hat und sie als Kette empfand. Aber sie war so jüdisch und meine einzige Bezugsperson, ich konnte gar nicht anders. Im März '88, bin ich nach Israel gefahren, mein großer Sohn arbeitete damals auf einem Kibbuz. Er holte mich mit meinem Cousin ab, mit dem ich aufgewachsen war, aber den ich 35 Jahre nicht gesehen hatte. Da sagte mein Sohn zu mir: Natürlich gehörst du hierher, die Leute sind doch alle wie du. Da war ich vielleicht eine Viertelstunde im Lande gewesen. Aber *I saw, he had a point.*

Trotzdem würde ich dort nicht leben wollen, weil die Frau nichts als ein Anhängsel des Mannes ist, und eine Frau, die nicht ein Anhängsel des Mannes ist, ist ein Dreck. Bevor ich zu meinem Judentum zurückfand, habe ich mich mit der Frauenfrage auseinandergesetzt. Es war eine *midlife crisis.* Als ich mich mit 38 Jahren vom Vater meiner Kinder trennte, war das sehr schmerzhaft für mich, aber du mußt wissen, er war ein Pascha. Frauen sind dazu da, die Hausarbeit zu machen, und ideal ist es, wenn sie nicht arbeiten gehen, sondern sich um die Kinder kümmern, und Hausarbeit kostet eine Frau doch keine Mühe. Ich habe mit ihm einige Dinge durchlebt, die mich zur Feministin gemacht haben. Dann habe ich versucht, *consciousness raising groups* zu machen, Selbsterfahrungsgruppen. Ich habe mir das so ausgedacht: Ich lade Frauen ein, und wir unterhalten uns über gesellschaftliche Fragen auf Englisch. Womit ich nicht gerechnet hatte, war die flächendeckende Wirksamkeit der Staatssicherheit. Es wurden natürlich Dinge gesagt, die tabuisiert waren, und da kriegten die Leute Angst. Nur ich hab die Angst nicht erkannt und habe mich gewundert, daß es ziemlich fluktuierte. Nach mehreren Wochen blieben nur vier Frauen übrig, von denen ich ziemlich sicher bin, daß mindestens zwei, wenn nicht drei, von der Staatssicherheit geschickt waren oder zumindest ihr Bericht erstatteten. Das ist natürlich keine Atmosphäre, in der man *conciousness raising* machen kann.

1976 oder '77 hatte ich ein Gespräch mit der Leiterin der Abteilung »Frauen im Sozialismus« an der Akademie der Wissenschaften. Ich erzählte ihr von einer Folge von drei Veranstaltungen: Die erste war nur für Frauen, die zweite nur für Männer, und die dritte für beide Geschlechter. Bei der Frauenveranstaltung habe ich zum ersten Mal in meinem DDR-Leben eine Bauchdiskussion erlebt. Was da an Wut, an Kummer, an Wahrhaftigkeit hochkam, das war faszinierend. Ich forderte diese Frau auf, sich dafür einzusetzen, daß die Geschlechterproblematik in der Öffentlichkeit diskutiert werde. »Nein, das können wir nicht machen, dafür sind wir nicht.« »Warum nicht?« »Guck mal, kommt nur dabei dasselbe raus wie im Westen, und damit können wir doch nicht die Überlegenheit des Sozialismus beweisen. Eine solche Diskussion können wir nicht zulassen.« Dieser Staat hat die Geschlechter im Stich gelassen. Zu einem Zeitpunkt, als es dringend notwendig gewesen wäre, sich über diese Fragen auseinanderzusetzen, war es nur in den vier Wänden der Ehe möglich. Das mußte schiefgehen. Wir haben hier eine abgebrochene Emanzipation, denn gleichzeitig gibt es diese ökonomische Selbständigkeit. Die Frauen sind ja in einer Weise emanzipiert, wie sie es ohne Erwerbsarbeit nie hätten sein können. Im Stich gelassen wurden wir auf der psychischen Ebene. Wie oft habe ich es erlebt als Dolmetscherin, als einziges Weib unter diesen wichtigtuerischen Männern, die mit mir umgegangen sind wie mit einer Dienerin, und na klar, diese blöden Witze über emanzipierte Frauen. Ich kann mich an einen Abend erinnern, da habe ich fast kotzen müssen.

Es hat diese widersprüchlichen Dinge gegeben, aber die Frauen sind bei uns ganz bestimmt emanzipierter als die Frauen im Westen. Sie haben mehr Selbstbewußtsein. Sie haben nur nie die Bücher lesen dürfen, die für mich so wichtig waren, die Firestone, die Greer, die Millett, der Disput in den Zeitschriften über vaginalen und klitoralen Orgasmus. Immer, wenn mir elend war, habe ich zu diesen Zeitschriften und Büchern gegriffen, weil sie mir mein Elend genommen haben. Sie halfen mir, Subjekt zu werden. So konnte ich am Resultat der kollektiven Arbeit der westlichen Frauen teilhaben. Darunter leiden heute viele Frauen, daß sie das nicht mitmachen konnten. Seit ein paar Jahren gibt es in Ost-Berlin eine Walpurgisnachtveranstaltung. Das hat mir großen

Spaß gemacht, weil diese Blödheit, die entsteht, wenn Männer dabei sind, völlig weg war, das ist ja das Angenehme an Frauenveranstaltungen. Im letzten Jahr waren Frauengesangsgruppen da mit tollen Texten, haargenau auf die Situation der DDR zugeschnitten. Das war schon die Zeit, als die Leute ihre Angst verloren hatten. Übrigens, du solltest mal meine Freundin Dagmar interviewen!

Tut mir leid, wir haben nichts

Die 20jährige Susi K. hat prima blaue Wimperntusche. Ich muß sie immerzu ansehen, es gefällt mir. Als sie geht, frage ich danach. Lässig klärt sie mich auf: »Action, ein DDR-Produkt. Ach, übrigens, du brauchst meinen Namen nicht ändern. Vielleicht kauft meine Mutter, die jetzt im Westen wohnt, dieses Buch. Dann erfährt sie wenigstens über diesen Weg, wie es mir geht.« *p.l.*

Die Schule schloß ich mit »drei« ab. Hauptsache, ich hab 10. Klasse, nach den Zensuren fragt später keiner mehr. Ab der Neunten kam ich in die Berufslenkung. Alle, die gelenkt wurden, galten als nicht normal. Und zu dieser Gruppe gehörte ich. Manche hatten Hautekzeme, Hüftknochenbeschwerden, Plattfüße, andere litten an chronischen Kopfschmerzen. Da hatte ich eigentlich noch das Wenigste, nur was mit der Lendenwirbelsäule und an den Händen ein Ekzem. Das ist aber wieder gut geworden. Es war ganz schön hart, als sie mir dort sagten: »Sie können Schneiderin, Tippse oder Verkäuferin werden.« Also Tippse hat mich ja nun gar nicht interessiert, als Schneiderin am Fließband wollte ich auch nicht arbeiten, da blieb nicht viel übrig. Aber einen Beruf wollte ich erlernen. Selbst wenn man heiratet und ein Kind hat. Ich muß auf alle Fälle unter Menschen. Man möchte ja auch sein eigenes Geld verdienen. Meine Mutter ging immer mit zur Berufsberatung. Sie war ziemlich energisch: »Wenn meine Tochter schon Verkäuferin werden muß, dann bitte für Textilien und nicht für Fleisch, Fisch oder Gemüse, wo sie doch das mit den Händen hat.« Zuerst gingen wir ins Centrum-Warenhaus, weil dort auch eine Tante von mir arbeitete. Ich hatte in Betragen eine Drei und sonst einen Durchschnitt von 2,5. Ist doch für eine Verkäuferin nicht schlecht! Die Frau, mit der wir verhandeln mußten, sagte: »Tut mir leid!« Ich wußte erst gar nicht, was sie meinte. Ich dachte, wenn man berufsgelenkt ist und sich bewirbt, wird man auch eingestellt. Aber sie sagte: »Ich lege den Durchschnitt fest. 2,1 ist gut, was drüber ist, ist noch besser, alles andere geht nicht!« Wenn ich heute so durchs Centrum gehe und mir die Verkäuferinnen ansehe, kann ich mir nicht vorstellen, daß das welche sind mit diesem Durchschnitt. Sie sind unfreundlich, sehen zwar aus wie Puppchen, doch wenn sie den Mund aufmachen, fragt man sich, ob die überhaupt eine Schule gemacht haben. Dann versuchten wir's bei HO-Industriewaren. Ihnen war mein Durchschnitt egal, sie mußten 40 Leute einstellen, davon 20 Berufsgelenkte. Im September begann die Lehre. Am ersten Tag war Einführung an der Berufsschule, in meine Klasse gingen zwei Jungen und 30 Mädchen. Und dann zwei Jahre lang – eine Woche Schule, eine Woche Arbeit. Als Textilverkäuferin durchläuft man drei Etappen: Untertrikotagen, Obertrikotagen und Schuhe/Lederwaren. Am Ende kann man sich für eins davon entscheiden. Im »Haus der Mode« war ich der einzige Lehrling. Ich durfte immer Bügel putzen mit einem Eimer Wasser, und wenn ich reihum war, ging es mit den Stangen weiter. Mein Ekzem an den Händen platzte natürlich immer wieder auf. Das »Haus der Mode« wurde aus Altenburg beliefert. Wenn eine Fehlsendung dabei war, was häufig vorkam, mußten wir die Pakete zurückschicken. Mit der Lagerkraft verstand ich mich gut. Die hat dann immer einen Rollfix genommen, alle Pakete draufgestellt und zur Hauptpost gekutscht. »Susi soll mitkommen und helfen, sie ist doch bloß Lehrling.« So begründete sie das gegenüber unserer Chefin. Mir war's ganz lieb, dadurch kam ich bißchen raus.

Nächste Station war die Boutique »Ideal«, Untertrikotagen. Ich wurde voll eingeplant als Arbeitskraft, fühlte mich gar nicht als Lehrling. Das war wirklich die schönste Zeit. Die Arbeitszeit ging von halb neun bis viertel sieben. Eine ganz schöne Umstellung, denn aus der Schule kam man ja schon mittags nach Hause. Ich konnte bis zum Abend, bis meine Eltern kamen, irgend etwas für mich machen. Als ich dann anfing zu arbeiten, waren meine Eltern bereits da, wenn ich kam. Es gab oft Krach. Zum Beispiel sahen sie nicht ein, daß ich nicht mehr einkaufen gehen konnte. Wie sollte ich auch? Als Lehrling kann ich doch nicht sagen: »Ich muß mal raus, einkaufen, weil meine Mutter das gesagt hat.« Ich verstand mich schon damals nicht besonders gut mit meinen Eltern. Vom Lehrlingsgeld mußte ich 50 Mark Kostgeld abgeben. Meine Mutter meinte: »Deine Sachen kaufst du dir jetzt selber!« Nur das Essen habe ich bekommen. Gekocht wurde prinzipiell für 18 Uhr. Wenn ich kam, saßen sie schon auf der Couch und guckten Fernsehen. Bis ich mal den Vorschlag machte: »Mutti, du brauchst für mich nicht mitkochen. Es vergeht unendlich viel Zeit von meiner wenigen Freizeit, wenn ich mir das Essen abends noch warm mache, dann 'ne halbe Stunde esse und danach alles abwasche.« Ich hab ja nie viel gegessen, nie gefrühstückt und tagsüber war ich im Laden. Das Mittagessen dort konnte man vergessen – Schülerspeisung! Nebenan war ein Feinkostgeschäft. Meist holten wir uns in der Pause einen Salat oder ein Herrenbrot, das war ganz schön teuer. Mit Geld konnte ich nie gut umgehen – und mit dem wenigen erst – das war schon belastend! Selbst als ich ausgelernt hatte, mußte ich 220 Mark Kostgeld abgeben. Damals verdiente ich so 570 bis 600 Mark auf die Hand. Ich versuchte, mit meinen Eltern zu sprechen: »Ich brauche fast nichts an Essen. Das bißchen Strom zum Waschen, wofür bezahle ich denn 220 Mark?« Sie rechneten es mir vor, da kam dies und jenes mit hinzu, und mein Vater bestand darauf. Als Lehrling hatte ich 130 Mark, im zweiten Halbjahr 150, im dritten 180 und im vierten Halbjahr waren wir schon an den Prämien beteiligt, also 180 Mark Lehrlingsgehalt und bis zu 50 Mark Prämie. Aber auf 230 Mark schaffte ich's nie. Das ging nach Umsatz, und manchmal war einfach nichts da, was man verkaufen konnte. In der »Jugendmode« am Georgiring hatten die einen die ganzen Import-T-Shirts und bedienten am Tag vielleicht 200 Kunden, und ich eben nur 20. Es war ungerecht, weil man nichts dafür konnte. Doch das sah niemand ein, es blieb bei dieser Prämienregelung nach Umsatz. Für die Schule mußten wir Hausarbeiten schreiben, zum Beispiel eine Analyse, was am meisten verkauft wird. Da war bei mir gar nichts. Ich wußte echt nicht, was ich schreiben sollte.

Mein Lieblingsfach war Werbelehre, wo ich auch immer eine Eins hatte. Es ging um den Charakter der Menschen. Um das Erkennen, was ist das für einer? Will er wirklich kaufen oder möchte er sich nur etwas zeigen lassen? Ist es einer, der überlegt und am nächsten Tag wiederkommt? Oder sind es Menschen, die durch die Stadt gehen, weil sie nichts zu tun haben? Einmal werteten wir unsere Erfahrungen aus und kamen zu dem Schluß, daß etwa 70 Prozent der Kunden Choleriker sind. Erst wirken sie ruhig und dann kommt es – mit einem Schwung. Sie stehen so da, und man weiß nicht recht: Soll man sie ansprechen oder nicht? Fragten wir einen anderen nach seinen Wünschen, brausten sie auf: »Würden Sie mich vielleicht auch mal bedienen? Ich hätte auch gern diesen Pullover gesehen!« Und dann war es ausgerechnet der letzte! Ich sagte immer: »Tut mir leid, ich bin Lehrling und habe das noch nicht so drauf. Ich dachte, sie stehen nur und gucken.« Dann erst: »Wer hier rumsteht sind Sie!« Ja, so war das, jeder hat gemeckert: »In dem Scheißstaat gibt es nichts!« Ich ging oft nach hinten, weil mir die Tränen kamen. Es tat mir weh, ich konnte ja nichts dafür. Das Heulen hat man sich aber schnell abgewöhnt, ist selber pampig geworden: »Dann müssen Sie eben an die Zeitung schreiben. Wir haben nichts!« – »Unter dem Ladentisch liegt bestimmt was!« – »Bitte, Sie können sich gern überzeugen. Hier ist nichts!« Natürlich gab es Dinge, die wir für uns oder andere Leute zurücklegten.

Ich bemühte mich immer, mit Kunden ins Gespräch zu kommen. Meistens wurde das falsch aufgefaßt, sie dachten, man will ihnen was aufschwatzen. Wenn man sagte: »Es sieht gut aus und steht Ihnen!« dann nahmen sie meistens Abstand vom Kauf. Einmal zum Jugendweiheverkauf passierte folgendes: Da waren zwei Damen, wohl Mutter und Tante, und der Jugendweihling – so ein Kleiner. Für den war schwierig, was Passendes zu finden. Wir waren froh, als wir einen Anzug hatten. Ich mußte zwei Stände bedienen, immer hin und her laufen. Zum Anzug fehlte nun noch das passende Hemd. »Was schlagen Sie denn vor?« Ich zeigte ihnen die Hemden: »Das Blaue würde gut passen.« Da meldete sich eine Kundin aus der Schlange: »Dazu kann man doch kein Blau tragen!« Ein Herr von weiter hinten meinte: »Warum denn nicht?« Die Mutter des Jungen war völlig verunsichert und ließ sich auf eine längere Für-und-Wider-Debatte ein. Ich ging derweil rüber an den anderen Stand, bediente dort und kam zurück. Die Mutter erwartete mich schon: »Sagen Sie mal, was erlauben Sie sich, hier einfach wegzurennen und uns alleine zu lassen!« Sie wurde immer lauter: »Ich dachte, Sie holen noch paar Hemden, dabei gehen Sie einfach weg zu einem anderen Stand.« Ich sagte: »Moment mal! Ich bin für zwei Stände verantwortlich, und während Sie sich hier mit der Kundin unterhalten...« Sie ließ mich nicht ausreden. Das ist ja das Schlimme, sie lassen einen nicht ausreden. Ein junger Mann stellte sich auf meine Seite, aber da legte sie erst recht los: »Ich bin froh, daß das ganze jetzt vom Westen aufgerollt wird. Solche wie Sie, die müssen gleich gehen!« Ich sagte: »Wenn Sie mich weiter anschreien, werde ich auch laut. Bin auch nur ein Mensch. Ich habe eben in der Zwischenzeit drüben die Leute bedient, sonst hätten die sich wieder aufgeregt.« – »Jetzt werden Sie noch pampig, unerhört, ich verlange das Kundenbuch! Ich kann auch anders, ich schreibe an die Zeitung! Heutzutage geht das ja!« Und nun kam der größte Gag – ich denk, ich muß ausrasten. Meint doch dieser Knopp von 14 Jahren: »Komm, Mutti, solche wie die muß man stehenlassen, die haben alle 'ne Macke.« Ich sagte: »Du mit deinen 14 Jahren mußt es ja genau wissen! Wirst gerade in den Kreis der Erwachsenen aufgenommen, da kannst du ja den großen Mund haben.« Ich mußte mich zusammenreißen, das Wort »Maul« lag mir auf der Zunge, aber ich dachte: »Bei der Mutter kannst du dir das nicht leisten. Wenn die jetzt vorgeht und ins Kundenbuch was einträgt oder versucht, die Chefin zu sprechen, bin ich dran. Selbst wenn ich recht habe, vor den Kunden hat die Verkäuferin immer Unrecht.« Aber es gibt ein gutes Sprichwort: »Der Kunde ist König und die Verkäuferin Kaiser.« Oder ein anderes, das habe ich schon einigen an den Kopf geknallt: »Der Kunde ist König, und wenn er wie ein König behandelt werden möchte, dann muß er die Verkäuferin wie eine Königin behandeln.« Wenn einer auf der Straße zu mir sagen würde »Dumme Kuh!« – das kam beim Verkauf ja öfters vor –, dann hätte ich ihm eine geklatscht. Aber als Verkäuferin darf man sich nicht wehren, muß den Mund halten, sonst wird es nur noch schlimmer. Einer wollte mich mal über den Ladentisch ziehen, so ein Kleiner, Schmaler – ich hatte für ihn keine Hosen. Er steigerte sich richtig rein: »Sie sind jetzt das 17. Geschäft, und ich habe immer noch keine Hose.« Ich sagte: »Das tut mir leid.« Dann wandte ich mich dem Nächsten zu. Er kochte: »Sie spinnen wohl? Was erlauben Sie sich? So was habe ich noch nie erlebt!« Und langte über den Ladentisch: »Das will ich Ihnen jetzt mal sagen...« Ich dachte: »Oh Gott, wenn der jetzt handgreiflich wird, ich weiß ja gar nicht, was ich machen soll.« Eine andere Verkäuferin holte schnell die Chefin. Die sagte: »Verlassen Sie bitte unser Haus!« – Erst wenn ein Kunde handgreiflich wird, kann die Verkäuferin darauf bestehen, daß er das Haus verläßt. Alles andere muß man sich gefallen lassen.

In die »Jugendmode« am Georgiring kamen durch das nahegelegene »Stadt Dresden« viele Ausländer rein. Sie schoben uns ihre Adressen zu, wußten, wo der Hintereingang war, und warteten, wenn die Verkäuferinnen nach 18 Uhr rauskamen. Einer beobachtete mich die ganze Zeit und machte sich Notizen. Da kommt man sich ja blöd vor. »Sie gefallen mir, können wir uns heute abend sehen? Wann haben Sie Dienstschluß?« Ich sagte: »Keine Zeit, und außerdem werde ich von meinem Freund abgeholt!« Das war dann immer die Ausrede. Oder so ältere Männer: »Ich möchte gern diese Hose anprobieren.« Ich wußte schon, worauf das hinausläuft. Sie zogen ihre Kabinen nicht zu beim Umkleiden. Nicht jeder war so ansehnlich, daß das Hinsehen eine Freude war. Manche hatten grüngepunktete Unterhosen an. Dann riefen sie mich rein: »Wie sitzt es denn, bißchen eng, nicht?« Man sagt, es muß noch soviel Platz sein, daß eine Hand reinpaßt. Eigentlich ein ganz normaler Griff für eine Verkäuferin. Aber bei diesen war es unangenehm. Sie nutzten das aus. Am Ende haben sie meistens nichts gekauft. Es gab auch Nette. Ein Mann kam fast jeden Tag und fragte: »Habt ihr wirklich nichts?« Dann gab es mal paar gute Slip für 10,50 Mark aus reiner Baumwolle, Männerslip waren ja Mangelware, und wir dachten: »Der kommt jetzt schon ein halbes Jahr, jeden Tag.« Dem habe ich sie dann verkauft: »Aber bitte keine Reklame machen. Nicht daß morgen zehn Mann ankommen und solche Slip haben wollen.« Er freute sich: »Ich revanchiere mich, aber nur, wenn Sie möchten.« – »Nein, nein, ich leg Ihnen gern mal was weg, aber mit dem Revanchieren, das lassen wir lieber.«

Einen werde ich nie vergessen, ein Regisseur aus Frankreich. Der kam so alle 14 Tage rein, muß wohl eine deutsche Frau gehabt haben. Er musterte mich, und ich fragte: »Ist was an mir?« Und der sagt auch noch: »Ja!« Ich dachte wirklich, ich habe irgendwo einen Fleck. Aber er beruhigte mich: »Nein, ich würde mich gern mit Ihnen treffen. Wenn Sie einen Freund haben, möchte ich, daß er dabei ist. Ich habe auch eine Frau. Ich tue Ihnen nichts an.« Er sprach so gebrochen deutsch und erzählte, daß er mich für einen Film haben möchte, zwei Monate in der Mongolei. Ein Naturfilm. Ich dachte, was soll ich denn in der Mongolei? Aber es ging um ein deutsches Ehepaar, das dort lebt. Wir verabredeten uns, und gerade an dem Tag hatte ich Ärger zu Hause. Ich verpaßte total den Zeitpunkt. Wir machten uns einen neuen Treff aus, 22 Uhr am »Astoria«. Ich sollte meinen Freund mitbringen. Wir hatten noch Zeit und dachten, gehn wir noch in die »Pfeffermühle« was trinken und bißchen quatschen. Dann guck ich auf die Uhr – halb elf! Wir sind gerannt! Natürlich war niemand mehr da. Ich weiß nicht, ob er nochmal in den Laden gekommen ist, ich hatte dann gekündigt. Könnte mich ärgern! Aber bei solchen Leuten muß man sich wohl an die Termine halten. Nun hat er sicher schon längst eine andere gefunden. Wer weiß, das war vielleicht die Chance!

Nach der Lehre arbeitete ich im »Topas«. Herrensachen verkaufen hat mir schon immer Spaß gemacht, weil ich davon ausgehe, daß Männer einfacher zu bedienen sind. Selten kauften Mann und Frau gemeinsam. Entweder suchten die Frauen für ihre Männer was aus, oder die Männer kamen allein. Es gab auch welche, die haben sich irgendwas gekauft und standen am nächsten Tag wieder da: »Meine Frau hat mir bald den Hintern versohlt.« Hatte ein Mann konkrete Vorstellungen, dann konnte man sagen: Ich habe es oder ich habe es nicht. Wenn es einigermaßen gut aussah und paßte, wurde es gekauft. Da wurde nicht groß überlegt. Das ist bei Frauen anders. Frauen müssen erst alles durchprobieren und angucken. So bin ich ja selber auch. Sie müssen sicher sein, daß das, was sie kaufen, auch das Beste und Preiswerteste ist. Für uns Verkäuferinnen ist das manchmal ganz schön belastend. »Könnten Sie mir nicht noch etwas zeigen?« Und da liegt schon ein Riesenstapel! Eine furchtbar dicke Frau zum Beispiel war der Meinung, ihr passen Herrenjeanshosen. Sie hatte die 53 – das wäre bei Herren die 58. Ich versuchte ihr zu erklären, daß Männerjeans eine andere Bauchweite haben und dann im Schritt zu kurz sind. Sie war unbelehrbar und schrieb ins Kundenbuch, ich sei bequem und unfreundlich. Ich hatte ihr fünf Jeans gezeigt, mit soo einer Miene, weil ich ja wußte, die passen sowieso nicht. Und so war es auch. Die Kunden denken immer, man will nicht und es ist einem zu viel. Aber wenn man nichts hat und von vornherein weiß, daß es nicht paßt, dann ist es doch Quatsch.

Die Gespräche unter den Verkäuferinnen in den Pausen liefen immer gleich ab. Die ganz Jungen, die gerade ausgelernt hatten, unterhielten sich nur über Disco, Schlager und Freunde. Und natürlich: Wer ist die Schönste im Geschäft? Weiter ging der Horizont nicht. Die Älteren haben sich über die Kinder unterhalten, über die Familie, was muß ich denn noch einkaufen, was mach ich denn zu Essen, mein Mann hat heute Besprechung – in der Art eben. Und immer wieder das eine Thema: Sex. Aber in der schäbigsten Art, übelster Gassenjargon. Sie machten sich lustig über die eigenen Männer. Jede wußte, wie es bei der anderen im Bett war. Aber muß denn jeder wissen, wie es bei mir ist? Ich zog es ins Lächerliche. Wenn sie stichelten – »Du siehst aus, als hättest Du die ganze Nacht durchgemacht« – antwortete ich nur: »Wer noch kann, der kann!«

Einmal war eine große Preissenkung, sie war nach Arbeitsschluß angesetzt, bis 22 Uhr. Man mußte jede einzelne

Hose herausziehen und den Preis ändern. Gegen neun sammelten sich unten schon die Männer. Einer kam hoch und beschwerte sich: »Meine Frau ist schwanger, was bilden Sie sich ein, sie so lange arbeiten zu lassen.« Die Chefin sagte: »Das ist so, sie muß bis 22 Uhr arbeiten!« Das verstand ich auch nicht, keiner kann sagen: »Du mußt!« Am nächsten Morgen berichteten alle: »Mein Mann hat gestern abend ziemliches Theater gemacht. Wir sind dann gleich ins Bett. Mein Kind habe ich überhaupt nicht gesehen. Und nun stehe ich schon wieder hier!« Sie erzählten auch oft, daß sie ihre Kinder anschnauzten, wenn sie so geschafft von der Arbeit kamen und keine Lust mehr hatten, dann noch Wäsche zu waschen oder Abendbrot zu machen. Eine war 24, sie hatte einen kleinen Sohn von einem Jahr, ihr Mann arbeitete im 3-Schicht-System. Wenn er Frühschicht hatte, brachte sie das Kind weg, und er holte es dann abends. Wenn er zur Nachtschicht ging, konnte er es früh behalten oder eben drei Stunden wegschaffen und mittags dann wieder abholen. Hatte er Mittelschicht, dann brachte er es nur früh weg. Zwei Stunden im Monat hatten wir gut, durch die langen Freitage. Sie nahm diese zwei Stunden immer so, daß sie ihr Kind 17.30 Uhr abholen konnte. Am Wochenende versuchten sie, es sich so schön wie nur möglich zu machen, sonst hätte sie von ihrem Mann ja gar nichts gehabt. Sie war frisch verheiratet, und da sagt man sich: Die Liebe wird das schon machen. Aber bei den anderen, den älteren Frauen, sah das schon ganz anders aus. Deren Männer meckerten nur noch. Aber sie brauchten das Geld. Es hätte nicht gelohnt, wenn eine Frau nur halbtags gegangen wäre, für 300 Mark. Die meisten sparten die 600 Mark von der Frau und lebten vom Gehalt des Mannes, das so bei 900 bis 1000 Mark lag.

Mein Hauptproblem war, ich ließ alles, was mir am Tag auf den Keks ging, an meinem Freund aus. Dadurch entstanden Streitereien, die nicht hätten sein müssen. In einem Betrieb kann man mal seine Kollegen anschnauzen. Aber ich konnte doch nicht zu einem Kunden sagen: »Sie gehen mir auf die Nerven!« Nach der Arbeit ging ich gern alleine nach Hause, um abzuschalten. Aber mein Freund wollte mich unbedingt abholen. Er dachte, ich erwarte einen anderen. Ich sagte nur noch: »Laß mich in Ruhe! Du gehst mir auf den Geist! Such dir doch 'ne andere!« Dann tat es mir auch wieder leid, und wir vertrugen uns. Er war auch im 3-Schicht-System. Wenn er Nachtschicht hatte, ging ich meist gleich ins Bett. Manchmal wollte er noch was von mir: »Dich kann man ja gar nicht mehr anfassen, gleich gehst Du hoch!« Ich sagte: »Ich bin müde, habe den ganzen Tag gearbeitet.« – »Na und, ich habe den ganzen Tag rumgesessen, dafür gehe ich jetzt arbeiten.« Er war so ein Typ, wenn er Frühschicht hatte, saß er ständig vorm Fernseher, hatte keine Lust, noch abends wegzugehen. Bei mir kam die Lust darauf schon hin und wieder durch. Dann regte ich mich auf: »Bier, Fernsehen... ist doch kein Leben!« Hinzu kamen Probleme mit meinem Unterleib. Ich hatte Schmerzen beim Verkehr. Er wußte das, konnte sich aber nicht darauf einstellen. Damit er Ruhe gibt, habe ich eben mitgemacht. Ich sollte sagen, wenn ich Schmerzen bekomme, aber das hat er nicht mehr mitgekriegt. Stell ich mir auch schwer vor, so kurz vorm Höhepunkt. Aber ich hatte nichts mehr davon.

Mit meinem jetzigen Freund verstehe ich mich richtig gut. Wenn der zu mir sagen würde »Laß mich in Ruhe, ich muß morgen arbeiten!«, das wäre ganz schön blöd. Ich kenne Frauen, die jahrelang keinen Mann mehr hatten. Wo der Sex fehlt, spiegelt sich das irgendwo wieder, dieses Nichtbefriedigtsein. Weil man nicht weiß, wohin mit dem Körper. Es liegt einfach am Partner, ob es Spaß macht oder nicht. Mit dem anderen habe ich eben nicht harmoniert.

Mein jetziger Freund arbeitete auch im »Topas«, als Verkäufer, bis er sein Studium bekam. Wir kamen mal zusammen zu spät – das gab ein Wahnsinnstheater. Mir drohte ein Disziplinarverfahren, nur weil ich eine Stunde zu spät kam. Kann doch mal passieren. Aber es wurde so hochgespielt, weil ich mit ihm zusammen kam. Da er nur einen befristeten Arbeitsvertrag hatte, hängten sie alles mir an. Es gab eine Aussprache, und die Chefin erwartete von mir Rechenschaft. Was sollte ich groß sagen. Wir haben eben geschlafen. Da fing sie an: »Mit wem Sie schlafen, ist mir total egal, aber daß Sie zu spät kommen, steht nicht in Ihrem Arbeitsvertrag!« Ich mußte dann bei Wind und Wetter auf der Straße verkaufen, damit ich von ihm weg war. Im Nachhinein erfuhr ich, daß sie alle einfach nur eifersüchtig waren. Er hatte immer mit jeder einen Spaß gemacht, und nun war er mit mir zusammen. Das konnten sie nicht verwinden. Frauen können wirklich gemein sein. Wenn ich nicht da war, sagten sie zu ihm: »Mit der hätte ich überhaupt nicht angefangen. Die nimmt dich drei Tage aus und läßt dich dann sitzen.« Und zu mir: »Der hat doch jeden Tag eine andere!« Das war wirklich schlimm, und ich wollte aufhören. Im März kündigte ich. Ich machte mir keine Gedanken, wie es wird, wenn ich nicht mehr arbeite. Ich wollte nur weg. Es war die Zeit, wo alle aggressiv waren. Die Kunden ließen an uns ihre Wut aus, weil es nichts gab, und die Verkäuferinnen waren auch gereizt. Ich dachte, schlechter kann es nicht werden. Wenn ich wirklich nichts anderes finde – als Verkäuferin werde ich bestimmt wieder eingestellt. Ich lebe erst mal von dem, was ich jetzt habe, dann muß ich mich halt umsehen, pauschal jobben, verschiedenes probieren. Wenn mir eine Arbeit gefällt, würde ich auch wieder einen festen Arbeitsvertrag eingehen. Ich hab zwar nicht gespart, aber ich frage mich, wozu auch? Gerade in den jungen Jahren ist es doch besser, das Geld, was man hat, auszugeben. Es fällt schwer, früh aufzustehen, wenn man nicht muß. Aber es ist auch schön, länger zu schlafen und abends weggehen zu können ohne Druck. So lange das Geld reicht, versuche ich das auszunutzen.

Was mich sehr bedrückt ist der Zustand meiner Stammkneipen, »Joachimsthal« oder »Wilhelmshöhe«. Dort bin ich gern hingegangen. Immer traf man jemanden zum Quatschen. Das ist vorbei. Die »Wilhelmshöhe« ist total neu gemacht, in gräßlichen kalten Farben, grün, weiß, gold, heißt jetzt »Schloß Wilhelmshöhe«. Alle Gemütlichkeit ist weg. Und das »Joachimsthal« ist von Westreklame überschwemmt. Der Westen hat für mich keinen Reiz. Ich wollte schon damals nicht mit, als meine Eltern ausreisten. Hier hat man Wohnung, und Arbeit findet sich. Jetzt kann ich auch alles kaufen, was es jahrelang nicht gab. Und das Reisen war es ja, warum die Leute damals auf die Straße gegangen sind. Was dann kam, diese ganzen Demonstrationen – eine von rechts, eine von links, die einen wollen Wiedervereinigung, die anderen nicht... Ich wohne im Leipziger Osten, und an manchen Gruppen, die auf den Straßen stehen, traue ich mich kaum noch vorbei. Sie brüllen »Heil Hitler!«, und wer den Gruß nicht erwidert, wird verdroschen. Es gibt gar keine richtigen Gesetze mehr. Logisch, daß sich jetzt diese Gruppen herausbilden. Auch, wie die Leute sich auf dem Automarkt rumdrängeln, oder dieses Gedränge in der Stadt. Da gibt es Riegel für 5 Mark Ost, die im Shop daneben 70 Westpfennige kosten. Und hier steht 1.50 DM. Ich fragte den Händler, ob er denn denkt, daß wir alle bekloppt sind und das nicht merken? Aber die Leute kaufen es ja. Es tut mir weh. Die Kinder stehen davor und betteln, und dann dürfen sie sich einen Riegel aussuchen und wissen nicht welchen. Man kann doch nicht sagen: Ich will reisen, will alles kaufen, will mein Haus, mein Auto, meine Arbeit, meine ganzen Sozialmaßnahmen... Das geht doch nicht! Wie die Kinder! Gibt man ihnen den kleinen Finger, wollen sie die ganze Hand. Wenn man jetzt sagt, daß man gegen Wiedervereinigung ist, dann ist man der Nächste, der im Sarg liegt.

Mit meinem Freund kann ich mich über alles unterhalten, auch über solche Dinge. Wir haben einen ziemlich großen Bekanntenkreis. Dadurch, daß ich jetzt auch in den Grafikkeller und in die Theaterhochschule gehe, hat sich unser Freundeskreis erweitert. Wenn es möglich ist, unternehmen wir viel zusammen. Manchmal hat mein Freund ein Konzert nach dem anderen. Meistens am Wochenende. Aber das Geld spielt ja auch eine Rolle. Im Auto kann ich nicht mitfahren, das ist voller Instrumente. Ich bin auch schon mit dem Zug nachgereist. Das waren immer schöne Stunden. Er hat sein Schlagzeug, seinen Klavierunterricht, und das lasse ich ihm auch. Ich habe dann Zeit, meinen Dingen nachzugehen. Nachholen, was ich nie konnte. Ich gehe sehr gerne Kaffee trinken, quatschen oder ins Kino. Im »Casino« laufen oft Filme, die nur einmal kommen. Eine Freundin ist Tänzerin, sie hat einen kleinen Sohn, den nehme ich manchmal. Ich habe auch mit Yoga angefangen, das ist ganz toll. Wenn mein Freund da ist, trinken wir gerne eine Flasche Wein, gehen in die »Pfeffermühle«, zu Leuten oder dahin, wo eine Band spielt. Die Zeit für Disco ist langsam vorbei. Am Wochenende gehe ich gern spazieren, wir haben einen kleinen Pudel, und mit dem laufe ich durch den Clara-Zetkin-Park. Es gibt viele Dinge, sich die Zeit zu vertreiben und nicht zu sagen: Es war vertane Zeit. Man kann auch stundenlang daliegen und Musik hören. Ich höre gern Prince oder Udo Lindenberg. In unserem Zimmer hängen viele Bilder, die mein Freund selbst gemalt hat. Auf die kann ich schauen, und dann werden die Bilder Wirklichkeit. Es ist einfach schön, Musik zu hören und die Bilder sprechen zu lassen, die an der Wand oder meine eigenen Phantasiebilder.

Solange wir leben, müssen wir kämpfen

Beim Besuch unserer NRW-Frauenreisegruppe in einem Leipziger Feierabendheim lief uns beim Einsteigen in den Aufzug Henni S. über den Weg. Die Heimleiterin stellte sie uns als engagierte Genossin vor. Ein Gespräch mit ihr würde sich lohnen. Als ich Hennis Stimme hörte, dunkel und bestimmt, unterlegt mit einem tragenden Tremolo, wußte ich, es lohnt sich. Ohne Umschweife erklärte sich die kleine zierliche Frau in der geblümten Kittelschürze zu einem Interview bereit und geleitete mich mit flinkem vornübergebeugten Gang über den endlosen Korridor in ihr winziges Zimmer Nummer 636 in der sechsten Etage, wo die 81jährige in spartanischer Bescheidenheit lebt. Das große Schiebefenster, das bei Wind laut scheppert, schaut auf eine traurige Trabantenstadtlandschaft. Die Fahrt ins Stadtzentrum dauert fast eine Stunde, nur selten machen sich die alten Leute auf diesen beschwerlichen Weg.

»Bist du Genossin?« fragte mich Henni und verlieh mir, ohne die Antwort abzuwarten, die Ehre des vertraulichen Du. Fast bedauerte ich, ihren Verdacht nicht bestätigen zu können, mich nicht einreihen zu können in die schon wieder verschworene Gemeinde der aus der Macht Gekippten. »Ich bin Feministin«, zog ich mich aus der Affäre. »Das hätte ich mir fast gedacht«, antwortete die alte Dame, deren Bescheidenheit schon fast wieder hochmütig war. Bei meinem nächsten Besuch in Leipzig, war es schwer, einen Interviewtermin zu vereinbaren. Henni S. war im Wahlkampffieber. Es galt, ihre Partei PDS gegen die Genossinnen und Genossen im Feierabendheim zu verteidigen, die dabei waren, sich aus der Politik zu verabschieden. Schließlich nahm sie sich doch einen ganzen Nachmittag Zeit und bedachte mich mit meh-

reren Stück Kuchen, die ich alleine aufessen mußte. Henni hat mich bezaubert, mit ihrer klingenden Stimme, ihrer Lebendigkeit, ihrem unerschütterlichen Glauben an ihr Lebenswerk Sozialismus, dessen vorläufiges Scheitern sich für sie als vorübergehende Krisenerscheinung auf dem unaufhaltbaren Siegeszug des Guten darstellt. Nun sitze ich vor dem Transkript unseres Gesprächs und schaudere angesichts der Gnadenlosigkeit ihres geschlossenen Weltbilds.

Henni S. wurde 1908 in Hamburg als Kind eines Arbeiterehepaars geboren. Sowohl ihre Eltern als auch die beiderseitigen Großeltern waren Mitglieder der Sozialdemokratischen Partei. 1927 trat auch Henni in die SPD ein. Nachdem sie einige Jahre in einer Hamburger Druckerei gearbeitet hatte, wurde sie 1929 Lehrschwester im Krankenhaus der Israelitischen Gemeinde. Ihre Entfremdung von der SPD wuchs, als die Sozialdemokraten dem Bau des Panzerkreuzers A zustimmten. »Wie konnte diese Politik mit dem revolutionären Endziel in Einklang gebracht werden?« schrieb sie 1987 in einem für die SED geschriebenen Lebensbericht. »Die führenden SPD-Genossen waren offensichtlich in erster Linie Staatsfunktionäre und nicht auch Funktionäre ihrer Klasse.« 1931 trat Henni der KPD bei. Am 18. Januar 1935 wurde sie im Schwesternheim des Israelitischen Krankenhauses Hamburg verhaftet, in derselben Nacht wie ihre Mutter. »Ich kam sofort ins ›Eisen‹«, schrieb sie. »Es waren Handschellen, die so fest angebracht wurden, daß der Häftling nicht imstande war, auch die notwendigsten Verrichtungen auszuführen. Alle Angeklagten in unserem Prozeß haben sich vorbildlich verhalten und nur das zugegeben, was der Gestapo bereits bekannt war.«

Hennis Mutter wurde zu zwei Jahren, Henni zu drei Jahren Zuchthaus verurteilt. Einige Tage vor dem Entlassungstermin im Januar '38 wurde ihr mitgeteilt, daß sie in ein Konzentrationslager überführt werden sollte. Sie kam erst in das Reichskonzentrationslager für Frauen in Lichtenburg/Torgau, danach in das fertiggestellte KZ Ravensbrück, wo sie Blockälteste wurde. »Es war das eine sehr schwere Funktion«, schrieb sie. »Die ausgehungerten Häftlinge, vom Straßenbau heimgekommen, erhielten so wenig Essen, daß ich es nicht über mich brachte, bei der Verteilung auch meine Portion aus dem Kübel zu entnehmen.« Im Juli '39 wurde Henni nach viereinhalb Jahren Haft entlassen, das heißt, es wurde »die Schutzhaft probeweise aufgehoben«, mit der Auflage, sich jeden dritten Tag bei der Ortspolizeibehörde zu melden.

Henni zog nach Leipzig, wo sie bis Kriegsende als Arzthelferin arbeitete. 1945 wurde sie aufgefordert, ihre Tätigkeit in der Arztpraxis aufzugeben und das Jugendamt in Zwickau zu übernehmen. »Ich zögerte zunächst, hatte ich doch an eine einschlägige berufliche Weiterbildung, eventuell auch an ein medizinisches Studium gedacht. So glaubte ich der Partei und dem Aufbau einen größeren Dienst zu leisten als an einem Platz, der mir völlig fremde Aufgaben stellte. Es siegte natürlich die Disziplin.« Im Februar '46 wurde sie zum ersten Lehrgang zur Ausbildung von Richtern und Staatsanwälten delegiert. Vom Amtsgericht Zwickau wurde sie später an das Landgericht versetzt und zum Landgerichtsrat ernannt. Ihre Kollegen musterten sie mit Mißtrauen, waren sie doch alle Mitglieder der LDPD. »Wenn wir Sie früher kennengelernt hätten«, sagte einer, der von ihrem Fleiß beeindruckt war, »wären wir in die SED eingetreten«.

Anfang '48 bemühten sich die Jugendämter der Städte und Gemeinden, Familien für elternlose Kinder zu finden. Henni entschloß sich, einen kranken zweijährigen Jungen und einen Fünfjährigen aufzunehmen. »Beide Kinder haben sich gut entwickelt«, schrieb sie 1987. »Sie hatten später, in der Schulzeit, stets die Gesundheitsstufe 1 und machten uns auch sonst viel Freude. Das seinerzeit kranke geh- und sprechunfähige Kind erwies sich als besonders begabt. Ich habe es adoptiert.

Dr. Hans-Jürgen S. ist zur Zeit im Ministerium für Volksbildung tätig. Helmut N., das ältere Kind, ist ein tüchtiger Handwerker geworden. Bei beiden Söhnen hat nicht nur die körperliche Pflege, sondern auch die weltanschauliche Erziehung in unserer Wahlfamilie zu den erhofften Ergebnissen geführt.«

Zwischen 1950 und 1954 war Henni S. Abgeordnete des Sächsischen Landtages und, nach der Reorganisation des Staatsapparates, des Bezirkstages Leipzig. 1977 zog sie mit ihrer 95jährigen Freundin in das neu gegründete »Veteranenheim« ein. *e.f.*

Ich wollte eigentlich nicht mein ganzes Leben unverheiratet bleiben, aber es hat sich so ergeben. Vielleicht war ich zu wählerisch. Dann, nach '45, war so viel zu tun, Genossin, du machst das, raus aus deinem Beruf. Da war ich traurig, weil ich meinen Beruf viel lieber weiter ausgeübt hätte, aber es ging nicht anders. Als ich dann meine Freundin zu mir geholt habe, waren auch meine Eltern aus Hamburg bei uns. Wir waren also eine große Familie geworden, da konnte ich erst recht nicht daran denken, bei so vielen Verpflichtungen. So bin ich dabei alt geworden. Der Mann meiner Freundin war verstorben, verunglückt, mein Verlobter ist erschlagen worden auf der Straße, im Kampf mit den Nazis. Also blieben wir zusammen, fast 50 Jahre, naja.

Mit zwanzig, als alle Kinder bekamen, hab ich mir auch Kinder gewünscht. Als dann aber diese eigenartigen gesellschaftlichen Verhältnisse eintraten, wollte ich keine bekommen. Ich konnte das einfach nicht verantworten. Es ging doch auf '33 zu, in der Zeit ein Kind für Hitler gebären, damit es vielleicht in den Trümmern umkommt oder ideologisch verseucht wird. Aber die Frauen wünschen sich Kinder, das ist dieser starke Lebensinstinkt, der Wille, sich fortzupflanzen. Das hatte ich nie. Als man uns später dann die

Kinder brachte, habe ich gesagt, ich verstehe zwar nichts von Kindern, aber na gut, es gibt so viele Kinder und so wenig Mütter und Väter, bringt sie nur. Sie als eigene zu haben, hätte ich nicht vermocht. Jetzt fühlte ich mich verbunden und verpflichtet, aber eigenen gegenüber hätte ich Gewissensbisse gehabt.

Durch welche Tiefen sind wir gegangen seit '33, dagegen ist das jetzt doch gar nichts. Die lange Haft führt wohl auch zu einer persönlichen Veränderung, man wird nachdenklicher, der Sinn des Lebens erscheint einem anders. 1945 war ich ein anderer Mensch als alle anderen. Man war eine Schicksalsgemeinschaft und hatte bewährte Führer, die menschlich und parteipolitisch Vorbilder waren. Viele SPD-Leute haben gemeint, sie werden untergebuttert, aber es gab auch andere – ich komme ja selbst aus der SPD und bin erst später in die KPD eingetreten –, die sagten, daß das getrennte Marschieren der Arbeiterklasse wesentlich zur Machtübernahme des Faschismus beigetragen hat. Darum die Einheit der Arbeiterklasse, aber nicht nur der Arbeiterklasse, sondern des gesamten Volkes, das gelitten hat unter dem Faschismus, und das hatten ja fast alle. Dadurch entstand dieses Gefühl der Gemeinschaft und auch eine gewisse Gläubigkeit bei den Menschen. Daß drüben während des Kalten Krieges sich wieder etwas konstituierte, was uns beseitigen wollte, hat zu einer Fronthaltung geführt und uns noch fester zusammenrücken lassen. Der Glaube an die leuchtende Zukunft, die vor uns stand, führte dazu, daß wir diszipliniert waren und alles tun wollten, um dieses Ziel zu erreichen.

Später war es keine freiwillige Disziplin mehr, sondern eine vorgetäuschte, man hat anders gedacht als gesprochen. Ein Dialog war gar nicht möglich. Wir haben sehr häufig kritische Meinungen raufgegeben, aber wenn das einzelne Personen waren, hat man sie geächtet, das war nicht unerheblich für ihre Existenz. Man hat kriminalisiert, man hat psychiatrisch behandeln lassen, oder man hat gesagt, das ist Fraktionsbildung. Wo drei Leute zusammenstanden, war das schon eine Fraktion, so daß wir uns in uns selbst zurückzogen. Offen geredet wurde nur mehr dort, wo wirklich kein Protokoll angefertigt wurde. Zum Beispiel über die Unabhängigkeit des Richters, die nicht vorhanden war. Ich habe mich immer dafür ausgesprochen, daß der Richter nur dem eigenen Gewissen und dem Gesetz zu folgen hat, ohne daß auch Parteiorgane mitentscheiden. Wir meinten auch, man müßte mit jedem Menschen zusammenarbeiten und ihm volles Vertrauen schenken, bevor wir nicht vom Gegenteil überzeugt werden, auch mit Leuten aus christlichen Kreisen, oder Leuten ganz links von uns, die man doch mit Argumenten überzeugen sollte. Aber das wurde uns sehr verargt.

Jetzt kann ich keine Kampflieder mehr hören. Als gestern unser Chor gesungen hat, ich konnte das nicht hören, da war mir schon..., aber es geht vorüber. Ich rufe mich dann zur Vernunft, zur Selbstdisziplin. Natürlich haben wir manches verloren, das wir für groß und gut hielten. Das ist etwas, was tief niederdrückt und bewegt, das ist aber emotional, rational muß man sagen, es ist auch ein Keim des Positiven dabei. Es kommt nun auf uns an, Vernunft und auch Herz zu bewahren und denen, die auf der Straße herumpöbeln und vielleicht auch Morddrohungen aussprechen, zu sagen, Junge, Junge, was hast du dir bloß dabei gedacht? Und wir werden, auch wenn wir jetzt ganz mickrig aussehen, unsere Ziele erreichen. In der Perspektive gesehen, geben wir nicht auf. Was immer auch jetzt kommen mag, der Sozialismus geht nicht unter. Der Stalinismus war eine törichte, unmenschliche Erscheinung in der Entwicklung des Sozialismus. Wir wissen auch, daß die wissenschaftlich-technische Revolution noch mehr hervorbringen wird. Wir können uns auch nicht mit der kapitalistischen Technik begnügen, sondern müssen uns später eine eigene sozialistische technisch-wissenschaftliche Basis erarbeiten. Wenn es uns gelingt, sie in vernünftige Bahnen zu lenken, unter Berücksichtigung der Ökologie, der Ökonomie, der Volksgesundheit, nicht nur im körperlichen, auch im geistig-seelisch-sittlichen Sinne, das wäre ja schon fast Sozialismus. Nur daß die Macht in den Händen einiger weniger liegt. Es werden immer weniger sein, die die ökonomische Macht und damit alle andere Macht haben, deshalb wird sie ihnen leichter zu nehmen sein. Es kann zum Atomkrieg kommen durch ihre Skrupellosigkeit, wenn wir ihnen nicht vorher in den Arm fallen und sie enteignen. Diese Einbindung Europas in den einheitlichen Markt ist eine weitere Konzentration, die nicht für alle Vorteile bringen wird, aber es ist der unausbleibliche Weg der wirtschaftlichen Entwicklung. Diese Konzentration wird zu einem Punkt führen, wo sie umschlägt, umschlagen muß, wo diese Macht durch die Macht der Volksmassen gebrochen wird. Andernfalls kommt es zur Katastrophe.

Vieles wird jetzt leider untergehen, viele soziale Sicherungen. Wir werden manches von drüben beschert bekommen, was sich negativ auswirken wird, auch kulturell. Kulturell haben wir ja ganz Großes geleistet, besonders am Anfang. Aber ich bin gar nicht pessimistisch. Solange die SED an der Macht war, wurden alle, die ungelegene Meinungen hatten, ausgeschlossen. Macht ist immer Macht. Da kann sich nichts reorganisieren, nichts demokratisieren. Jetzt wird die PDS in der Opposition sein und sich darum bemühen, das zu halten, was bei uns geschaffen worden ist, und noch möglichst viel dem Kapitalismus abzuringen. Das ist schon ein Element der tatsächlichen Erneuerung unserer Partei. Modrow und Gysi, das wäre ein prima Gespann. Von Gysi sagen die Leute, der sei ein aalglatter Anwalt, den brauchen wir nicht. Also, ich war begeistert von ihm. Er ist auch so klein und zart, er wirkt nicht imposant und haut nicht mit der Pranke auf den Tisch, das Ideal des Arbeiterführers ist er gewiß nicht, das hat mich für ihn eingenommen. Und er hat als Anwalt auch Zivilcourage bewiesen gegenüber unserer Partei, das finde ich prima. Auch für den Modrow haben viele Genossen wenig übrig, ich verstehe das gar nicht. Das ist auch ein Krebsschaden unserer Entwicklung, daß man allem, was intellektuell war, nicht traute. Dabei sind ja unsere großen Leute alles Intellektuelle, Engels war doch ein Bourgeois. Das ist aber auch von oben gekommen, denn die Intelligenz, besonders die kritische, wurde von Stalin beseitigt.

Hoffen wir jetzt vor allem auf eine starke Opposition. Wenn man das unseren Leuten im Feierabendheim sagt, begreifen die nichts, wollen sich nur raushalten. Ist ja auch irgendwie verständlich. Ich stehe mit einem Fuß im Grabe, was soll und kann ich noch kämpfen, so sagen sie mir, die Vernünftigen, die mich nicht beschimpfen. Wieso regst du dich auf und redest auf uns ein, sagen sie, das hat doch gar keinen Sinn mehr, in ein paar Monaten bist du nicht mehr da. Was können wir noch tun? Ich meine aber, man sollte seinen Kindern und Kindeskindern und allen Bekannten, allen Freunden und auch den Leuten auf der Straße etwas sagen. Solange wir leben, müssen wir kämpfen. Ja, sagen sie, die Kinder und Enkel, die sind doch schon drüben. Das stimmt, viele, viele Genossen haben ihre Kinder und Enkel verloren nach drüben. Manche sind nicht damit fertig geworden. Die Kinder, die man in seinem Sinne erzogen hat, von denen man gehofft hat, sie werden das fortsetzen, was wir hatten errichten wollen, sind nun Hals über Kopf weg, haben alles liegenlassen, haben gar nichts begriffen. Als junge Pioniere waren das begeisterte junge Sozialisten, wie man sich die Kinder wünschte. Wenn die mit sechs Jahren ihr blaues Halstuch bekamen und mit zehn das rote, dann stolzierten sie herum, das war ganz niedlich, ganz reizend.

Aber dann sind sie unter den Einfluß des Fernsehens und der älteren Geschwister gekommen. Von der fünften Klasse ab konnte man mit den Kindern nichts mehr anfangen. Jemand hat mir erzählt, daß es in den oberen Klassen schon junge Republikaner zu finden gibt. Die werden nicht viel davon verstanden haben, aber das regt sie an und auf, das Marschieren, das Handheben, das Schreien.

Wir haben immer gesagt, in der Arbeitspraxis verdirbt man uns die Jugend. Drüben flog jemand, wenn er nicht richtig arbeitete, hier hatte man Geduld mit den jungen Leuten, auch wenn sie Arbeitsbummler waren, immer wieder Ermahnungen, Zureden, vielleicht liegt es daran. Man hat sie sogar zu Hause aus dem Bett geholt, wenn sie nicht zur Arbeit kamen, tatsächlich! Es wurden Ausschüsse gebildet, die solche Leute zu betreuen hatten. Sogar die Richter mußten Haftentlassene betreuen. Da ist nicht mit eisernem Besen gekehrt worden, sie wurden nicht entlassen, wurden nur ermahnt, schlimmstenfalls wurde ihnen einiges abgezogen vom Gehalt, aber offenbar haben die das gar nicht vertragen. Du fragst mich nach den Frauen. Natürlich muß man versuchen, die Rechte der Frauen durchzusetzen, aber ich war immer der Auffassung, daß man keine Frauenorganisation gründen sollte, sondern daß man mit dem Manne zusammen ein gesellschaftliches Ziel verfolgen sollte, in dem die beiden Partner wirklich gleichberechtigt sein würden. Das ist bei uns nicht erreicht worden, das heißt, auf dem Papier steht es, in der Verfassung, aber durch die Umstände konnte es gar nicht realisiert werden. Und der DFD hat nichts dazu getan, hat sich für die tatsächliche Gleichberechtigung der Frauen nicht eingesetzt, und es war mir deshalb zuwider, nur mit den Frauen zusammenzuarbeiten. Ich habe nie gerne mit Frauen allein gearbeitet, immer mit Männern und Frauen gemeinsam. Warum muß die Frau allein in einem unabhängigen Verband für sich und ihre Rechte kämpfen. Auch viele

Männer haben doch das Bedürfnis, einen gleichberechtigten Partner neben sich zu wissen, nicht nur ein Hausmütterchen, einen wirklichen Partner, der auf seinem Gebiet das gleiche leistet wie der Mann. Es gibt Männer, die durchaus verstehen, daß wir gleichberechtigt sein wollen und die sogar so rücksichtsvoll und zuvorkommend sind, daß sie sagen, entscheide du, die mir genau das zubilligen. Ich habe manchmal das Gefühl, man lächelt über die Frauenbewegung, sie benehmen sich auch häufig entsprechend, sie gestikulieren und reden verwirrt, und das manchmal auch noch mit einer Stimme, die ein bißchen ungeschult ist. Es gibt aber auch welche, die ihre Sache durchdenken, bevor sie etwas aussprechen, deren Meinung Hand und Fuß hat, und die sogar akzeptiert werden von den Männern. Der Mann steht seit früher Jugend mittendrin im Leben, und kann das alles, er ist selbstbewußter, einfach von Natur her und aus dem Berufsleben. Die Frau, besonders wenn sie aus der Hauswirtschaft kommt oder nur untergeordnete Berufstätigkeit ausgeübt hat, ist ängstlich, unsicher. Dann will sie den Mangel an Fertigkeiten im Sprechen, Ausdruck und Handeln für ihre Sache durch Überbetonung des Emotionalen wettmachen, das wirkt häufig lächerlich. Die Frau soll sich zur Sachlichkeit zwingen, soll ihre Wünsche und Forderungen vorbringen, soll Wege aufzeigen, wie man dahin kommen kann und soll eventuell sogar die Männer auffordern, sich diesen Bestrebungen anzuschließen. Sie soll ausführen, warum der Mann am meisten profitiert, wenn die Frau gleichberechtigt ist. Das muß man den Männern klarmachen, er gewinnt doch mehr, als er verliert. Man teilt sich die häuslichen Pflichten und gewinnt dafür eine selbständige Partnerin, die zumeist auch eine intelligente und dem Manne geistig und seelisch näherstehende Person ist.

Ja, ich muß das Auftreten der Frauen an männlichen Kriterien messen. Sie arbeiten nun einmal zusammen in einem

Plenum, da tritt eine Frau auf und ein Mann, und es ist klar, daß man den Unterschied merkt. Aber dieses Häuflein, das da in der Ecke sitzt und nun die unabhängige Frauenbewegung sein soll, das ist nichts. Die reden alles mögliche törichte Zeug zusammen, Grundsätzliches, was gar nicht dahingehört, sollen sie sachlich sprechen, sich kurz fassen. Einige Frauen, die schon versierter sind, müssen mit ihnen üben und ihnen sagen, du, so kannst du nicht aufstehen und reden, die lachen doch alle. So war es auch. Was für eine Debatte es war, weiß ich nicht, aber eine Frau hat gemeint, wieso sollen wir Frauen hier in der Ecke sitzen, gleichgesinnte Männer mögen uns unterstützen. Es nützt nichts, sagte sie, unsere Schwäche zu belächeln, sondern tut etwas, damit es anders wird. Das war ja soweit ganz vernünftig, aber sie hat es mit einem Pathos gesagt, daß es auch wieder komisch wirkte. Da haben natürlich wieder alle gelacht, nicht nur die Männer, auch die Frauen aus den anderen Gruppen und Parteien. Da habe ich mich geschämt für die Frauen.

Dann gehe ich los, und er kann mir nicht folgen

Vivian K. ist 27, verheiratet und hat zwei Söhne, fünf und zwei Jahre alt. Sie lebt seit vier Jahren daheim, um ihre Kinder zu betreuen. Als sie aufgefordert wird, für eine Zeitung einen Artikel über ihr Hausfrauendasein zu schreiben, versucht sie, ihr Unbehagen in Worte zu fassen. e.f./p.l.

Nach vier Jahren war es das erste Mal, daß ich darüber nachdachte, was ich den ganzen Tag mache. Ich war entsetzt, wieviel es ist! Ich hatte immer das Gefühl gehabt, nichts zu tun, immer nur dasselbe, immer nur wie jeden Tag. Ja, eine Fließbandarbeiterin macht auch immer dasselbe, aber sie tut ihre Arbeit nicht allein, ist mit anderen Frauen zusammen. Bevor ich geheiratet und Kinder gekriegt habe, war ich unheimlich selbstbewußt. Aber vor einem Jahr habe ich begonnen, mich immer grauer zu fühlen. Unmerklich ist mein Selbstvertrauen zu Boden gegangen. Plötzlich gehe ich nach draußen und traue mich nichts mehr zu sagen und denke, irgendwie bin ich ganz schön blöd geworden. Diese Ausrichtung auf die Mutterrolle, die ich auch wirklich ausfüllen wollte, hat so ’ne Eingleisigkeit ergeben, so ’ne Nachinnengerichtetheit. Ich wollte die Kinder nicht in eine Einrichtung geben. Diese ganze Ideologie des Sozialismus, die ab dem zweiten Lebensjahr in die Kinder reingedrängt wird, wollte ich nicht. Und keine Windeln mehr, weil ihnen das Waschen zu viel war. Das war mir zu viel Zwang und Druck und Gleichmacherei. Ich fand es einfach unverantwortlich diesen jeweils einmaligen Menschlein gegenüber.

Ich war zu der Zeit auch froh, aus dem Arbeitsprozeß raus zu sein. Dort sollte ich nur funktionieren, das war mir zu wenig. Meine Mutter hat mich toll gefunden, daß ich zu

Hause bleibe bei meinen Kindern. Das hätte sie auch gerne getan, dann wäre vieles anders gewesen. Aber auch andere Frauen haben gesagt: Du hast es gut. Gleichzeitig habe ich damals so 'ne Zerrissenheit rübergekriegt. Einerseits sagten sie: Du mußt es gut haben. Andererseits aber auch: Wenn ich länger zu Hause wäre, würde mir die Decke auf den Kopf fallen. Weiter kamen wir nicht. Denn wenn ich ihnen erklärte, daß ich zu Hause bin, weil ich mit den Kindern individuell etwas machen will, dann hatten sie Schuldgefühle, weil ihre Kinder in einer Einrichtung waren. Ich konnte auch nicht zugeben, daß es mir gar nicht so gut ging dabei, weil es mir doch verdammt gut gehen mußte. Ich hatte ja nichts zu tun, war den ganzen Tag zu Hause, die Kinder erledigt man ja nebenbei. Am Anfang fand ich es aber schön. Es war einfach 'ne neue Rolle. Und es hat mich unheimlich erleichtert, das da ein Mann war, der mir alle Behördengänge abgenommen hat, den Kampf um die Wohnung. Bis ich gemerkt habe, daß ich mich in dieser Familie nur noch im Kreis drehe. Die Kinder wurden zwar größer, ich aber trat auf der Stelle. Roland fand sich toll in der Verdienerrolle. Mir fallen Sätze ein wie: Es ist schön, daß du zu Hause bist, wenn ich komme. Eigentlich wollten wir das nicht, er Kohlen holen, ich Abwasch. Aber irgendwie hat es sich eingeschlichen. Einmal wollten wir nach Berlin umziehen. Roland sollte schon hinfahren, sich Arbeit suchen und die Wohnung einrichten. Stop! Plötzlich war es auf dem Punkt: Er war derjenige, der alles managte, und ich rutschte mit den Kindern nur in einen neuen Bereich rüber. Ich baute gar nicht mit an dem Leben, das dort neu beginnen sollte.

Zuerst haben wir gedacht, wir leben richtig so. Wir wollten es anders machen als die Eltern. Unsere Kinder bleiben zu Hause, während wir beide in Einrichtungen waren. Als wir dann merkten, wie sich unsere Rollen verfestigten, waren wir guten Willens, es zu ändern. Roland arbeitet in einer

Bibliothek. Seit einem Vierteljahr geht er nur mehr sechs Stunden zur Arbeit und ist nachmittags für die Kinder da. Dann gehe ich meiner Arbeit nach: nähen, schreiben, um Geld zu verdienen, aber auch andere Dinge, die für mich wichtig sind. Ich gehe nach draußen und versuche, mich Schritt für Schritt wieder zurechtzufinden und zu schauen, wer bin ich eigentlich? Es war gar nicht leicht für Roland, diese verkürzte Arbeitszeit durchzusetzen. Die Leiterin hat ihm nicht geglaubt, daß er wegen der Kinder zu Hause bleiben will, unterstellte ihm, daß er ein zweites Arbeitsverhältnis sucht, um mehr Geld zu verdienen. Daraufhin hat er sich gleich wieder in sein Schneckenhaus zurückgezogen. Ich habe ein halbes Jahr gewartet und weiterhin familiär dagegen Boykott gemacht, bis er nochmal losgegangen ist und mit der Kündigung gedroht hat. Und da sie akuten Arbeitskräftemangel haben, hat sie dann für ein Jahr zugestimmt.

Jetzt bringt er 300 Mark weniger nach Hause. Solange er das ganze Geld verdiente, ging alles gut. Da hatte er seine Rolle und seine Berechtigung. Nun reicht sein Geld nicht mehr, und er muß sich darauf verlassen, daß ich meinen Teil dazuverdiene. Und genau das klappt nicht. Daran hat er alles festgemacht, es war ein ständiges Mosern. Jetzt wurde plötzlich über Geld gestritten, obwohl wir nicht weniger hatten. Ich verdiene mit dem Nähen genug, wenn ich die Zeit dazu habe. So kommen wir weit über die 800 Mark, die wir vorher hatten. Aber es ist keine kontinuierliche Einnahme. Das ist eine Unsicherheit, die ich gerne lebe, die er aber schlimm findet. Da er nun mehr Zeit hatte, fing er plötzlich an abzuwägen, ob er nicht zu viel im Haushalt macht. Er war auch nicht mehr so geschafft von der Arbeit, das mit den Kindern war ja etwas ganz anderes. Irgendwie ist das für ihn wie auf einer Insel, es hat in seinen Augen keine gesellschaftliche Bedeutung. Er klagt auch darüber, daß er auf der Arbeit nicht mehr voll genommen wird. Er leistet nun dieselbe Arbeit in sechs Stunden, für die er früher acht gebraucht hat, das kennen wir ja. Aber die Kolleginnen betrachten ihn nicht mehr als volle Arbeitskraft. Sie hätten ihre Kinder ja auch in einer Einrichtung, was soll das alles? Das Wohlgefühl, nur sechs Stunden zu arbeiten, stellte sich erst später ein. Inzwischen möchte er nicht mehr voll arbeiten. Aber inzwischen hat sich die Krise verschärft. Meine Mutter wirft mir mangelnde Kompromißbereitschaft vor, und ich sage, wenn ich einen Schritt zurückgehe, dann bin ich irgendwann wieder da, wo ich aufgebrochen bin. Es wäre nötig gewesen, im Gespräch zu bleiben.

Unsere Projekt mit der Zeitschrift war ein solcher Versuch. Zusammen mit einem anderen Pärchen wollten wir eine Frauenzeitschrift herausgeben. Die Idee entstand, weil auch die andere Frau zu Hause bei den Kindern ist. Unser einziger Bezugspunkt war der eigene Ehemann. Plötzlich kamen aber noch mehr Frauen dazu, so daß wir beim ersten Treffen sechs Frauen waren. Ich glaube, dieser Abend war sehr bedrohlich für die Männer. Als es klar wurde, daß es eine feministische Zeitschrift werden würde, gaben die Männer ihren Abschied. Das sei nicht ihre Sache, sagten sie, sie müssen sich um ihre Männerprobleme kümmern, und das ist ja auch richtig so. Aber weil Roland so viele Aversionen und Ängste hatte und sowieso nicht gerne spricht, ist so 'ne Informationslücke entstanden, so 'n Loch. Ich sagte zu ihm: Damit wir uns verstehen, mußt du selbst etwas unternehmen, mußt von deinem Befinden reden, nicht immer mich fragen und interpretieren lassen. Und irgendwann sagte ich mir dann: Wenn er selbst nicht wissen will, was er empfindet, will ich es auch nicht wissen. Vier Jahre lang war ich damit beschäftigt, rauszukriegen, wie er sich fühlt, und jetzt merke ich, daß es meine Geschichte ist, die ich mir gebastelt habe. Das ist schlimm. Auf jeden Fall hat er sich ganz schnell mit einer neuen Frau beruhigt. Komisch, es hat mich nicht gekränkt, eher bestärkt, daß ich richtig liege. Die Frauen, mit denen er jetzt zusammen ist, sind sehr jung, 17 oder 18, und bewundern ihn. Der frißt nur an anderen Menschen. Ja, dieses Gefühl hatte ich: Der frißt mich auf. Plötzlich muß ich feststellen, daß ich meine Selbstachtung verloren habe, weil ich so sehr mit diesem Mann beschäftigt war. Und ich entdecke, daß ich von mir selber nichts weiß. Dann gehe ich los und er kann mir nicht folgen.

Ich habe ihm gesagt: Ich bin selbst für mich verantwortlich, auch im Bett, ich weiß, was ich will. Ja, da ging überhaupt nichts mehr. Dieser ganz normale Geschlechtsverkehr mit einem Mann, der nun alles für mich sein sollte, der war nicht alles für mich. So oft habe ich gehört, wie toll ich bin, aber ich habe nichts Tolles gefunden, war auf der Suche danach. Es hat ihn sehr in Frage gestellt, wenn ich ihm sagte, mir genügt es nicht, wenn er mir sagt, ich bin schön und habe eine weiche Haut. Ich frage mich: Wie soll ich mit ihm schlafen, damit ich den Orgasmus bekomme, den ich habe, wenn ich mich selbst befriedige? Darauf hatte er keine Antwort, da war ich wieder auf mich selbst zurückgeworfen. Ich erkannte, daß ich in meinem Lebensgefühl von der Bewunderung des Mannes abhängig war. Ich fand mich schön, wenn er mich schön fand. Aber irgend etwas muß ich doch auch selber an mir finden! Dann bin ich auf Entdeckung gegangen und habe es halt ... es ist komisch darüber zu reden, weil es tabu ist, z.B. die Auseinandersetzung vaginaler oder klitoraler Orgasmus, wo ich immerzu, bestimmt zehn Jahre lang, hin und her geschwankt bin, was ist es denn nun, was ist mehr wert? Bis ich dann gelesen habe, daß das gar nicht meine Frage ist, sondern eine, die mir von Männern aufgedrängt wurde. Nur der vaginale kann's sein, weil er ihn auslöst. Aber den hatte ich nicht.

Das alles fängt ja früh an, geht da los, wo ich im Kindergarten ein paar auf die Finger kriege, weil ich beim Mittagsschlaf mit mir selber rumspiele, und es begegnet mir wieder in der achten Klasse, wo die Anatomie erklärt wird: Das hat die Frau, das hat der Mann. Aber es wird nicht gesagt, was empfindsam ist, was man fühlt. Petting zum Beispiel – das ist, wenn man miteinander schmust. Das ist doch keine Aufklärung. Ich wollte es einfach rauskriegen, weil es mir doch auch Spaß machen sollte, aber ich hatte ganz schnell das Gefühl, ich rede immerzu von etwas, wovon die anderen gar nichts hören wollen. Die anderen wissen schon, wie sie es im Bett geradeaus kriegen, nur ich weiß es nicht.

Ich kann mich noch gut an meine frühe Mädchenzeit erinnern, weil mein Vater einen Sohn wollte, und ich dieser Sohn bis zwölf auch mehr oder weniger war. Bis zur 10. Klasse war ich Tischlers Tochter, ohne Brust und Po, da fing das schon an: Wenn ich das mal habe, bin ich eine Frau. Und als es dann nicht mehr zu übersehen war, hat er meiner Mutter in meinem Beisein gesagt: »Guck mal, Vivian kriegt jetzt Törtchen.« Bis zum 12. Lebensjahr habe ich alle Mutproben bestanden, aber diese Leistung hat nun nicht mehr genügt. Als ich eine Frau wurde, hat er mit mir nichts mehr anzufangen gewußt. Es war ein immenser Verlust an Anerkennung. Meine Mutter konnte mir nicht helfen, die war selber unzufrieden. Das habe ich zu der Zeit schon mitgekriegt, habe bewußt Bilder aufgenommen. Wie mein Vater sich von hinten an meine Mutter rangepirscht und ihre Brust angefaßt hat. Solche Bilder waren für mich rote Warnblinklichter. Zuerst war es nur eine Aversion, dann merke ich plötzlich, mir geht es nicht anders. Wie kann ich dem nun ausweichen, wie kann ich mich davor bewahren, so mit mir umgehen zu lassen, mich so unwürdig berühren zu lassen? Nur die Brust, so wie er an mir nur die Törtchen entdeckt hat. Ich bin doch mehr als meine Brust und mein Hintern, es gibt doch meinen ganzen Körper.

Als die Wende kam, geriet plötzlich alles in Bewegung. Da

kamen Männer an, die Roland erzählt haben, was nun neues passiert. Ich hatte meinen kleinen Familienkreis, ich habe das alles nicht begriffen und gedacht, bist du zu blöd, die Zusammenhänge zu erfassen, was ist denn das Neue Forum? Das mußt du irgendwie rauskriegen. Daraufhin bin ich zu Petra gegangen, und die hat gesagt: Sieh es dir selbst an, drei Tage im Büro und du weißt, was läuft. Ich habe all meinen Mut zusammengenommen und bin in dieses Büro gestiefelt, habe mir gesagt, Vivian, das schaffst du. Das Büro entpuppte sich binnen kurzem als ein einziges Männermachertum. Ich bin im Publikumsbereich eingesetzt gewesen, mußte Rede und Antwort stehen. Da ich anfangs noch nicht Bescheid wußte, habe ich eben nachgefragt. Ja, und dann stand ich da mit meiner Frage, und derjenige, der mich angesprochen hatte und der, den ich gefragt hatte, unterhielten sich. Das passierte mir ungefähr zehnmal, bis ich mich empört habe: Das ist doch kein Gesprächsverhalten, mir einfach den Gesprächspartner wegzuklauen, und ich kann nur noch dumm danebenstehen! In den 14 Tagen, wo ich mitgemacht habe, haben sich die Frauen im Büro bemüht, eine Struktur zu schaffen, die es uns allen ermöglichen sollte, uns für unseren jeweiligen Bereich zu informieren. Wer kann über Arbeitsgruppen, Betriebsgruppen, Demo Auskunft geben? Dabei haben wir entdeckt, daß die Männer mit einer unheimlichen Sicherheit alles zu wissen glaubten, in Wirklichkeit aber nicht mehr wußten als wir. Mir persönlich erschien das unverantwortlich. Daraufhin haben wir angeregt, uns an einem Wochenende über das Gesprächsverhalten im Büro – mit dem Publikum und mit der Presse – auseinanderzusetzen, und dabei immer die Mann-Frau-Problematik im Blick, weil es ja von uns Frauen ausging und wir uns untergebuttert fühlten. An diesem Wochenende haben wir uns drei Stunden darüber gestritten, ob diese Problematik überhaupt bearbeitet werden soll. Vier Frauen gegen fünfzehn Männer.

Nach diesem Gruppentreffen wurde mir klar, daß ich an einem Wochenende versucht habe, das zu klären, was ich mit meinem eigenen Mann fünf Jahre lang nicht geschafft habe. Irrsinn! Da habe ich es gelassen und bin nicht mehr hingegangen. Niemand hat nach mir gefragt, es hat niemanden interessiert, wo ich geblieben war. Als die Frauen in Leipzig aus dem Neuen Forum ausgetreten sind, ist ja auch überhaupt keine Reaktion gekommen. Ich habe gedacht, das gibt einen großen Knall, wenn 150 Frauen weggehen, aber es kam nichts. Zu der Zeit ist mir auch zu Hause alles zusammengerutscht, also bin ich vorerst wieder zurückgekehrt. Die Frauen, die es jetzt noch versuchen, haben keine Kinder, sie haben mehr Zeit als ich und sind zum Teil sehr viel jünger. Als letzte Aktion haben wir noch versucht, im Haus der Demokratie einen Raum zu kriegen. Wir haben gesagt, wir machen ein letztes Angebot, und ob sie sich denn vorstellen können, eine Bewegung ohne Frauen zu machen. Daraufhin wurden wir gefragt, ob wir uns auch fähig fühlen, die Interessen des Neuen Forums zu vertreten. Naja, ich wollte den Raum für die Frauen haben, aber ich kann und will mich im Neuen Forum nicht mehr engagieren. Ich hoffe nur, daß die wenigen Frauen, die noch dortgeblieben sind, sich nicht benutzen lassen.

Jetzt liegen für mich erstmal ganz praktische Dinge an. Ich will den Kleinen zu einer Tagesmutter geben, weil ich es wirklich satt habe, hier zu Hause zu sitzen. Außerdem steht die Trennung ins Haus, also muß ich arbeiten und will auch arbeiten, möglichst in einer Teilzeitbeschäftigung. Ich würde gern Fürsorgerin werden, weil ich da hoffe, mehr für Frauen machen zu können, möchte das Berufliche mit mir selbst verbinden. Davon allein kann ich aber nicht leben. Als ich aufgebrochen bin mit mir selbst, habe ich zu nähen angefangen, damit läßt sich immer gut zuverdienen. Ich habe keine hohen Ansprüche. Wobei ich die momentane Entwicklung schon als sehr bedrohlich empfinde. Ich habe überhaupt keine Orientierung, was jetzt wohl kommen mag. Ob mir überhaupt noch Zeit für irgend etwas bleiben wird.

Dann ist hier diese große Wohnung. Wenn ich manchmal alleine im Raum stehe, denke ich: Das schaffst du nie! Ein Zimmer renovieren, der tägliche Kampf mit den Kindern und dann noch der Job! Aber ich denke, das ich andere Beziehungen, auch zu Frauen, viel intensiver leben werde und auch Hilfe haben kann, wenn ich mich nicht so sehr auf diesen einen Mann beziehe. Da ist auch nicht diese Abhängigkeit: Weil er diese Sache für mich tut, muß ich anderes für ihn leisten. Ich wünsche mir, daß wir durch die Bewegung unter den Frauen, die jetzt entstanden ist, mehr zusammenkommen, gerade die Frauen, die alleine weiterkommen müssen. Die Frage nach der Befindlichkeit der anderen, so wie ich immer nach dem Mann gefragt habe, ist ja ganz natürlich. Ich kann sie aber jetzt anders leben, nicht als Aufopferung, sondern mit der Hoffnung, auch selbst gefragt zu werden. Noch bin ich immer wieder froh, wenn eine andere Frau sagt, Mensch ja, so geht es mir auch. Es ist nicht meine Unfähigkeit, es ist ein gleichberechtigtes Frauengespräch. Dann können wir uns annehmen, können auch sagen, welche gesellschaftliche Bedeutung es hat. Mit einem anderen Mann zu leben, lehne ich im Moment ab. Diese Räume, die jetzt meine sind – ich muß doch erst erfahren, was das für mich bedeutet. Sie sind ja noch nicht wirklich meine. Roland kommt immer noch rein und macht einfach das Radio aus.

Ein Besuch auf dem Lande

Wenn der Wasserspiegel in der Pommerschen Bucht steigt, fließt die Peene flußaufwärts. Fremde aus dem Westen, die sich auf einer der schnurgeraden Alleen dem Straßendorf Liepen nähern, kommen »von der anderen Seite der Peene«. Die vom Süden, die Sachsen, die in den rauhen Wind geschickt wurden, um den Hinterwäldlern den Sozialismus beizubringen, hatten immer schon einen schweren Stand. »Ich habe einen fürchterlichen Dickkopf«, bekennt die Tierärztin Susanne J., »deshalb passe ich so gut nach Vorpommern«. Die vor 11 Jahren aus Halle in das Land mit dem weiten Himmel Zugereiste ist längst eingepommert und genießt als »Viehdoktor« unumschränkte Autorität.

Das 200-Seelen-Dorf Liepen hat alles, was bescheidene Menschen zum Leben brauchen: eine Kneipe, einen Konsum, eine Kirche und einen ABV, einen Abschnittsbevollmächtigten, auf Wessideutsch Polizist. Nur vom Westfernsehen sind sie verschont. »Wir sind das Tal der Ahnungslosen«, scherzt Susanne J. nicht ohne Koketterie, »aber auch wir Vorpommern sind das Volk«. Die Dörflerinnen nehmen ihre Ahnungslosigkeit gelassen hin. »Wir in Mecklenburg sind sowieso hinterm Mond, bis wir erwachen, sind wir BRD«. »Das Schloß im Mond« heißt ein Buch, das der ehemalige Gutsbesitzer von Kruse über seine Jugendzeit im Nachbardorf Neetzow geschrieben hat. Sein Sohn hat sich schon mal in seiner ehemaligen Heimat umgesehen. Ob er sich hier wohlfühlen würde, ist ungewiß, denn »hier sind die Roten«, warnt die Tierärztin und CDU-Volkskammerkandidatin für den Kreis Anklam. Ein weiteres Indiz für die vorpommersche Ahnungslosigkeit, polemisiert sie.

Von Kruses Gutshof ist heute Sitz der Landwirtschaftlichen Produktionsgenossenschaft. Die 3500 Hektar großen

LPG Neetzow Tierproduktion und LPG Neetzow Pflanzenproduktion erstrecken sich über die neun Dörfer Neetzow, Padderow, Kagenow, Kleinbelow, Preetzen, Priemen, Steinmocker, Steinmocker-Vorwerk und Liepen. So gut wie alle Männer und Frauen aus diesen Dörfern arbeiten in der Landwirtschaft. Der Kreislauf der Frauenarbeit beginnt im Februar in der Kartoffelhalle, wo die Pflanzkartoffeln sortiert werden. Später im Jahr werden die Frauen in »Minnas« – Anhängern aus Holz mit Fenstern, die Zirkuswagen ähnlich mit Tischen und Stühlen ausgestattet sind – auf die Felder gebracht, wo sie die Steine vom Acker absammeln, Rüben hacken, die Kartoffeln selektieren, also die kranken Stauden aus der Reihe ziehen. Noch später im Jahr bringen sie Heu und Stroh auf die Böden und ernten die Kartoffeln und Rüben, zum Teil manuell. Danach schließt sich der Kreislauf mit dem Sortieren der Kartoffeln und Rüben in der Halle. Die ökologische Belastung des Bodens ist dreimal so hoch wie in der BRD, sagt Susanne J., die Äcker vermosen, das Grundwasser ist verseucht.

Zehn Tage vor der Schicksalswahl des 18. März feiern die LPG-Arbeiterinnen in von Kruses ehemaligem Reitstall ihren Frauentag. In der Kartoffelhalle, im Büro und in der Werksküche war schon mittags Arbeitsschluß. Die letzten Handgriffe erledigten die Männer, während die Frauen sich fein herausputzten. »Ein Haufen Aufwand« sei der Frauentag, mosert einer der Männer, die während der Feier in der Küche für den Abwasch eingeteilt sind. »Ach, das haben unsere Frauen verdient«, donnert der Vorsitzende des Kartoffelobjekts Günther Schulz und versucht vergebens, ein Stück Wackeltorte so auf den Teller zu befördern, daß die rosa Geleeschicht nach oben schaut. Die runden Backen des Feldbaubrigadiers mit dem hinterpommerschen Zungenschlag glänzen noch röter als am Vormittag, als er im Cockpit der Kartoffellagerhalle den Produktionslauf der 13 Kartoffelsorten erläuterte, von der steinreichen Erde bis zum Export ins sozialistische Ausland. Die weiße Kittelschürze, in die er sich gezwängt hat, kann seinen Bauch gerade notdürftig verhüllen. Doch seine spaßige Aufmachung tut der Eleganz keinen Abbruch, mit der der große Mann von Tisch zu Tisch eilt und den Frauen mit charmanter Ermunterung Sekt einschenkt. Auch sonst ist er stets für Maßnahmen zur Humanisierung der Arbeitswelt zu haben. In der Kartoffelsortieranlage sollten Männer und Frauen so gesetzt werden, daß sie einander in die Augen schauen können, schlägt er vor, »das ist interessanter«.

Die Ansprache an diesem 8. März 1990 fällt ungewöhnlich kurz aus: »... recht herzlich begrüßen im Namen des Vorstands und der Leitung des Betriebs ... allen Frauen für die geleistete Arbeit danken ...« und dann noch etwas von bewegter Zeit, der ersten freien Wahl, der Hoffnung, daß jeder seine Stimme am richtigen Platz abgibt, Anstoßen auf die Zukunft. Die Frauen sitzen in ihren pastellfarbenen Pullis und Blusen mit Schalkragen an langen Tischen und versuchen, sich über die plärrende Schunkelmusik aus dem Kassettenrekorder hinweg zu unterhalten. Die große freie Fläche in der Mitte, die bei anderen Gelegenheiten wohl dazu einladet, das Tanzbein zu schwingen, bleibt ungenützt. Die Stimmung ist trotzdem gut. Die Frauen haben viel miteinander zu bereden. Meistens haben sich jene an einen Tisch gesetzt, die zusammen in einer Brigade arbeiten. Sie fühlen sich wohl unter Frauen, »manchmal braucht man das als Entspannung, als Gegenpol zur Familie«. Neugierig abschätzende Blicke folgen mir. Ich habe keine Festtagskleidung im Gepäck.

Die Festgäste sind zufrieden mit der Knappheit des Lobs des stellvertretenden LPG-Vorsitzenden. In einer Zeit, in der niemand weiß, wie es weitergehen soll, sind große Worte fehl am Platz. Die Angst um den Arbeitsplatz geht um, werden die Frauen ihn behalten können? Und wie sieht es mit dem Betriebsküchenessen aus? Eine Arbeiterin aus der Küche hat einen Onkel in der Bundesrepublik, der nur einmal täglich ißt, weil er sich die Werkskantine nicht leisten kann. Wird es werden wie in der BRD? Die Mitglieder der LPG zahlen für ein Mittagessen 70 Pfennig, »egal ob das Eintopf ist oder Kotelett«. Dieselbe Frage stellt sich beim Kindergarten. »Verschiedene haben gesagt, daß wir statt 35 Pfennig pro Tag bald vier Mark zahlen müssen. Wir haben ja nur knapp 600 Mark im Monat, bei 20 Arbeitstagen sind das 80 Mark. Im Durchschnitt haben die Frauen zwei Kinder, da brauchen wir gar nicht mehr zur Arbeit gehen, da können wir zu Hause bleiben.«

Zu Hause bleiben? »Wenn sie den Männern mehr Geld geben, warum nicht«, überlegt eine Arbeiterin, »wir arbeiten ja nur zum Leben, uns füllt die Arbeit nicht aus, man ist ja geistig nicht belastet«. Die Frauen wägen ab: »Wenn man unter Leuten ist, kriegt man mehr mit, hat mehr Gesellschaft. Aber diese Arbeit hier ist ja immer derselbe Trott, man kann sich nicht entwickeln. An manchen Tagen muß man sich überwinden, überhaupt hinzugehen. Im Sommer, bei 30 Grad Hitze, da ist man so kaputt, da möcht' man die Hacke weit weg schmeißen. Da kann man keinen Spaß an der Arbeit haben.« »Hier mußt du den Buckel krumm machen«, erzählte am Vormittag die Leiterin der Kartoffellagerhalle Maria Rach. Vier Zentner Steckzwiebel müssen per Hand gesteckt werden. Eine junge Frau, die gleich nach der Kellnerlehre eine kleine Landgaststätte übernehmen mußte, macht lieber den Buckel krumm: »Ich bin froh, die Verantwortung los zu sein. Hier braucht man sich keinen Kopf zu zerbrechen, man geht nach Hause, die Kartoffeln wachsen von alleine weiter, man ist nicht gebunden. Man kann sagen, morgen möchte ich einen Tag Urlaub haben, da geht dat.« Und auch die ehemalige Kindergärtnerin mit dem Namen

Krimhild, die mir auffiel, weil sie mit ihrem dieselbetriebenen Gabelstapler lächelnd wie eine huldvolle Königin durch die düstere Kartoffelhalle flitzte, findet als Arbeiterin mehr Zeit für ihren Garten. Weil sie als Leiterin unersetzbar war, hatte sie im Kindergarten fünf Jahre lang hintereinander keinen einzigen Urlaubstag. »Wenn die Obrigkeit gesagt hat, jetzt ist keine Urlaubszeit für dich, dann gab's eben keinen Urlaub.« Dabei hatte sie 43 Kinder aller Altersgruppen »auf einem Haufen«, und wurde obendrein noch verpflichtet, fünf Krippenkinder unter drei Jahren dazuzunehmen, »damals war das nicht wie heute«. Die körperliche Belastung durch die schlechten Arbeitsbedingungen nimmt sie achselzuckend zur Kenntnis. »Na, wenn ich nicht mehr kann, dann höre ich eben auf.« Eine aus ihrer Brigade arbeitet schon 56 Jahre als Landarbeiterin und ist immer noch fit.

Die jüngeren Frauen stehen unter stärkerem Druck. »Wir haben noch Kinder unterzubringen, und man möchte den Kindern ja auch etwas bieten. Da ist man schon um seine Arbeit besorgt. Man hat ja noch ein paar Erwartungen ans Leben, man möchte sich ein bißchen was schaffen. Ich weiß nicht, wie man reagieren würde, wenn man nun plötzlich keine Arbeit mehr hat.« Die von der CDU propagierte Wahlmöglichkeit für Frauen macht angst und ist verführerisch zugleich. Im Babyjahr »konnte man alles in Ruhe fertig machen, das war schön«. Nach einem Jahr Gewöhnung an den Rhythmus der Kinder fiel es so mancher schwer, zur Arbeit zurückzukehren. Dennoch war das nichts gegen die lebenslange Gewöhnung an die Erwerbsarbeit. »Ich stehe um fünf Uhr auf und gehe um halb zehn zu Bett, das muß sein«, bilanziert eine Arbeiterin an dem Tisch, wo sich die Jungen zusammengefunden haben. »Aber ich glaube, daß 80 Prozent der Frauen sich nicht wohlfühlen würden, wenn sie über einen längeren Zeitraum regulär nur Hausfrau machen würden. Wir sind mit 16 aus der Schule gekommen, haben gelernt, mußten arbeiten, haben die Lehre abgeschlossen, haben sofort weitergearbeitet, sind da reingewachsen, haben geheiratet, haben trotzdem immer gearbeitet, haben Kinder gekriegt, haben weitergearbeitet. Die Kontakte, die wenigen, die bestehen, würden abreißen. Man würde sich wahrscheinlich abkapseln. Man gehört dann zu nichts mehr zu. Man rackert dann nur mehr für sich. Ich glaube, da kommt die Zeit, wo man wieder raus will. Weil man ja zu Hause auch verblödet. Aber eine kurze Zeit würde ich schon gern zu Hause bleiben.« Wie lange? »Vier oder fünf Wochen.« Gelächter.

Und die Kinder? Krippe und Kindergarten sind für die Frauen selbstverständlich, »wir kennen es gar nicht anders«. Die Älteren mußten ihre Babys schon mit sechs Wochen in die Krippe geben. »Ach nee, das war nicht schwer«, sagt eine Gabelstaplerfahrerin im Vorrentenalter, deren sechs Kinder von der Oma »großgemacht« wurden, »man hat sie ja abends wiederbekommen«. Die Jungen sind schon in den Genuß des Babyjahrs gekommen, »bloß für die Kinder ist es schwer, erst nach einem Jahr in die Krippe, die haben sich dann schon so doll an die Mutter gewöhnt«. Die meisten Mütter sind zufrieden mit der »Einrichtung«. »Meine Kinder freuen sich, wenn sie wieder in den Kindergarten können. Eine Mutter hat doch nicht so viel Zeit, um mit den Kindern zu spielen und ihnen etwas beizubringen.« Die im Kindergarten gelernte Disziplin und Ordnung wird begrüßt. »Da passen die Kinder schon untereinander auf«, erzählt eine 39jährige Mutter von vier Kindern. »Jeder will der Beste sein: Guck mal meine Sachen, wie schön die sind, und guck mal deine an! Guck mal, wie du dich heute wieder angezogen hast! Das spornt die Kinder mehr an, als wenn wir sie zu Hause immer ermahnen müssen. Die Selbsterziehung unter Kindern, die klappt. Ich finde das gut.« Eine Arbeiterin ist unzufrieden mit dem Lernangebot in ihrer Krippe. Die

Erzieherinnen passen nur auf und beschäftigen sich nicht mit den Kindern. »Bloß, man ist ja froh, daß die Kinder untergebracht sind«, fügt sie resigniert hinzu. »Ja«, schließen sich die anderen an, »und daß wir arbeiten gehen können«. In der reichen BRD, fällt mir dazu ein, wird im Grundschulalter nur ein Prozent des Bedarfs an Ganztagsschulen gedeckt. Es fehlen eine halbe Millionen Kindertagesstättenplätze. Arbeitslose Frauen, die weder einen Kindergartenplatz noch eine Tagesmutter vorweisen können, werden zum Sozialamt geschickt. Sie haben keinen Anspruch auf Arbeitslosengeld, weil sie dem Arbeitsmarkt nicht frei zur Verfügung stehen.

Derweil entspinnt sich in der Küche unter den Männern ein Streitgespräch. Ein jüngerer Ingenieur empört sich über »Überspitzungen« bei der Förderung von Frauen in der DDR. Frauen konnten früher in drei Jahren ein Ingenieurstudium absolvieren. Nein, bevorzugt seien die Frauen heute nicht mehr, das sei vorbei. Gleichberechtigt seien sie aber schon, wirft ein anderer ein, dieselben Chancen, derselbe Verdienst, die gleichen Funktionen.

Ingenieur: Thomas, wenn man es genau betrachtet, ist das nur formal. Eine Frau hat gar nicht die Möglichkeit, die gleichen Chancen zu haben wic ein Mann. Ich sag dir warum. Bei allem, was eine Frau tut, ist ihr Stellenwert in der Familie ein ganz anderer als beim Mann. Ich als Mann kann eine Dienstreise machen, weil ich keine Kinder zu versorgen habe. Sie hat Kinder, sie hat den Haushalt.

Arbeiter: Die Kinder sind genauso deine, das nimmt dir keiner ab. Ich habe vier Stück, und meine Frau hat genauso gearbeitet wie ich.

Ingenieur: Na, da wundere ich mich aber. Ich mache wirklich viel im Haushalt, aber wenn meine Frau auf Dienstreise fahren muß, gibt es ganz schlimme Probleme. Weil auch ich beruflich engagiert und eingespannt bin. Der Status des Mannes ist eben ein anderer.

Arbeiter: Na, dann unterdrückst du deine Frau!

Ingenieur: Nein, ich unterdrücke meine Frau nicht. Aber ein konkretes Beispiel: Wenn deine Frau mal drei Tage weg ist, wäscht du dann die Wäsche?

Arbeiter: Natürlich wasche ich, da bleibt mir doch gar nichts anderes übrig. Zwei Tage lang nicht, aber wenn sie länger weg ist, dann muß ich ja. Du kannst ja nur so lange Sachen aus dem Schrank nehmen, als was im Schrank drinnen ist.

Ingenieur: Wenn sie also nur zwei Tage weg ist, dann hat sie eben die Arbeit hinten druff. Da machst du nicht mehr im Haushalt als du sonst tust. Letztendlich bleibt's an der Frau hängen.

Arbeiter: Das ist nur eine Frage der Organisation in der Familie.

Ingenieur: Jeder hat seinen Teil im Haushalt, und eins bleibt immer liegen. Man kann ja bloß einen Teil machen. Wenn ich abends nach Hause komme, setze ich mich doch nicht hin und lege die Füße hoch. Ich habe auch abends zu tun, und meine Frau auch. Bloß wenn sie wegfährt, reißt es ein schlimmeres Loch in diesen Haushaltsmechanismus als wenn ich fahre.

Arbeiter: Da ist die Arbeit ungerecht aufgeteilt. Das ist eine Frage der Organisation. Das fängt beim Heizen an und hört beim Abtrocknen auf, das ist ganz normal.

Ingenieur: Es gibt viele Dinge, die so sind, wie sie sind, und keiner fragt, ob es gut ist, wie es ist. Man kann daran einfach nichts ändern.

Aus dem sich leerenden Reitstall trällert es »Mariandlandlandl aus dem Wachauerlandlandl...«. Die Männer in ihren weißen Arbeitsmänteln sammeln die leergegessenen Teller ein. Morgen geht der Frauentag wieder wie alle Tage weiter.

Die erste Schicht beginnt um fünf Uhr früh, viele Frauen müssen um halb vier aufstehen. Die jungen »Muttis« sind privilegiert, sie haben die normale Tagesarbeitszeit, von sieben Uhr bis 16 Uhr 15. Acht dreiviertel Stunden ist ein Arbeitstag lang, davon vierzig Minuten Pause. »Die Abgase, die Luft, das ist so gesundheitsschädigend für die Frauen«, erklärt Maria Rach, »da kann man gar nicht genug Pause machen«. Weil die Luft von den Gabelstaplern mit Diesel getränkt ist, bleiben die Hallentore offen. Es zieht. Die im Herbst in Paletten eingelagerten Kartoffeln haben über den Winter Keime angesetzt. Die warm verpackten Frauen mit ihren bunten Kopftüchern holen die vollen Paletten mit Gabelstaplern aus der Lagerhalle und kippen die Kartoffeln in eine Wanne. Das Förderband Marke »Fortschritt«, auf das die Knollen von zwei Frauen mit Schaufeln und der bloßen Hand verteilt werden, trägt die Kartoffeln in kleinen Häufchen in den höher gelegenen Sortierraum, der durch eine Glaswand von der staubigen, zugigen, stinkenden, lärmenden Kartoffelhalle getrennt ist. Doch hier geht es nicht minder laut zu, die Arbeiterinnen unterhalten sich schreiend. Sie sitzen einander an breiten Förderbändern aus Metallrollen gegenüber, über das die Kartoffeln an ihnen vorbeirumpeln, und rupfen die Keime händisch ab. Die sauberen Kartoffeln laufen auf dem Förderband nach unten in die Halle, wo sie von Gabelstaplerfahrerinnen in Paletten gesammelt und als Pflanzkartoffeln transportbereit in eine andere Sektion der Lagerhalle gefahren werden. Unter dem Förderband stehen zwei Frauen, kehren in einem fort die herunterrieselnde Erde weg und werfen die herunterfallenden Keime auf ein Förderband, das nach draußen führt.

Am Abend desselben Tages treffe ich die Frauen beim Pastor wieder. Der Kirchenchor und die monatlichen Strick- und »Schnatterabende« mit Kaffee und Kuchen beim DFD sind die einzigen geselligen Zerstreuungen, die es für die

Frauen gibt. In ihren pastellfarbenen Pullis und Blusen mit Schalkragen sitzen sie nun im überheizten Pfarrhaus um einen großen kerzengeschmückten Tisch und proben für ihren Auftritt in einer Hamburger Kirche. »Der Herr segne uns und behüte uns, der Herr lasse sein Angesicht leuchten über uns und sei uns gnädig.« Die Mehrstimmigkeit macht den Sängerinnen noch zu schaffen. Zur Auflockerung dürfen sie ein Lied singen, das ihnen leicht über die Lippen geht: »Ich denke, was ich will und was mich beglücket, doch alles schön still, wie es sich schicket ... es bleibet dabei, die Gedanken sind frei.« Der Pastor ist ein dynamischer Mann in Jeans und Gesundheitsschuhen, seine junge Frau mit dem dicken blonden Zopf ist Wasserwirtschafterin und Spezialistin für Umweltfragen. »Das ist ein Roter«, warnte uns Susanne J. Im Vorzimmer des Pfarrhauses hängen Wahlplakate von SPD und CDU. Ich werde aus ihm nicht klug. Er lobt das Engagement des Unabhängigen Frauenverbands in Berlin und gibt den sozialen Errungenschaften die Schuld am desolaten Zustand der DDR-Wirtschaft. Die Frauen unterhalten sich über die bevorstehende Wahl. Die Angst geht um, daß die PDS die Wahlen gewinnen wird, daß die Leute PDS und SPD verwechseln werden. Ratlosigkeit macht die Runde. »Man weiß nicht mehr, woran man ist«, seufzt eine alte Frau mit massigem Körper und knorrigen Händen, deren Stimme beim Singen überraschend hell aufleuchtet. »Die ganzen Jahre haben wir uns nie um die Politik gekümmert, das war ja alles organisiert, da mußte man sich den Kopf nicht zerbrechen. Wir brauchten bloß ja und Amen zu sagen. Und jetzt auf einmal dieses Umdenken, das ist schon fremd für uns. Wem kannst du trauen? Versprechen tun sie ja alle genug. Aber wenn man genau hinguckt, da kommt ja immer das Gleiche bei raus, da sind nur ein paar Worte ausgetauscht. Es dreht sich alles um ein Thema.« »Das ist wie Weihnachten«, hat der Pastor eine Vision, »keiner weiß, was er kaufen soll. Und dann greift man zu und hat Mist in den Händen.« *e.f.*

Das bin ich

»Guten Morgen, liebe Hörerinnen und Hörer. Wenige Tage nach dem Frauentag habe ich heute die Möglichkeit, mich Ihnen als Kandidatin der CDU für die Volkskammerwahlen vorzustellen. Mein Name ist Susanne J. und ich bin praktische Tierärztin in einer Großtierpraxis des Kreises Anklam. Ich wohne in Liepen und betreue 1200 Kühe mit Nachzucht in den Betrieben LPG Neetzow und VEG Stolpe. Ein kleiner Sauenbestand, zwei Schafzuchten sowie Rinder- und Schweinemastställe gehören auch dazu. Großanlagen oder moderne Stallanlagen sind es nicht, die ich täglich besuche. Ich kenne seit elf Jahren die Sorgen und Nöte der Menschen in Vorpommern. Ich weiß um ihre Ängste vor einer ungewissen Zukunft, die von manchen Gruppierungen und Parteien noch zusätzlich geschürt werden. Als Frau und Mutter im täglichen Berufsleben bin ich auch mit allen Problemen auf den Gebieten Arbeit, Kindererziehung, Haushalt und Versorgung auf dem Lande bestens vertraut.«

So begann Susanne J.'s dreiminütiger Wahlbeitrag für Radio Neubrandenburg, der jeder wahlwerbenden Partei zustand. Wie ein kleines Mädchen saß sie schüchtern und aufgeregt im Studio. Ich hatte ihren Text mit ein paar Korrekturen versehen, aus dem Tierarzt eine Tierärztin gemacht, ihr eingeschärft, das Lesetempo zu zähmen. Nachher zeigte ich ihr, wie ein Tonband geschnitten wird. Mir tat es wohl, mich eine kurze Weile auf vertrautes Territorium zu begeben. In den vergangenen Tagen war ich an ihrer Seite durch Schlamm und Gülle gewatet, hatte im Kuhstall gestanden und voller Ehrfurcht zugesehen, wie sie der trächtigen Kuh mit der bloßen Hand bis zum Ellbogen in den After fuhr, hatte tapfer ausgeharrt, als sie einem wie am Spieße brüllenden Eber den Hodensack ritzte, die Hoden herausholte, mit einem Faden abband und mit der Schere abschnitt. Ich hatte um elf Uhr nachts das gemütliche späte Abendbrot unterbrochen, um mit ihr in den klapprigen Moskwitsch zu steigen und zur VEG Stolpe, Abteilung Schafzucht zu fahren, wo ein schwer atmendes Schaf seit über einer Stunde ihr Junges nicht werfen konnte. Mit einer Schlinge holte sie es am Kopf heraus. Das Junge starb, aber das benommene Mutterschaf überlebte. Im nächsten Jahr wird es wieder Junge kriegen. Ich war mit Susanne J. durch sumpfige Wiesen gestapft und hatte in ihrer Küche auf der hölzernen Eckbank gesessen, während sie ihrer Hausarbeit nachging. Ob im blauen Arbeitsmantel im Stall oder in der rot-weiß karierten Rüschenschürze am Herd, der zierliche Viehdoktor konnte weder still sitzen noch still sein. Also hielt ich mein Mikrophon allzeit bereit, beim Frühstück ebenso wie bei den rumpeligen Autofahrten von einem Einsatz zum nächsten, um Brocken ihres endlosen Redeflusses festzuhalten. Informationen über sie selbst waren ihr schwer zu entlocken. Kaum hatte sie angesetzt, eine meiner Fragen zu beantworten, driftete sie auch schon wieder zu ihrem Lieblingsthema ab: die Politik. Jedes auch noch so harmlose Gespräch wurde zur Wahlkampfrede. Nicht immer war ich in der Lage, die gebotene journalistische Distanz zu wahren. Daß sie nicht glauben wollte, was ich ihr über die Segnungen des BRD-Kapitalismus zu berichten wußte, und ihre Ausführungen mit würzigen Sprüchen wie »Sozialismus ist Beschißmus« und »von Marx zu Murks« unterspickte, ließ mich bisweilen die Contenance verlieren. So gerieten wir immer wieder aneinander, stritten, daß die Fetzen flogen. Doch gerade das genoß Susanne J. »Ich habe meine Meinung und von der habe ich mich noch nie abbringen lassen«, sagte sie lachend, ließ aber auch meine Meinung unter lautem Geschimpfe gelten. Ähnlich verfährt sie mit ihrem Freund, den sie als »eher poltrig als einfühlsam« beschreibt, aber »ich weiß, wie er das meint«. Solange er als »Erbhofbauer« dar-

auf besteht, sie auf den elterlichen Hof zu holen, verweigert sie ihm die Heirat, besteht auf dem eigenen Haus, in dem sie mit ihren beiden bald erwachsenen Kindern lebt. Seit vier Jahren versucht sie ihrem Lebensgefährten klarzumachen, daß sie sich ein eigenes Haus bauen müssen, »und jetzt hat er es gefressen«.

Wir hetzten von einem Termin zum anderen, immer um eine Spur zu spät. Je weniger Stunden Susanne J. schlief, desto flippiger wurde sie. Je vertrackter das Problem, desto lustvoller nahm sie die Herausforderung an. Und als sich der Moskwitsch auf der kopfsteingepflasterten Landstraße nach Steinmocker stückweise in seine Bestandteile auflöste, fand sie das ebenso umwerfend komisch wie die Männerschlange vor dem Kosmetikladen in der Kreishauptstadt Anklam. *e.f.*

Ach, morgen ist Frauentag! Da sind die Kosmetikgeschäfte leergekauft, weil plötzlich die Männer reinströmen. Das ist für mich ein Kiki, was soll denn der Unsinn an einem Tag im Jahr! Entweder die Frau hat immer ihre Achtung oder gar nicht. Ach, was heißt Achtung! Ohne die Frauen existiert die DDR ja nun wohl nicht, die Frauen machen doch die meiste Arbeit. Natürlich werde ich als Frau diskriminiert. Das ist so eine Art Tradition, die in den Männern drinnen steckt, aber wenn man dieses Rotten- und Herdenverhalten kennt, dann ist das auch normal. Auch der Mensch ist ein Tier. Die Männer mögen es nicht, wenn die Frauen zu viel wissen, da sind sie gehemmt. Die Frauen sind ja immer schon ausgebeutet worden, aber sie haben daraus fürchterlich viel gelernt. Sie haben diese berühmte Schlafzimmerpolitik betrieben. Aber ich sage, warum denn, wir haben das doch nicht nötig, wir können doch sagen, was wir denken, und wenn's falsch ist, müssen wir's eben revidieren. Das ist vielleicht aber auch ein Instinkt der Frauen, weil sie das Leben schützen müssen. Das ist ihre biologische Funktion. Die

Frau wird niemals gleich euphorisch schreien, sondern immer zuerst alles gut durchdenken und erst dann eine Entscheidung treffen, die im allgemeinen richtig ist. Männer sind sehr schnell von etwas zu begeistern und haben die Tragweite vielleicht nicht so richtig überlegt. Bei vielen Politikern ist das so: Sie schreien erst und denken hinterher.

Diese Angst der Männer vor der selbständigen Frau ist auch in meiner Ehe ein Problem gewesen. Meine erste Ehe war eine Studentenehe, und wenn man studiert und nicht so viel Geld hat und nicht ganz so toll aussehen kann, dann gucken die Männer erst mal nach 'ner schöneren Larve. Ich war ja auch wirklich 'ne kleene graue Maus, als ich jung war. Bis dreißig bist du ja dumm, da machst du die große Kiste auf und packst alles rein. Jetzt bin ich vierzig und kann nun schon was aus der Kiste rausholen. Das Wissen kommt doch erst, wenn man im Arbeitsprozeß steht. Die erste Ehe hat drei Jahre gewährt, naja es hat nicht sollen sein. Da bin ich schwer darüber weggekommen, dat hat mich unheimlich mitgenommen. Die zweite Ehe hätte mir gar nicht passieren dürfen, das war ein totaler Fehlgriff. Der hat es wirklich verstanden, meine damalige Konfusität auszunutzen, sich als toller Freund darzustellen, und das böse Erwachen kam noch im ersten Jahr. Er hat sehr viel getrunken und war auch Genosse. Wenn man jung ist, merkt man solche Dinge überhaupt nicht, dieses Rote, was auf einen eingetropft ist. Das ist ja eine Meinungsmanipulation gewesen hier in diesem Lande wie bei Adolf! Die jungen Leute waren ja damals auch verblendet, haben gedacht, sie rennen wirklich in Rußland für eine gute Idee in den Tod, müssen diese barbarischen Völker zivilisieren. Und du hast in deiner Jugend echt gedacht, du mußt für dieses Gemeinschaftseigentum aufgehen, das glaubt man, wenn man das immerfort hört. Bei meinem zweiten Mann kam das dann so peu à peu, ich soll aus der Kirche austreten, ich habe dann die Kirchensteuer heimlich gezahlt, das durfte der gar nicht wissen. Und wenn er betrunken war, wurde er gewalttätig, das war bei mir dann ausschlaggebend. Gewalt ist in meinen Augen Ausdruck von niederer Intelligenz. Er hat die Tochter so geschlagen, daß der Kindergarten es anzeigen wollte, und nur aufgrund meines Namens und meiner Stellung haben sie davon Abstand genommen. Er hat mich geschlagen und den Jungen auch, der damals noch ein Säugling war. Da war für mich Schluß.

Beide Väter haben keinen Kontakt zu ihren Kindern gesucht. Ich habe sie mehr oder weniger allein großgezogen. Meine Kinder waren Schlüsselkinder, und die Tochter hat viel machen müssen. Diesbezüglich ist es gut, wenn man zuerst ein Mädchen hat und dann 'nen Jungen, denn Mädel sind ja sehr schnell selbständig. Aber ich hätte doch lieber mehr Zeit für meine Kindern gehabt. Nein, mir würde es nicht genügen, nur Hausfrau zu sein, aber es gibt Frauen, die nichts anderes wollen. Und wir haben im Dorf den Chor, wir haben auch einen Strickzirkel und den DFD, der hat ja auch mal einen Parkplatz gefegt und geharkt, da kann man sich auch als Hausfrau aktivieren. Jedem Menschen muß die freie Entscheidung gelassen werden. Man hat die Muttis ja gezwungen, sich von ihren Babys zu entfremden, indem man sie in die sozialistische Krippe steckte. Und mit einem Dreivierteljahr muß das Kind sitzen können und mit anderthalb Jahren darf's den ganzen Tag keine Windeln umhaben, das steht im Erziehungsplan drinnen. Sowat Blödes, es gibt Kinder, die können eben noch nicht so schnell sauber sein, die sagen eben A-A, wenn's schon passiert ist und nicht schon vorher. Denen mußtest du eben fünf Strumpfhosen mitgeben. Ist das nicht fürchterlich? Und das Ergebnis ist, daß die Menschen sozial und moralisch kaputt sind. Sie haben kein Selbstwertgefühl, sie haben keine Heimatverbundenheit. Man brauchte wirklich starke Nerven, um in diesem Staat als Individuum bestehen zu können. Wir Christen haben uns eben so angepaßt, daß wir unsere Individualität nach innen bewahrt haben und unsere Kinder leider zum Lügen erzogen haben. Das ist ja auch zu Beginn der Revolution so stark zum Ausdruck gekommen, diese Doppelzüngigkeit der Jugendlichen. Nach außen hin mußten sie FDJ schreien, obwohl sie innen überhaupt nicht davon überzeugt waren. Krippe ja, Kindergarten ja, aber bitte frei entscheiden. Und in den Einrichtungen müssen kompetente Fachleute sein, Männer oder Frauen, das ist ganz egal. Es gibt ja auch Männer, die sehr gut mit Kindern umgehen können, dann sollten sie auch nicht von den anderen Männern belächelt werden. Aber diese verkorkste Gesellschaft hüben wie drüben läßt das einfach nicht zu.

Und wenn wir jetzt eine Revolution machen, dann können wir es doch gleich für beide vernünftig machen, oder nicht? Deshalb war dieses überstürzte Ineinanderfließen von der CDU eigentlich nicht gewollt. Wir wollten die Dinge, die bei uns gut sind, einbringen in das gemeinsame Deutschland, auch mit Vorbildwirkung. Wir haben auch Gutes. So ein schlechter Haufen sind wir nicht. Diese großen Demonstrationen waren ja nicht hier im Norden, die kommen aus den städtischen Gebieten im Süden, und da wird geschrien und geschrien. Ich persönlich bin auch der Meinung, daß Deutschland, solange es kein geeintes Europa gibt, ein bißchen unter der Aufsicht der Vierermächte bleiben soll. Aus der geschichtlichen Erfahrung eines jeden mittelmäßig gebildeten Deutschen muß das eigentlich logisch sein. Von deutschem Boden sind in diesem Jahrhundert zwei Weltkriege ausgegangen. Der Deutsche neigt ja ein bißchen zur Überheblichkeit und Großkotzigkeit, wenn er Macht wittert, fängt er an, mit dem Säbel zu rasseln. Die Grenze zu Polen, wie sie nach dem Krieg festgelegt wurde, stand für uns immer außer Frage. Ich kenne niemanden, der das anzweifelt. Die Menschen sollen sich doch nicht mit einer Grenze identifizieren, sondern sie sollen in ihrer Heimat, wo sie geboren sind, ihre Verbundenheit mit ihrer Tradition haben. Und das gab es hier nicht. Nicht einmal die Kirche durfte sich vorpommersche Kirche nennen.

Wenn wir uns in der CDU für Familie, Mutter und Kind und Schutz des Ungeborenen einsetzen, dann ist damit nicht gemeint, daß wir das Abtreibungsgesetz wieder rückgängig machen wollen. Aber muß es denn überhaupt so weit kommen? Du kannst alle Medikamente zur Schwangerschaftsverhütung frei beziehen, man braucht ja bloß zum Arzt zu gehen. Die Abtreibung, das war so ein Knochen, den sie den Frauen hingeworfen haben. Ein Knochen aus einer Männerstruktur. Ich sehe sie nicht als eine Errungenschaft der Frauen an. Viele Frauenärzte sind gegen diese ungehemmte und freie Abtreibung. Das ist nicht gesund für eine Frau. Aber ich würde das Abtreibungsgesetz erstmal nicht abschaffen wollen. Ich finde das für eine Frau auch fürchterlich depriminierend, wenn sie erklären muß, warum sie abtreiben will. Ich möchte schon, daß eine Frau sich frei entscheiden kann, wenn's mal passiert ist. Aber jedes junge Mädchen soll in der Schule aufgeklärt werden. Und vor allen Dingen sollen auch die Männer ihrer verdammten Pflicht und Schuldigkeit nachkommen, wenn sie ein Erlebnis haben wollen, auch ein Kondom zu benutzen. Die ganze Last der Verantwortung lag nur auf den Frauen, die Männer haben gesagt, du kannst ja die Pille nehmen. Ich selbst habe immer auf die Verhütungsmittel gebaut und mir auch genau überlegt, mit wem ich ins Bett gehe. Man kann doch nicht mit jedem nach der Disco rumbumsen, das gehört sich nicht. Genauso, wie es sich nicht gehört, daß einer im Fernsehen auftritt und nicht vernünftig angezogen ist. Ich erwarte, daß er sauber und ordentlich ist, das ist in meinen Augen eine Frage der Höflichkeit, eine Frage der Erziehung und eine Frage der Moral!

Man hat hier versucht, sämtliche psychologischen Dinge außer Kraft zu setzen, auch bei den Tieren. Diese riesigen Tierproduktionsanlagen sind gegen den Instinkt der Tiere, den sie nun mal haben. Wir haben während des Studiums noch gelernt, daß sich die Technologie nach dem Tier richten muß. Die Hühner und die Kühe und die Schweine haben ihre bestimmte Familiengröße, ihre Rangordnung, und wenn dieses System durchbrochen wird, dann geht's schief. Das geht schief, weil die Tiere dann in einem ewigen Kampf untereinander sind, und das ist natürlich leistungsmindernd. Wir Tierärzte haben ja ewig dagegen moniert, dieser Gigantismus, dieser Wahnsinn, 2000 Kühe! Wenn man eine wirkliche Leistung in der Milchproduktion haben will, dann hat sich auch international eine mittlere Größenordnung bewährt, zwischen 100 und 150 Tieren, mit 'ner vernünftigen Stallhaltung, schön mit Stroh, schön sauber, und mit 'ner frauenfreundlichen Kleintechnik. Frauen sind nicht dümmer als Männer, sie können auch 'ne Technik bedienen, sie muß nur bequem und warm sein. Wir wollen doch nicht immerfort nur in zugigen Ställen sitzen, das muß doch heute nicht mehr sein.

In der Landwirtschaft kriegte man alles vorgeschrieben. Es kam von Anklam der Befehl, die Kartoffeln müssen bis zum 20. September gerodet sein. Ob auf dem Acker Wasser stand oder ob er zu trocken war, das spielte keine Rolle, du mußtest melden, du bist mit deinen Erntemaschinen über den Acker gefahren. Also ist die Hälfte der Erträge wieder untergepflügt worden, sind die Äcker kaputtgerammelt worden. Ich habe mit denen schon immer im Clinch gelegen und bin deshalb auch sehr angefeindet worden. Aber man konnte nichts machen, man kam nicht dagegen an. Ich bin 1984 von der CDU für die Kreistagsarbeit aufgestellt worden, von 110 Abgeordneten durften neun CDU sein, das war vorgeschrieben. Zu Beginn denkt man ja, man kann wat verändern, aber wenn man tiefer reinguckt in die Zusammenhänge, dann merkt man, wo die Grenzen liegen. Das ist ja genauso als wenn man vor einer Betonwand steht und von hinten mit der Peitsche angetrieben wird. Du sollst laufen und du weißt gar nicht wohin. Du kommst die Betonwand nicht hoch und du kommst auch nicht weg, du kriegst bloß Prügel. Fachkompetenz war nicht gefragt, und schon gar nicht, wenn man gewagt hat zu widersprechen. Und dafür waren die Tierärzte berüchtigt, weil man ja als Tierarzt ein breites Denken haben muß. Ich komme ja nicht schon mit einer Vorgabe auf die Kuh zu. Ich muß das Tier als Individuum betrachten, muß Fieber messen, muß sie abhorchen vorne und in der Mitte und da mal überall reindrücken und muß mir mein Bild machen. Diesbezüglich waren wir schon immer Demokraten. Aber genau das war natürlich nicht gefragt in diesem Lande.

Das Problem ist, daß die Leute hier auf der LPG keine Minute über die Arbeitszeit hinaus etwas tun. Sonnabend, Sonntag nie arbeiten, nicht einmal in der Ernte, das haben die hier nicht nötig, da kann das schönste Heuwetter sein, das bleibt liegen. Und Montag, wenn es anfängt zu regnen, dann stellen sich alle um sieben Uhr hin und sagen, ach Gott, jetzt können wir das Heu nicht einfahren. Die Bauern haben ja keinen persönlichen Anteil, sie werden entlohnt und egal, ob sie ein gutes Jahr oder ein schlechtes Jahr erwirtschaften, sie haben immer so ziemlich das gleiche. Und die Bauern konnten nicht bestimmen, was sie investieren, ob sie sich nun einen Kuhstall bauen oder nicht. Das muß doch jeder Bauer selbst bestimmen dürfen, auch wenn sie genossenschaftlich organisiert sind. Sie sollen gemeinschaftlich arbeiten. Ob sich das nun Genossenschaft nennt oder GmbH, ist doch egal. Jeder soll seine zwanzig Hektar einbringen und sich dann auf das Gebiet spezialisieren, wo er den größten Gewinn erwirtschaftet. Und wenn ein Gewinn da ist, dann kann sich ein Dorf einen Kindergarten leisten und auch eine Gemeinschaftsküche. Dieses gemeinsame Arbeiten der letzten vierzig Jahre ist eine gute Voraussetzung, das wäre etwas, was wir einbringen könnten. Die LPG als solches ist nicht schlecht, aber daß es administriert wurde, und daß den Leuten mit der Bildung der LPG das Eigentumsdenken aberzogen worden ist, das finde ich so schlimm. Sie durften sich nicht mit ihrem Eigentum identifizieren. Man hat hier versucht, die natürlichen Instinkte, die sich über Jahrmillionen im Menschen herausgebildet haben und die auch vererbt wurden, auf den Kopf zu stellen. Etwas aus eigener Kraft schaffen, das bindet, das verwurzelt. Und diesbezüglich sind diese sozialpolitischen Maßnahmen, die hier für junge Eheleute getroffen werden, viel zu human. Sie bekommen sofort einen Kredit und können sich alles hinstellen. Und wenn sie Kinder kriegen, bekommen sie den Kredit geschenkt, können ihn »abkindern«, wie man so schön sagt. Dann kriegen sie ein, zwei Kinder, der Kredit ist weg, und sie lassen sich scheiden. Und was hat der Staat davon? Das ist nicht sozial in meinen Augen. Ich bin der Meinung, sie sollen es sich erarbeiten. Wenn man sich die Dinge, die man sich im Leben wünscht, erwerben muß, dann hat man eine ganz andere Beziehung dazu.

Das ist auch bei meinem Beruf so. Meine Mutter wollte nie, daß ich Tierarzt werde. Ich habe geheult, ich wollte unbedingt Tierarzt werden, und ich bin Tierarzt geworden. Und ich bin mit Leib und Seele Viehdoktor. Wenn bei jemandem das Schwein krank ist, dann ist nicht nur das Schwein krank, sondern es ist für den Mann auch ein psychisches Problem. Das ist sein Stück, an dem er hängt, an dem er seine Freude hat, in das er seine Liebe hineinsteckt, da muß man ihm doch helfen. Aber ich habe ja auch meine persönliche Befriedigung, weil ich den Erfolg sofort sehen kann. Ich geh hin zum Bauern, der nachts vor der Tür steht und sagt, meine Kuh frißt nicht, und wir untersuchen die Kuh und machen sie gesund und dann freuen wir uns beide gemeinsam. Und dann reden wir noch einen Schlag über die Enkel und gucken noch, wie es der Oma mit ihrem Rheuma geht, und dann kriegt sie 'ne Schmiere, die den Pferden genauso hilft wie der Oma, und dann ist dat gut, und wir sind alle ganz zufrieden. So haben wir uns hier auf dem Dorf unsere kleinen Erfolge gesucht. Und wenn ich mich nicht so doll für Autos interessiere und habe auch keine Werkstatt, dann gibt es einen Schlosser, der hat goldene Hände, und dort kannst du dein Auto hinbringen. Und wenn der dann nachher kommt, abends oder frühmorgens um fünf, ob man nun Dienst hat oder nicht, und sagt, mein Bulle hat sich was eingeschluckt, so 'ne Rübenkoppe ist im Hals steckengeblieben, ja dann springt man doch auf und geht hin. Dieser Zusammenhalt ist in richtigen Dörfern schon da. Aber andererseits ist es eben eine Art Beziehungsgesellschaft wie 1946. Machst du mir was, dann kriegst du was. Wenn du mir einen Satz Reifen besorgst, dann besorge ich dir den Vergaser fürs Auto. Und wer nichts hat, was er geben kann, der ist unten durch. Denn Geld ist ja uninteressant, wenn man sich davon nichts kaufen kann.

Jetzt kandidiere ich also für die Volkskammer. Dabei weiß ich gar nicht, was Politik ist. Hier im Kreis Anklam ging es doch nur darum, das tägliche Leben zu organisieren und irgendwie in vernünftige Bahnen zu lenken. Zum Beispiel wollte man hier im Territorium seit Jahr und Tag eine Milchviehanlage bauen, eine große. Ich aber habe gesagt, eine 750er Anlage kommt mir hier nicht her. Zehn Jahre habe ich dagegen moniert, und zehn Jahre wurde diese Anlage auch nicht gebaut. Das bin ich. Noch im September hat der ehemalge LPG-Vorsitzende mich angebrüllt, ich sei ein Hemmschuh der Gesellschaft, das gesamte Veterinärwesen sei ein Hemmschuh der Gesellschaft. Das sind die Dinge, die man machen konnte im Territorium. Ist das Politik? In meinen Augen ist das Vernunft. Wenn ich in die Volkskammer komme, dann werde ich es weiter so machen. Ich werde die Gesetzesvorlagen durcharbeiten und dann nach meinem Gewissen entscheiden. Entweder ich stimme dafür oder ich stimme dagegen. Was meine Partei sagt, ist mir da ganz egal. Das darf es nie mehr geben, daß man sich der Parteidisziplin unterwerfen muß. Wir haben schon so viel Unmenschlichkeit erlebt, nochmal nicht! Ich hatte überhaupt noch keine Zeit, mich auseinanderzusetzen, wie mein Leben dann sein wird. Bis jetzt habe ich Angst davor. Man wird genommen, rin in das Fünfmeterbecken, und nun schwimm. Und ja nicht untergehen! So viel Ehrgeiz haben wir schon, daß wir nicht untergehen wollen. Und bitte erhobenen Hauptes! Ich will keine Konkursmasse sein, die aufgegriffen wird, ich habe auch etwas mitzubringen in diesen deutschen Bund. Also werde ich lernen müssen, werde erstmal still und schön aufmerksam sein, meine Kiste aufmachen und alles hineinpacken, danach werde ich alles verarbeiten und dann muß ich anfangen. Ich will nicht hoffen, daß ich immer in Berlin leben muß. Wohnen die Bundestagsabgeordneten in Bonn? Naja, vielleicht muß man sich dann ein Stübchen nehmen. Das wäre schlimm, aber es kann passieren. Bestimmt würde ich jede freie Minute hierherkommen. Ich muß doch ein Schwein sehen!

Ich bin der beste Verdränger, den ich kenne

Ilse ist für mich: russische Pelmeni, dampfende Hühnersuppe, die Mutter einer ehemaligen Liebe, ein Geschichtsbuch, das nie gedruckt wird, eine Frau mit wunderbaren dichten, kurzgeschnittenen weißen Haaren, ein Mensch von erstaunlicher geistiger Beweglichkeit. Ich bin für sie: die, die ihre Haare in ihrem Bad gefärbt hat und die Wanne dabei versaute, die, die sich um ihren Sohn kümmerte, als er krank war und fast draufging, die, die sich für Frauen interessiert, während sie selbst beschlossen hat, sich nur noch Männernamen zu merken.

Abends komme ich in Berlin an, ihre wirklich einmalige Hühnersuppe steht schon auf dem Feuer. Ich laß es mir gut gehn, nehme dreimal Nachschlag, knabbere Schokolade und trinke Kognak. Klar war, wir reden erst am nächsten Morgen, abends sehen wir fern. Das kannte ich noch: Ihre Süchtigkeit nach Nachrichten. Es läuft das Gespräch Gaus/Gysi. Sie ist mittendrin, nimmt Gysis Antworten vorweg, freut sich wie ein Kind, wenn sie recht hat, bangt mit ihm bei den nicht einfachen Gaus-Fragen. Danach gehe ich schlafen. Gemeinsam versuchen wir, die Doppelbettcouch im Gästezimmer auf Bett zu trimmen. Vergeblich. Dieses Unternehmen geht uns beiden völlig ab. Ich roll mich auf nur zwei Sitzelementen zusammen. Egal, ich bin klein und schlafe gut. Sie sieht weiter fern.

Am nächsten Morgen bau ich meine Technik auf. Der mit »Micky Maus« beklebte Rekorder meiner Tochter (mein eigener ist kaputt), ein Mikro billigster Sorte, das immer wieder umfällt. Am Ende nimmt sie's in die Hand. Spannung. Sprechprobe. Rückspulen. Abhören. Wir sehen uns entgeistert an. Ilse ist zu hören, deutlich und klar. Aber! Unter ihrer Stimme, es ist kaum zu fassen: Blasmusik. Ich versuche, ruhig zu bleiben, schieb's auf die Scheiß-Westkassetten, die zwar neu sind – aber, der Klassenfeind versucht's halt mit allen Mitteln. Renne los, um neue zu kaufen. Laden zu. Nächster Laden weit. Komme zurück. Neue Sprechprobe. Den U-Ton liefert diesmal Mireille Mathieu. Wir sind fassungslos. Es ist gespenstisch. Ilse wird flattrig, ist nicht bereit, mit mir zu reden, solange das nicht geklärt ist. Hängt sich ans Telefon. Erste Auskunft (deckt sich mit meiner Vermutung): eine Wanze, die nicht mehr angepeilt wird. Zweite Auskunft (sie bekommt einen ehemaligen Kundschafter an die Strippe, dem sie vertraut): Ach, das ist bloß der Fernsehturm. Kein Grund zur Aufregung. Wir einigen uns auf die zweite Variante und beginnen. Vielleicht sollte es so sein. Das Wort Süchtigkeit vorhin war nicht hochgestapelt. Ilse hört jede Stunde Nachrichten, verpaßt keine Aktuelle Kamera, keine Tagesschau. Und so ist's halt Schicksal, daß auf unseren drei 90er Kasetten, die wir vollsprechen, Nachrichten, Musik und Kommentare untergelegt sind. *p.l.*

Im Gegensatz zu dir bin ich natürlich sehr beunruhigt, daß man die ganze Sicherheit aufgelöst hat. Denk mal, das mit den Wanzen, da hätte ich doch sofort dort angerufen. Wen soll ich jetzt anrufen? Wo kann ich mich beklagen und Krach machen? Die wären bestimmt gleich gekommen, ist denen doch peinlich. Jemand wie ich, der überall alles lautstark verkündet. Aber jetzt – alle wissen, daß ich in der Partei bin. Wenn mich jemand beschimpft oder angreift, wo soll ich da hingehen? Zur Polizei? Die zeigen mir doch einen Vogel. Jeden Tag kann man zu mir sagen: »Rote Sau, wir schlagen dich tot.« Darauf bin ich immer gefaßt. Ich sage das jetzt nicht aus Koketterie oder Sentimentalität. Am liebsten wäre mir, wenn ich morgen – na, aus und vorbei... Ich muß dir sagen, diese Niederlage des real existierenden Sozialismus verkrafte ich nicht so recht. Verstehst du, nicht, weil ich 'ne Bonze bin, nicht weil ich davon profitiere. Guck dir doch mal Nicaragua an, wie man das beinahe gleichgültig betrachtet, während man Chile noch als persönliche Katastrophe genommen hat. Jetzt ist man schon so daran gewöhnt, daß das alles im Eimer ist. Und ich kann dafür. Verstehst du? Opportunismus – das ist das Wort.

Bis Juni, bis zu meinem 75. Geburtstag, will ich noch bei ADN arbeiten. Wenn der dann überhaupt noch existiert. Kann auch sein, daß man mich vorher schon rausschmeißt. Obwohl sie immer sagen: »Du bist die Letzte, die geht.« Will ein Gentleman Agreement machen, daß ich die »Eintrittskarte« behalte und jederzeit in die Zeitungsstelle kann. Unvorstellbar, daß ich mit dem Tage meines Ausscheidens aufhöre, den »Observer«, die »New York Times« oder die »Washington Post« zu lesen. Außerdem, ich weiß ja gar nicht, wie meine materielle Zukunft sein wird. Weiß nicht, was von meinem Bankkonto, von meiner Rente bleibt. Ich werde sicher nicht verhungern, das ist nicht die Frage, aber es kann sein, daß ich mich sehr einschränken muß. Das wissen wir ja alle noch nicht.

Natürlich bin ich privilegiert. Es wäre gelogen, das nicht zuzugeben. Ich bin ehemaliger antifaschistischer Widerstandskämpfer. Wir bekommen sehr viel höhere Renten als die normalen Leute. Wir erhalten Kuren, wir werden medizinisch glänzend betreut, und wenn irgend jemand ein Anliegen hat, dann gibt es eben das Komitee der Antifaschistischen Widerstandskämpfer, das für uns einsteht, ganz egal, ob in Wohnungsfragen oder sonstwas. Ich habe weiß Gott in 22 Jahren Sowjetunion und in der kurzen Zeit des aktiven Widerstandskampfes auch einiges mitgemacht. Ich war aus der Schule geflogen, drei Monate vor dem Abitur, ich mußte emigrieren, mein Mann hat 14 Jahre im Lager gesessen, ich war sieben Jahre interniert in der sogenannten Arbeitsarmee, mein Sohn war zweieinhalb Jahre im Waisenhaus. Das sind doch Dinge... Also ich finde in Ordnung, daß man versucht, das wiedergutzumachen.

Wenn man so lange in dem Laden ist wie ich, seit dem 17. Lebensjahr, dann hat jeder Mensch das Bedürfnis, das, was man für gut hält, und ich hielt es wirklich für gut, zu bewahren. Ich war so froh, als ich mit 17 ein für allemal wußte, daß ich Vordenker habe wie Marx und Engels und das »Kommunistische Manifest« und Lenins »Staat und Revolution«, daß es für mich nichts mehr nachzufragen, zu hinterfragen gab. Der stalinistische Weg, unter dem meine Familie und ich so gelitten haben, der war der falsche, das wußte ich sowieso. Ich antwortete immer mit dem Klischee: »Weder Marx noch Lenin können dafür, daß es einen Stalin gab.« Und hab's mir damit vielleicht auch leicht gemacht. Und dann darfst du nicht vergessen – ich hab den Krieg gewonnen. Das hört sich jetzt komisch an, aber die Tatsache, daß trotz Stalin und trotz der schrecklichen Verhaftungen der ganzen Partei-, Militär- und Intelligenzspitze 37/38 dieser Krieg gewonnen wurde, das hat einen natürlich ungeheuer bestärkt in seinem Antifaschismus, daß man doch auf der richtigen Seite war und daß diese Seite den Krieg gewonnen hat.

Als wir 1956 hierher kamen, erschien uns die DDR als ein Gottesland. Es gab zwar noch das Kartensystem, aber die Äpfelberge häuften sich in den Markthallen, die Leute wohnten gut und aßen gut. Es war ein ganz anderer Lebensstandard als 56 in der Sowjetunion. Denn sieh mal, die DDR hat natürlich eine Menge Reparationen zahlen müssen, mußte alles wieder aufbauen, die Gehälter waren sehr viel niedriger als im Westen, der ja vom Marshall-Plan profitierte. Aber man hat hier doch dafür gesorgt, daß es kein Elend gab, keine Obdachlosen. Ich hatte nicht das Gefühl, daß ich in keinem Sozialstaat lebe. Als zum 11. Parteitag keine Rentenerhöhung kam, sondern erst ein Jahr später, waren wir alle sehr empört. Aber das war ja auch schon zu Zeiten, wo die Wirtschaft völlig am Boden lag, was wir nicht wußten. Ich hielt das immer für die typische Berliner Mekkerei.

Nach der Wende waren amerikanische Historiker da, die mit mir sprechen wollten. Die sind jetzt natürlich drauf aus: Wie erlebt ein Altkommunist die Wende? Die Antwort ist durchaus nicht einfach, weil jeder politische Mensch, der jetzt plötzlich vor einem Scherbenhaufen steht, natürlich seine eigene Haltung revidiert. Und, wenn er ehrlich ist, ununterbrochen nach der eigenen Schuld fragt. Zum Beispiel habe ich in meiner Parteiorganisation, als sie nach dem 18. 10. zusammenkamen und so selbstzufrieden meinten, wie kritisch sie immer waren, gesagt: »Ich wundere mich, daß ihr so gut seid und so zufrieden. Ich alter Mensch überlege mir jede Nacht, und kann ohne Valium und Faustan gar nicht schlafen: Wohin hat mich mein Opportunismus geführt?« Daß man, auch wenn man etwas verkehrt fand und gegen etwas war, um des lieben Friedens willen, um der Kinder willen, um der Parteidisziplin willen den Mund gehalten hat. Na gut, ich habe den Mund vielleicht noch weniger gehalten, weil ich Narrenfreiheit hatte, mir tat sowieso keiner was, aber man hat doch bei viel zu vielen Dingen geschwiegen.

Ich bin nur froh, daß ich wenigstens meine Empörung über unsere Haltung zu China artikuliert habe. Ich finde, jeder muß die Schuld mit auf sich nehmen und nicht irgendwelchen zehn Leuten an der Spitze die Schuld geben und sagen: »Ich bin Opfer, ich bin unschuldig.« Stimmt überhaupt nicht. Wir haben das alles mitgemacht und trotz der ganzen Darstellungen jetzt, daß wir ewig geknechtet waren und es uns furchtbar schlecht ging... Also mir und vielen anderen ging es nicht schlecht. Und es war auch nicht so, daß wir nicht informiert waren.

Was? Ob ich aus einer kommunistischen Familie komme? Um Gottes willen! Ich bin aus einer gut betuchten, jüdischen, Westberliner großbürgerlichen Familie. Mein Vater hatte eine Lederwarenfabrik und meine beiden Großväter waren Millionäre. Millionäre der Gründerzeit. Absolut assimilierte Juden. Hielten keine Gesetze und keine Religion mehr ein. Man ging nur zu den großen jüdischen Feiertagen – Neujahr und Versöhnungstag – in die Synagoge. Das waren die deutschen Staatsbürger jüdischen Glaubens, die eigentlich gar nicht mehr wollten, daß man sie daran erinnert, daß sie Juden sind.

Ist alles lange her... Wir wohnten in einer 11-Zimmer-Wohnung am Kaiserdamm. Waren drei Geschwister. Meine Schwester und ich gingen in eine fabelhafte Schule, die gibt's jetzt noch, in der Preußenallee. Wir hatten natürlich zu Hause eine Gouvernante, lernten Französisch, und Englisch wurde sowieso gesprochen. Mein Vater war geschäftlich fast immer in England. Und dann ging ich politisch so krumme Wege. Meine beste Freundin war Inge Frank, die heißt heute Ingeborg Hunzinger, ist Bildhauerin. Und deren Vater, Professor Frank, war ein berühmter Chemiker. Die hatten einen großen Intellektuellenhaushalt. Inges Bruder war schon bei den Roten Studenten, und wie das immer so ist: Einer zieht den anderen nach. Außerdem, und das ist vielleicht das Wichtigste: 1929 begann die Wirtschaftskrise, und als ich in den Jugendverband eintrat, gab es in Deutschland sieben Millionen Arbeitslose. Das war 1932. Für einen einigermaßen intelligenten Menschen ein Zeichen absoluter Aussichtslosigkeit. Ich wollte Germanistik studieren und konnte mir lebhaft vorstellen, was man als Germanist in einem Land mit sieben Millionen Arbeitslosen anfangen kann. Im Oktober 33 flog ich aus der Schule wegen verbotener politischer Betätigung. Ich hatte Flugblätter verteilt, hatte gedichtet:

Was kann Hitler noch, außer Feste feiern?
Dem Proleten die Margarine verteuern!

Ist natürlich Quatsch. Wir hatten irgendwo einen Abzugsapparat und kamen uns heldenhaft vor. Wir waren einfach dämlich.

Ich arbeitete auch für den Aufbruch-Kreis, für Beppo Römer. Das war eine Unterwanderung der Reichswehr, wenn man so will, der militärpolitische Kreis der Partei. Ich lernte Beppo Römer Weihnachten 32 kennen, bei einem Seminar in Birkenwerder vom Kommunistischen Jugendverband. Er sagte zu mir: »Du bist so ein fixes Mädchen. Ich muß dauernd zu Vorträgen nach München, nach Köln. Du kriegst meinen Schlüssel und schickst mir immer die Post nach.« Er wohnte in Heiligensee, am letzten Ende vom Kurfürstendamm in so einer kleinen Junggesellenwohnung. Ich fand das wahnsinnig aufregend. Zeit hatte ich reichlich, die Schule war nicht so anstrengend. Und als ich eines Tages hinkam, war die ganze Wohnung zertrümmert. Haussuchung der Nazis. Ich unterrichtete die Kontaktadresse, die er mir gegeben hatte, falls was passiert. ... Interessiert dich das? ... Es war ein Dr. Heimsoeth, ein berühmter Anwalt, berühmt geworden, weil er in der »Welt am Abend«, einem kommunistischen Abendblatt, seinen Briefwechsel mit dem SA-Mann Röhm veröffentlicht hatte. Röhm war homosexuell, Heimsoeth auch. Ich wußte damals nicht, was das ist: homosexuell. Ich traf mich mit Heimsoeth in einem Café in der Uhlandstraße. Er hatte einen Strichjungen bei sich – ich wußte auch nicht, was das ist. Ich sah nur einen geschminkten Jungen, der neben ihm saß. Ich schwieg, und er sagte: »Sie können ruhig reden.« – »Nur unter vier Augen.« Darauf er: »Wissen Sie, ich mache mir nichts aus Frauen.« Ich war noch keine 18 und gab zurück: »Wie gut für die Frauen.« – Also, wir gingen schließlich los, und ich konnte sprechen: »Beppo ist verhaftet, die Wohnung zertrümmert.«

Im April 33 sollte dann bei mir Haussuchung sein. Aber Gottseidank wurde mein Vater von einem Nazi vorher informiert, der dafür 400 Mark bekam, 'ne Menge Geld damals. Hinter meinen Büchern im Wohnzimmer war das ganze Archiv vom Aufbruch-Kreis. Professor Frank und sein Sohn Peter holten nachts im Fiat alles ab und versenkten es im Teufelssee. Ja, das war wirklich eine gefährliche Situation. Sonst würde ich heute nicht hier sitzen. In diesen zehn Monaten der Illegalität von Januar bis Oktober sind vier Leitungen von unserem Charlottenburger Kommunistischen Jugendverband hochgegangen, wurden verhaftet. Wir waren uns der Gefahr am Anfang gar nicht so bewußt. Meine eigene Familie war ja politisch nicht interessiert. Mein Vater sagte immer zu mir: Salonkommunistin. Ganz unrecht hatte er auch nicht. Mutter war eine sehr elegante junge Frau, die ihre eigenen Interessen hatte, meine Schwester war damals schon in England und mein Bruder in einem Internat, nur ich...

Naja, bei meinem Kommunismus spielte auch Liebe eine Rolle. Ich war verknallt in den Bruder meiner Freundin Inge, aber vollkommen hoffnungslos, der hatte andere Freundinnen. Es gab sicher auch genug nette Jungs im Jugendverband, die von mir was wissen wollten, aber wir waren sehr streng erzogen in der Beziehung. Es war ganz anders, als die heutigen 17–18Jährigen. Die Helga Stock aus unserer Schule bekam mit 14 ein Kind. Das war Skandal, Katastrophe und Unglück in einem. Man hatte schreckliche Angst, über einen Kuß hinauszugehen. Aufgeklärt wurde ich nie. Ich weiß noch, wir saßen mit zwölf Jahren auf dem Küchenbalkon, drei Freundinnen und ich. Wir überlegten uns, woher die Kinder kommen. Ich wußte immer alles besser und sagte: »Die kommen aus dem Nabel.«

Denk mal, wir sind den ganzen Sommer, die Inge Frank, ihre Schwester Gisela und ich mit drei Jungen unterwegs gewesen, bis Italien, ja, von Berlin bis Florenz und zurück getrampt. Und da ist nichts passiert. Also war mein erster Mann praktisch mein Mann. Den lernte ich dann in Paris kennen, er war zehn Jahre älter, und, wenn du so willst, auch eine Vertrauensperson. Aber so... man hatte doch Schiß davor. Jetzt mach ich dir aber noch einen Kaffee...

Was willst du noch wissen? Der Schulrausschmiß? Der war für mich eine Katastrophe. Völlig klar, ich mußte emigrieren. Hitler war schon an der Macht und ich wirklich in Gefahr. Unsere Direktorin, eine Reichstagsabgeordnete der Deutschen Volkspartei, sonst 'ne ganz vernünftige Frau, spätere Nazi natürlich, die sagte: »Ich hab über euch«, also Inge Frank und mich, »schon anonym einige Denunziationen bekommen. Und jetzt eine mit Unterschrift. Wir haben 26% jüdische Schülerinnen und ein sozialdemokratisches Lehrerkollegium. Wenn ich hier kein Exempel statuiere, dann passiert was an der Schule.« Inge konnte ihr Abitur noch dort machen, weil ihr Vater 'ne wichtige Persönlichkeit war, und sie war ja auch Halbjüdin. Ich flog.

Meine Mutter hatte einen guten Freund in Paris, der sofort organisierte, daß ich ein Visum nach Paris bekam. Da war ich gerade achtzehn geworden. Es war schrecklich, als ich in die Botschaft ging. An den ganzen Juden vorbei, die auf den Treppen saßen und Schlange standen, und ich hatte das Visum nach zehn Minuten in der Hand.

Mein Vater lebte damals schon in England, das war 1933, meine Mutter hat erst 38 die Wohnung liquidiert und alles. Meine Großmutter mütterlicherseits ist sehr bald nach Amerika gegangen, die Geschwister meiner Mutter auch. Den Bruder meines Vaters haben die Nazis in Holland umgebracht, seinen Cousin, unseren Hausarzt, gleich 33 in Oranienburg. Aber sonst hat meine Familie keine Opfer bringen müssen. Abgesehen davon, daß natürlich alle emigrierten.

Meine Anlaufadresse in Paris war dieser Freund meiner

Mutter, Dr. Polac, ein russischer Jude und wahnsinnig reicher Mann. Ich zog so schnell wie möglich in ein kleines Hotel. Das war üblich und auch nicht teuer. Du mußt mal bedenken, wie schlimm das ist, wenn man plötzlich aus der Heimat, aus der Schule, nach Paris kommt. Absolut fremd. Ich hab von Paris überhaupt nichts gemerkt, vom Louvre usw. Ich wohnte gegenüber der Bibliothèque National, in dieser himmlischen Stadt. Und mir war alles vollkommen zuwider. Ich hatte wahnsinniges Heimweh.

So schnell wie möglich suchte ich Kontakt mit der Partei. Habe mich sofort immatrikulieren können an der Ecole des Etudes Sociales et de Journalisme, so 'ne Sozialkunde- und Journalismusschule. Ich bin ziemlich sprachbegabt und hatte mit Französisch wenig Schwierigkeiten. Im Gegensatz zu den meisten Emigranten. Das half dann auch in der politischen Arbeit. Weißt du, mit 18 Jahren, angezogen so wie ich war, mit genug Geld in der Tasche... Meine Tante, die Schwester meiner Mutter, lebte schon in Zürich und schickte mir monatlich 'ne Summe, die vollkommen reichte. So war ich wiederum sehr privilegiert gegenüber den anderen Emigranten. Denk mal, die kommunistischen Arbeiter, die lebten irgendwo an der Porte d'Italie, 'ne schreckliche Gegend, und kriegten zehn Franc am Tag von der Roten Hilfe, das war 1,50 Mark, nicht?! Ich hatte ausreichend Geld. Aber das hab ich natürlich der Partei gegeben. Ich lebte von Apfelsinen und Kokosnüssen. Man braucht nicht viel. Und ich begann sofort politisch zu arbeiten. Machte kaum noch was fürs Studium.

Ich wurde gleich angeheuert für das Institut des Studiums des Faschismus, die IFA in Paris, geleitet von Otto Biha, der lebt heute noch. Jetzt heißt er Otto Behaly-Merin, er hat die ganzen jugoslawischen Naiven entdeckt, ist Kunstwissenschaftler, war jugoslawischer Jude und Emigrant. Dann waren dort noch Theodor Balk, auch berühmt als Spanienkämpfer, Arzt, Schriftsteller und Journalist, Arthur Koestler, mit dem ich sehr befreundet war – jetzt kommen sogar in der Sowjetunion seine Bücher heraus, Manès Sperber, der Individualpsychologe und spätere Trotzkist, und Michael Tschesno-Hell, Autor des Thälmann-Filmes. Also, es waren genug interessante Männer dort.

Du fragst nach Frauen? Wenige. Die Rita zum Beispiel, sie wurde dann die Frau von Klaus Wittkugel, dem Grafiker. Dann Lisa und Dörte, die Frauen von Otto Biha und Arthur Köstler. Ach, noch die Li Seehof, 'ne fabelhafte alte Genossin. Aber die haben meistens nur sozusagen 'n bißchen irgendwas gemacht. Wer war denn noch an Frauen da? Wirklich wenige. – Und alle redeten mir natürlich ein, daß ich unentbehrlich für die Weltrevolution bin und eine ungeheure Kraft des Antifaschismus. Jeden Monat gaben wir 'ne Zeitschrift heraus. Ich machte das Jugendarchiv, mußte alle Nazizeitungen auswerten, ausschneiden und aufkleben. Und ununterbrochen ging man in die französischen Partei- und Gewerkschaftsversammlungen und sammelte Geld für die verbotene kommunistische Presse. Verdient hab ich da nichts, im Gegenteil, ich hab immer noch Geld reingebuttert. War alles ehrenamtlich.

Und dann fing es irgendwann, im Oktober, mit meinem Mann an. Sein Vater war Bauingenieur und die Mutter eigentlich Lehrerin. Sie war aber zu Hause. Meine idiotischen Schwiegereltern, entschuldige, wenn ich das so sage, gingen nach Wien, da waren mein Mann und ich schon in Moskau. Und wurden dort von Hitler erwischt. Doch zurück zu meinem Mann. Irgendwann hörte ich den Ernst reden – in Wirklichkeit hieß er Georg, aber wir hatten alle andere Namen, er hieß Ernst, ich hieß Irene –, daß der Krieg bald anfängt. Ich hörte mit großem Interesse zu und fand ganz toll, daß ein so junger Mann so genau Bescheid wußte. Er hat das alles so gut begründet. Dann unterhielten wir uns manchmal, und eines Tages fragte er mich: »Was machst du hier eigentlich?« Sag ich: »Siehst du doch, ich arbeite.« – »Das hab ich nicht gefragt! Kannst du Stenografie?« – »Nein!« – »Kannst du Schreibmaschine?« – »Nein!« – »Was sagen denn deine Eltern dazu?« – »Ach«, sag ich, »die sind in England«. – »Na, du mußt doch irgendwas lernen!« sagt er zu mir. – »Ich bin doch an der Ecole des Etudes Sociales et de Journalisme.« – »Ach, das ist doch Quatsch.« Das hat mir sehr imponiert, weil er der erste war, der alles Quatsch fand, was ich hier machte und der meinte, daß ich was lernen müßte. Naja, und irgendwann haben wir uns dann mal verabredet. Seine Eltern wohnten in einer sehr schönen Neubauwohnung in Neuilly, und so fing das mit uns an. Dann kamen die Eltern zurück, sie waren zu Besuch in der Sowjetunion, und er sagte: »Die mußt du kennenlernen.« Ich ging hin, und zu meinem Entsetzen betrachtete meine Schwiegermutter das sofort als eine feste Verbindung und war überzeugt, daß wir heiraten werden.

Während seine Eltern verreist waren, kamen meine Mutter und meine Schwester zwei Tage nach Paris. Das erzähl ich dir mal, weil das so lustig war. Alle zwei Tage ging ich meine Post holen in das kleine Hotel, wo ich wohnte, am anderen Ende von Paris, in Vincennes, und fand ein Telegramm: »Ankommen um sechs Uhr nachmittags Gare Saint Lazare.« – Also, ich mußte ganz schnell nach Neuilly, ans andere Ende, meine Hausschuhe und meinen Morgenrock holen und die Schuhe, die ich dort zur Reparatur hatte. Und kam völlig abgehetzt auf dem Bahnhof an. Meine Mutter stieg aus mit den Worten: »Du scheinst dich ja sehr zu freuen. Wie siehst du überhaupt aus? Du hast ja Judenlocken!« Ich wußte gar nicht, was ich sagen sollte, ich hatte immer vollkommene Nudelhaare gehabt, immer ganz gerade. Und nach den ersten Malen mit Georg fingen meine Haare an, sich zu wellen. Es gibt doch hormonelle ... wahrscheinlich, weiß nicht. Ich kriegte plötzlich eine ungeheure Tolle und Wellen. Tja, wir hatten also miteinander geschlafen. Offensichtlich. Mensch, ich war doch schon 19 Jahre alt, es wurde ja auch Zeit. Verschiedene Male vorher hatte ich's schon probiert, aber das ging immer nicht, ich fand es irgendwie *shocking.* Aber er, er hatte Zeit und Geduld, das braucht man ja. Ich war nur froh, daß ich's endlich hinter mir hatte. Aber ich muß dir sagen, das Vergnügen an dieser Prozedur hab ich erst sehr viel später entdeckt. Dazu kommt, daß man auf diese Dinge nicht vorbereitet war. Jedenfalls nicht in meinen Kreisen.

Naja, egal, jedenfalls verlangte meine Schwiegermutter, daß ich es sofort meinen Eltern mitteile. Und ich schrieb an meine Eltern: »Setzt euch mal hin, ich habe mich verlobt.« Meine Mutter kam sofort am nächsten Tag mit dem Flugzeug nach Paris, ging zu meiner Schwiegermutter und erklärte ihr, daß ihr Sohn kein Mann für ihre Tochter sei. Meine Schwiegermutter sagte: »Und ihre Tochter ist keine Frau für meinen Sohn. Mein Sohn ist Diplomingenieur und hat schon acht Jahre gearbeitet. Ihre Tochter hat ja nicht mal Abitur, die kann ja nicht mal Kaffee kochen.« Und dabei ist es geblieben.

Ja, und dann habe ich Georg zugeredet, er solle so schnell wie möglich nach Moskau gehen, weil man dort arbeiten konnte. Wir bekamen als Ausländer keine Arbeitserlaubnis in Paris. Nur eine Aufenthaltsgenehmigung. Das war die große Schwierigkeit für Emigranten. Denk mal, 35 kam heran. Und dieser Scheiß-Becher, entschuldige, wenn ich das so sage, ich hasse diesen Mann, der dichtete damals:

> Haltet die Saar, Genossen, haltet die Saar!
> Dann wird das Blättlein sich wenden, am 13. Januar!

Am 13. Januar waren die Wahlen, und das Saargebiet wurde doch deutsch. Wiederum eine große Niederlage für die Partei. Mein Mann fuhr sofort nach Moskau. Er fand auch gleich Arbeit und ein Zimmer zur Untermiete.

Meine Tante schickte mir nun kein Geld mehr nach Paris, sondern verlangte, daß ich nach Zürich komme. Alles in der Hoffnung, daß ich dann meinen Kommunismus aufgebe. Ich fuhr hin. Von irgendwas mußte ich ja leben. In Zürich war viel los, es gab einen großen Dichterkreis: Rudolf Jacob Humm, Bernhard von Brentano, mit dem war ich sehr befreundet, Julius Hay, Tibor Dery... Auch Koestler kam nach Zürich und bekam dort Geld von Oprecht, dem Verleger, um den »Spartacus« zu schreiben. Und so hatte ich genug Freunde, bei denen ich mich rumtreiben konnte. Ich hab nicht bei der Tante gewohnt. Hab gleich gesagt, das ist mir zu unruhig, und nahm mir ein kleines Zimmer nebenan. Und hatte wieder die ganze kommunistische Literatur unterm Bett.

Dann kam der 14. Juli 1935. Ich wurde in der Wohnung eines Schweizer Straßenbahners zusammen mit zwei Schutzbündlern und zwei Kommunisten verhaftet. Wir hatten einen Streik von Schweizer Straßenbahnern organisiert. Es kamen vier Mann von der Kripo mit Pistolen rein, lächerlich, wir waren ja völlig unbewaffnet, und zum ersten Mal in meinem Leben kam ich ins Gefängnis.

In der Zelle waren vor mir nur Prostituierte gewesen, das sah ich an den Inschriften. Welche? Na unanständige, das weiß ich nicht mehr, das hättest du wohl gern gewußt, wie? Ich hab sofort reingekratzt: »Denk ich an Deutschland in der Nacht, so bin ich um den Schlaf gebracht.« Machte Hungerstreik, das fand ich auch angebracht. Ich war alleine, ansonsten waren dort alles Männer. Die brüllten immer übern Hof: »Irene, bischt noch do?« – Der Rechtsanwalt meiner Tante hat mich nach einer Woche dort rausgeholt. Ich kam mit Polizei zu meiner Tante, die stand weinend, packte die Koffer und sagte, sie hätte meine Mutter schon angerufen.

Ein Polizist brachte mich bis zur französischen Grenze. Der Grenzer sah natürlich sofort im Paß nach, da stand, daß ich für fünf Jahre aus der Schweiz ausgewiesen bin. »Was haben Sie denn verbrochen?« »Ach, wissen sie, ich bin ohne Führerschein mit dem Auto meiner Tante gefahren und hab 'nen Radfahrer angefahren.« – »Tot?« – »Nein!« sag ich, und durch war ich. Das war doch ganz intelligent, nicht?

Nun war ich in England. Meine Eltern hatten langsam genug von mir. Aus der Schule geflogen, Haussuchung, verlobt mit einem Kommunisten, und nun noch Knast. Sie waren heilfroh, als ich am 27. September 1935 mein sowjetisches Visum bekam.

Ich hatte meinen späteren Mann acht Monate nicht mehr gesehen, und kannte ihn insgesamt ja nur vier Monate. Auf dem Schiff haben sich alle totgelacht. »Den erkennen Sie doch nie wieder!« Naja, er hat mich abgeholt, und wir haben uns wiedererkannt.

Kolpatschny perjodok, das ist das Moskauer Zentrum, nicht weit von der berühmten Lubjanka. Da wohnte er zur Untermiete bei einem sehr netten Eisenbahner. Die hatten 'ne Dreizimmerwohnung, Mutter, Vater, Oma und Sohn. Und traten noch ein Zimmer ab. Es gab auch ein kleines Badezimmer, und ich fühlte mich wie im Paradies. War natürlich schwer, die Sachen unterzubringen. Wir hatten eine Matratze, auf Ziegelsteine gestellt, keinen Schrank. Die Sachen hingen hinterm Laken. Aber 'ne Kommode hatten wir, weiß ich noch. Und Raum ist in der kleinsten Hütte, nicht? Mein Mann arbeitete bei Promstroi-Projekt, einem großen Bautrust. Da gab's Parteilehrjahr, den Thälmann-Klub für die ausländischen Arbeiter und den Klub für die ausländischen Ingenieure. Dauernd war was los. Eingebildet, wie ich bin, ging ich sofort zu der Stassowa, Präsidentin der Roten Hilfe, und trug ihr mein Anliegen vor: »Ich möchte Mitglied der KPdSU werden.« Sie meinte: »Sie haben doch ihre deutsche Partei.« Und ich habe tatsächlich geantwortet: »Ich habe genug von diesem Emigrantenklub.« Es war wirklich schlimm. Ich konnte doch kein Russisch. Das bißchen Russisch, was ich in Zürich gelernt hatte, reichte nicht mal, um Brot zu kaufen. Mein Mann mußte am nächsten Tag wieder arbeiten gehen. Und nun die Frage, was ich arbeiten sollte. Ich habe dir vorhin nicht erzählt, daß ich einige Monate in Paris Filmcutter gelernt hatte. Natürlich umsonst, als Volontär. Es war stinklangweilig gewesen. Ich ging die ganze Zeit nur in das wunderbare Schwimmbad dort schwimmen und spuckte mit dem Bademeister Kirschkerne ins Wasser. Und habe sehr wenig cuttern dabei gelernt. Aber in Moskau sagte ich bei der Gewerkschaft, ich sei Filmcutter. Sie fragten mich – unvergeßlich: »Wen kennen Sie denn von unseren Filmdirektoren?« Und da sagte ich, das werde ich auch nie vergessen: »Hier ist doch kein Kapitalismus, hier brauch ich doch keinen zu kennen.« Hab ich gut gesagt, nicht? Und ich weiß noch, der Mann hieß Feldmann, guckte mich etwas mürrisch an und brachte mich im wissenschaftlichen Forschungsinstitut der Kinofotoindustrie unter. Die machten als allererste Synchronisationen ausländischer Filme für die Sowjetunion. Ich konnte zwar kein Russisch, aber ich konnte die Tonkurven kontrollieren, weißt du, so wie Elektrokardiogramme. War stinklangweilig. Gottseidank wurde ich schwanger.

Im März ging ich zu Martha Rugen-Wolff, der berühmten Abortmacherin von Berlin. Ich brauchte einen Arzt, der Deutsch konnte und ging zu ihr. Sie untersuchte mich. »Ja, Sie sind schwanger, zweiter Monat, wann wollen Sie abtreiben?« Ich war ganz empört und wurde rot: »Hören Sie mal, ich will das Kind!« Während der Zeit meiner Schwangerschaft wurden dann die Aborte verboten, auch eine von Stalins Amtshandlungen. Die paar, die so wie ich freiwillig Kinder kriegten, wurden auf Händen getragen. Die Geburt war nicht einfach, dauerte drei Tage. Ich hatte einen Riß und dann bekam ich noch Fieber. Insgesamt war ich drei Wochen dort. Ich bin doch so'n Quatschkopp und rede wie ein Wasserfall, und da waren nur Russen. In diesen drei Wochen Klinik habe ich Russisch gelernt. Ich werde nie vergessen, wie ich meinem Mann schrieb: »Ich verstehe nicht, was hier los ist, warum die mich nicht nach Hause lassen.« Plötzlich geht die Tür auf, und die ganze Suite rauscht rein, der Professor, der Oberarzt und – mein Mann. Im weißen Kittelchen und Jäckelchen und schneebleich. »So«, dachte ich, »jetzt sterbe ich!« In die russischen Geburtskliniken läßt man doch keinen rein. Aber er hat's geschafft. Ich fing sofort an zu heulen, aber er beruhigte mich. Im Januar 37 haben wir dann geheiratet.

Und im September, Thomas war zehn Monate alt, holten sie meinen Mann. Der Junge lag im Kinderwagen, und nachts kamen die Herren, zwei Uhr. Ohne Begründung. Weg! Aber wir waren nicht ganz unvorbereitet. Erich Korn – sein richtiger Name war Kunich, war Reichstagsabgeordneter der Kommunistischen Partei und leitete das Parteilehrjahr im Betrieb meines Mannes – wurde einen Monat vor ihm verhaftet. Dann Aquila, der Vater von Agi Nelken, ist der dir ein Begriff? Aquila war persönlicher Referent Stalins für ungarische und italienische Fragen. Er wurde verhaftet und ist nie wiedergekommen. In der Partei hatte er für meinen Mann gebürgt. Aber es hat gar keinen Sinn, Gründe zu suchen. Eine bestimmte Zahl von Leuten mußte immer voll gemacht werden jeden Tag, und die verschwanden eben. Es gab keine Erklärung, es gab keinen Prozeß. Mein Mann wurde also in der Nacht zum 20. September 37, das berühmte Jahr 37, verhaftet. Am Tag vorher war meine Schwester aus England angekommen. Sie wohnte im Intourist-Hotel. Wir waren abends noch im Kino, »Peter der Erste«, nach Alexej Tolstoi. Dann brachten wir meine Schwester zurück und legten uns schlafen. Bis es klingelte! Am nächsten Tag fuhr ich zu einer Kommilitonin meines Mannes. Sie hatte sechs Jahre mit ihm zusammen an der Charlottenburger Technischen Hochschule studiert. Und wie ich jetzt furchtbar heule und schimpfe und schreie, sagt sie: »Na, du kanntest ihn doch erst zwei Jahre.« Sie kannte ihn acht Jahre, verstehst du? Sie war schwanger, und paar Wochen später wurde auch ihr Mann verhaftet. Also, es war schon alles ganz schön schlimm. Und dann am nächsten Tag ins Hotel gehen zu müssen, zu meiner Schwester, und zu sagen: »Mein Mann ist verhaftet.« Die warf sich vor mir auf die Knie: »Komm zu mir nach England, du hast doch einen deutschen Paß.« Aber das konnte ich nicht. Weißt du, ich bin weggegangen, sozusagen mit fliegenden roten Fahnen, und dann mit 'nem Kind zurückkommen und sagen, das ist alles Scheiße? Das ging nicht.

Ich bin sofort am nächsten Tag die Gefängnisse abgelaufen. Hab ihn schnell gefunden, er war in der Butyrka. Ich hatte das zehn Monate alte Kind auf dem Arm, so konnte ich immer fünf Leute überspringen. Ich kam also bedeutend schneller ran als die ohne Kind. Schlangen standen da! Ich wartete trotzdem zwei oder drei Stunden, man kann sich das gar nicht vorstellen. Und dieser fabelhafte Thomas, der sich nie naß machte! Ich bin ihm noch heute dankbar, ich werd ihm nie vergessen, wie der durchgehalten hat. Man mußte den Namen sagen, und 30 Rubel geben. Wenn die 30 Rubel angenommen wurden, hieß das, daß er dort war. Wenn nicht, mußte man woanders suchen. Ich hatte Glück, ich glaube, es war schon im zweiten, wo es genommen wurde.

Im März bekam ich die erste Nachricht von ihm, eine Karte von unterwegs. Und dann eine aus Karaganda.

Mein Betrieb, dieses Kino-Foto-Institut, hat mich natürlich nicht wieder genommen, und ich war ohne Arbeit. Da hab ich was ganz Kluges gemacht. Hab gesagt, ich will Krankenschwester werden. Das klappte auch, und ich schloß alles mit Auszeichnung ab. Nebenbei gab ich Privatstunden, Englisch und Deutsch, um Geld zu verdienen. Meine Eltern waren durch meine Schwester informiert, und was ich an Paketen bekam, habe ich alles verkauft, im sogenannten Kommissionsgeschäft. Ich bekam 60 Rubel Stipendium. Das ist so wenig, daß man es gar nicht sagen kann. Als Krankenschwester, also von 1940 an, dann 375 Rubel Gehalt. Davon konnte man auch nicht leben, aber ich kam über die Runden. Ach, wir wollen gar nicht davon reden, weil es ja anderen Leuten viel schlechter ging. Mein ungeheurer Vorteil: ich war jung, 22. Erstmal war ich bei allen »Kriegerwitwen« Fußkind, also alle, denen dasselbe wie mir passiert war. Meist waren sie viel älter als ich. Die Mehrzahl wohnte im Haus der Politemigranten. Auch als ich anfing, im Krankenhaus zu arbeiten, konnte ich dort morgens frühstücken oder Kaffee trinken und auch mal übernachten. Dann war ich niemals zu geizig, mir eine Putzfrau zu nehmen. Ich hatte eine alte russische Bauernfrau. Die wohnte bei mir und paßte auf den Thomas auf. Der Name Olga Benario ist dir natürlich bekannt. Und die Cousine von ihr, Ruth Benario, die gibt es jetzt noch, war mit ihrem russisch-jüdischen Mann in Moskau. Ich kannte sie, und sie beschafften mir eine Wohnung. Dort bewahrte ich den Thomas auf mit der Kinderfrau. Als ich dann Krankenschwester lernte, da hab ich ihn jeden Morgen in die Krippe gebracht. Das hieß also, das Kind um halb sechs wecken, damit ich um acht beim Unterricht sein konnte. Und dann durch die halbe Stadt. Es war wirklich kein Vergnügen. Aber ich war ja schon einiges gewohnt, das darf man nicht vergessen. Ich war sozusagen schon ein alter Emigrant. Außerdem, was ihr nie verstehen werdet und könnt: Die deutschen Kommunisten und Antifaschisten haben nie geglaubt, daß es zwölf Jahre dauern würde, bis man diesen Hitler los ist. Es war ja noch vor dem Krieg. Man bildete sich ein, es geht vorüber. Man kapierte auch die Schrecken des Stalinismus in ihrem vollen Umfang nicht.

Aber ich muß noch erzählen, wie ich 1939 als einzige von allen Moskauer »Kriegerwitwen«, die ich kannte, zu meinem Mann gefahren bin. Wirklich, ich bin bis zu Kalinin durchgedrungen. Ununterbrochen habe ich mich vorgedrängt und rumgeschubst, um eine Revision des Urteils zu erreichen. So kam ich zu der Frau von Maxim Gorki, Peschkowa, einer berühmten Schauspielerin. Sie hatte in ihrer Wohnung auf dem Kusnjezkij Most eine Sprechstunde für die Opfer des Stalinismus eingerichtet. Da saßen wir auf der Treppe, bis wir drankamen. War eine ganz bescheidene, keine schöne, eine gute Frau. Die hörte sich an, was man vorzubringen hatte und schrieb sich alles auf. Aber da tat sich nichts. Also ging ich zu Kalinin. Ich kann dir nicht mehr sagen, es ist ja nun auch furchtbar lange her, wie und wann ich das gemacht habe, du mußt es mir einfach glauben. Denn von Kalinin bekam ich die Zusicherung, daß eine Revision beantragt wird und ich eine Besuchserlaubnis zu meinem Mann bekomme. Thomas brachte ich bei Nora Auerbach unter. Sie war wie ich aus Westend, ihr Mann, ehemals Redakteur der »Deutschen Zentralzeitung«, war auch verhaftet. Und ich fuhr nach Karaganda. Dort mußte ich erst ein oder zwei Tage von Pontius zu Pilatus laufen, bis ich die Erlaubnis für das Lager bekam. Ich sah aus wie ein amerikanischer Traum: mit Hornbrille, einem dunkelblauen Kleid, mit so breitem roten Kunstledergürtel und guten Sandalen. Das Kleid war mit großen Blumensträußen bedruckt und puffärmlig. Ein Auto hielt und ein Mongole stieg aus, der fragte, wo ich hin wolle. Ich sagte: »Ich warte auf den Bus. Nach Dolinki.« – »Kommen Sie, ich bringe Sie hin in meinem Taxi.« Er hatte das Fähnchen der Deputierten des Obersten Sowjets am Wagen. Ich stieg natürlich ein. Unterwegs, mitten in der Steppe, hielt er und machte Annäherungsversuche. Das gelang ihm nicht, weil ich so tat, als ob ich gar nicht wüßte, was er von mir will. Er brachte mich dann aber doch noch bis hin. Hätte dumm ausgehen können! Ein Bauingenieur holte mich ab, ein Russe, der schon zehn Jahre abgesessen hatte. Ein hochintelligenter und netter alter Herr. Also für mich ein alter Herr – Ende vierzig vielleicht – der dort mit seiner Frau als Freier, wie man so sagte, als Freigelassener lebte, aber noch weiter im Lager arbeitete. Er war der Chef meines Mannes. Bei ihm konnte ich auch übernachten. Er ging mit mir nochmal zum Natschalnik des ganzen Lagers, um für mich mehr Sprecherlaubnis herauszuholen. Das war ein Kerl mit eiskalten Augen. Er sagte nur: »Njet!« War nichts zu machen. Und so bin ich fünf Tage und fünf Nächte hin, drei Tage dort am Ort, und dann wieder zurück fünf Tage und fünf Nächte: Für drei Stunden! Drei Stunden durfte ich meinen Mann sehen und sprechen.

Als ich zurückkam, am Tag danach, war der Überfall auf Polen und 41 dann der Überfall auf die Sowjetunion. Da hat mein Mann im Lager nochmal vier Jahre dazubekommen. Er war auf zehn Jahre verurteilt, und so wurden es 14. Seit 41 habe ich nichts mehr von ihm gehört, bis zum 11. August 1945, da bekam ich den ersten Brief. Trotzdem, es war so, daß man den Kriegsbeginn beinahe als Befreiung empfand als deutscher Kommunist in Moskau. Nun endlich konnten wir zeigen, was 'ne Harke ist!

Der Krieg begann, und am 27. Juli wurden wir, die ganzen Frauen der Poliklinik, die Kinder hatten, aus Moskau evakuiert. An die Kama. Sehr belastende Reise! Der Zug wurde mehrmals bombardiert. Und dort landeten wir in der Erntehilfe! Ich fuhr so schnell wie möglich nach Kasan und ging zum Gesundheitsministerium. »Wir sind 14 Krankenschwestern dort in der Erntehilfe. Haben Sie nicht irgendwo eine Arbeitsstelle für mich als Krankenschwester?« Ich bekam sofort eine zugewiesen in einem kleinen tatarischen Dorf, 60 km von der Eisenbahn entfernt, bei Jelaboga. Ein alter Tatare mit einem Pferdewagen kam und holte mich ab. So fuhr ich mit Thomas weit ins Land in dieses tatarische Dorf. Ein Jahr arbeitete ich dort im Krankenhaus. Meistens drei Schichten. Aber Thomas hatte immer zu essen. Das ging solange gut, bis eine bildschöne tatarische Ärztin ankam, die fürchterlich versoffen war. Sie legte die Patienten für Butter und Wodka ins Krankenhaus. Da habe ich mich beschwert, doch sie sagten nur: »Die Frau kann tatarisch, ist nationaler Kader und wir haben keine Ärzte, lassen Sie sie doch zufrieden!« Ich sagte: »Wenn Ihnen der Wodka, der Spiritus, es war ja reiner Spiritus, nicht leid tut, mir kann es egal sein.« Dann schlief sie mit dem Oberst vom Wehrkreiskommando, und einen Monat später wurde ich eingezogen. In die Arbeitsarmee. Ich dachte natürlich, ich komme an die Front, in eine Kaserne oder ein Lazarett.

Erst als ich ankam, merkte ich, wo ich hingeraten war. Eine Eisenbahnstation, 40 km von Kasan, die Station Swijaschk. Ein Leutnant erklärte mir, daß das alles aus der Armee demobilisierte Deutsche, Wolgadeutsche, Ukrainerdeutsche waren. Ich war wahnsinnig empört, da ich doch nicht zu diesem Kontingent gehörte, und habe mich sofort beschwert. Ich schrieb an die Hauptverwaltung, ich sei Politemigrantin, Tochter britischer Staatsbürger, also Alliierte, und hätte hier nichts zu suchen. In der Nacht holte mich ein bewaffneter Soldat ab. Der brachte mich nach Kasan zur Hauptverwaltung. Dort saß ein sehr gescheiter, gut aussehender Jude, Oberst, und sagte zu mir: »Was geben Sie so an? Was wollen Sie eigentlich? Sie sind doch Krankenschwester und kriegsdienstpflichtig, Sie haben einen Militärpaß und sind eingezogen.« Ich darauf: »Na hören Sie mal, ich gehöre doch nicht zu diesen Leuten!« – »Das kann Ihnen ganz egal sein, wir haben hier sogar einen Deputierten des Obersten Sowjets der Wolgarepublik, wir haben hier Direktoren aus der Akademie der Wissenschaften aus Moskau und Leningrad, wir haben hier einen Komponisten, Meisterschüler von Schostakowitsch ... Und jetzt ist Krieg!« Ich fragte: »Ja, und das Kind? Was wird aus ihm?« – »Das können Sie nehmen, wenn es an den Fronten wieder besser steht.« Ich mußte den fünfjährigen Thomas in ein Waisenhaus geben.

Der Soldat brachte mich zurück. Am Bahnhof erwartete ihn seine Frau. Die verprügelte ihn gleich an Ort und Stelle, denn sie dachte, er wäre mit mir, einer schicken Frau, abgehauen. Es war sehr komisch und ich habe einige russische Schimpfworte zu hören bekommen.

In dieser Arbeitsarmee war ich von Juli 1942 bis März 1948. 'Ne ganz schöne Zeit! Und den Thomas holen konnte ich erst am 19. Februar 1945. Zwischendurch sah ich ihn nicht. Aber ich stand mit dem Waisenhaus in Briefwechsel. Die Erzieherinnen schrieben mir im Januar 45, daß bei ihnen Flecktyphus ausgebrochen ist, daß Thomas auf dem Markt Mohrrüben und Kartoffeln klaut und vollkommen auf den Hund gekommen sei. Und da erst haben sie mich fahren lassen. Ja, ich war die ganze Zeit eine Frau unter 40.000 Männern. Die eine Schwester, die noch da war, wurde bald verhaftet. Von Oktober 42 bis Mai 43 bauten wir eine Brücke über den Fluß Kasanka. Wir wohnten auf dem Eis, mitten auf dem Fluß in Zelten. Dort, wo mein Ambulatorium war, war auch meine Schlafstelle. Dann kam ich für fast zwei Jahre in den Wald. Wir bauten eine strategisch wichtige Eisenbahnstrecke von Swijashk bis nach Uljanowsk. Da mußten im Wald die Gleise gelegt werden. Und sie brachten mich samt 50 Holzfällern und Fuhrleuten dorthin. Es war wirklich romantisch. Fast zwei Jahre in so 'ner Erdhütte, die wurde extra für mich gebaut, mit Ambulatorium. Ärzte gab's nicht, aber ich war gut versorgt mit Medikamenten. Ich brachte den ganzen Kolchosniki in den russischen und tatarischen Dörfern ringsum die ägyptische Augenkrankheit weg. Zwar besaß ich keine Antibiotika, aber ich hatte Tropfen und Salben, besonders für Malaria. Dafür kam die Bevölkerung wie die Heiligen Drei Könige aus dem Morgenlande über Berg und Tal und brachte uns Gurken, Kartoffeln und saure Sahne. Also praktisch lebten wir alle noch mit von dem, was ich machte.

Wie das mit den vielen Männern war? Denk doch mal, seit der Evakuierung in dieses tatarische Dorf, ich glaube bis 45, hatte ich keine Menses. Das war ja sofort vorbei. Durch den Hunger und alles hatte ich keine Regel mehr. Du kannst dir diese Situation auch gar nicht vorstellen. Ich bin durchaus kein Asket und kein Kind von Traurigkeit. Aber die Zeit war wirklich kompliziert. Die Jahre da im Wald, da hatte ich zweimal für zwei oder drei Monate einen festen Freund, dann kamen die wieder weg, und es kamen andere. Nein, die ganze Situation war nicht auf Sex eingestellt, sondern ausschließlich auf die Ernährung, aufs Überleben. Und dann mußt du ja auch sehen, wie waren denn die sogenannten Wohnverhältnisse? Wo solltest du mit jemandem schlafen? Höchstens mal in der Banja, der Sauna. Da war wirklich nicht viel los. Später, als ich den Thomas bereits wiederhatte, gab's einen Mann, den ich sehr liebte, und der mich sehr liebte. 1948 kam seine Frau zurück und seine drei Kinder. Und ich zog nach Kasan. War innerlich schon wieder mehr darauf eingestellt, daß ich irgendwann mal meinen Mann wiederbekomme. Also, Männer waren keine Mangelware – wenn man einen brauchte, hatte man einen. Aber da war immer auch die Gefahr der septischen Aborte. Das ist mir ja auch einige Male passiert. Es gab ja keine Pille. Vier waren es insgesamt, zwei dort und zwei später in Karaganda. Wirst du das jetzt alles schriftlich verwerten? Das muß nun wirklich nicht sein. Ich weiß, das interessiert dich, ist ja auch wichtig, insofern, weil ja so ein Abort eine ganz lebensgefährliche Sache war, nicht? Wenn ich daran denke, was man dazu alles unternehmen und machen mußte. Und dann war man da jenseits der Wolga, und die Chefärztin sagte: »Na hören Sie mal, so eine kultivierte Frau wie Sie...« – Also, es war wirklich nicht schön. Nein, ihr habt es da schon leichter.

Aber, ich bin ein vom Glück begünstigter Mensch, habe immer sehr viel mehr nette Leute gefunden als schlechte, das führte natürlich auch zu einer ungeheuren Verbundenheit mit der Sowjetunion und 'ner Menge Stehvermögen. Ein bißchen das Gefühl: Mir kann keener an de Wimpern klimpern! Du mußt einfach sehen, daß meine Biographie in keiner Weise exemplarisch ist, sondern eine Ausnahme. Daß man mit so einer Vergangenheit eine Haltung mitbekommt: Mir kann keener! Eine gewisse Sicherheit, wenn die auch trügerisch war und gar nicht stimmte, aber es war einem mitgegeben. Der Beruf, Krankenschwester, hat mir einfach das Leben gerettet. Ich hätte diesen Krieg nie überleben können, ich wär ja verhungert, wie so viele im Hinterland. Aber immer gab's Leute, die einem weiterhalfen. Das kann ich gar nicht genug unterstreichen.

Dann dieser ungeheure Triumph vom Mai 45. Ich lag mit Gelbsucht im Lazarett, war also wirklich absolut auf den Hund gekommen. Und es war trotzdem das Dollste, was ich je erlebt habe. Als mein Mann mir 1945 schrieb, daß er nicht zehn, sondern vierzehn Jahre sitzen muß und er keinen Anspruch darauf erheben kann, daß ich noch länger auf ihn warte, hab ich ihm geschrieben: »Wenn ich schon so lange auf dich gewartet habe, dann schaffe ich das auch noch. Die Bräutigame schlagen mir nicht die Tür ein.«

1951, als er frei kam, wollte ich unbedingt, daß er zu mir nach Kasan kommt. Er war in vollkommener Verzweiflung und schrieb: »Ich komme nicht nach Kasan, da ich überzeugt bin, daß man mich wieder verhaftet. Hier kenne ich alle, hier habe ich die ganzen Jahre gelebt, hier bin ich sicher.« Das mußte ich akzeptieren. Nahm den Jungen aus der

Schule raus und fuhr hin, in dieses verdammte Kasachstan. Eine schlimme Gegend, landschaftlich und klimatisch. Ich habe Kasan schweren Herzens verlassen, war dort inzwischen integriert, hatte Freunde. Es waren ja fünfzehn Jahre vergangen.

Er holte mich ab, und wir fuhren noch 40 km quer durch die Steppe. Ja, dann haben wir noch vier Jahre dort gelebt. Natürlich hat er mich gleich nach meinem Liebesleben gefragt. Er fing sofort damit an, es war wichtig für ihn. Ich habe mich aber zurückgehalten, was sollte ich schon groß erzählen? Eines meiner ersten Erlebnisse: Ich stehe in der Schlange vor dem Lebensmittelgeschäft, kenne keinen Menschen. Plötzlich kommt 'ne Frau an mich ran und sagt: »Sie sind doch die Frau von Georg Albertowitsch?« – »Ja«, sag ich, »das bin ich«. – »Gucken Sie mal, die da hinten, die hat ein Kind von ihm.« Ich sah mich um, und da stand eine... Als ich nach Hause kam, fragte ich: »Sag mal, wieviel Kinder von dir laufen hier eigentlich rum?« – »Ach«, sagt er, »ist doch alles Quatsch, die schwindeln ja.« Und dann hab ich noch an eine geschrieben, die auch angeblich ein Kind von ihm hatte, die lebte noch im Lager. Ich schrieb, daß wir einen großen Sohn haben, der schon fünfzehn ist, und daß ich furchtbar gerne ihr Kind adoptieren würde. Ihre Antwort war kurz und knapp: »Ich bin Manns genug, mein Kind selber großzukriegen!« Georg sagte dazu nur, es sei überhaupt kein Kind von ihm gewesen, die hätte mit vielen was gehabt. Inzwischen hatte ich längst wieder meine Regel bekommen, war schwanger geworden, zweimal, aber ich war schon zu alt, ich wollte nicht mehr. Aber Georg wollte unbedingt noch ein Kind haben. Ich war ihm das schuldig, habe das akzeptiert und eingesehen. In Karaganda fand ich einen alten Gynäkologen, der was wußte und was konnte, und der lächelnd zu mir sagte: »Wissen Sie, wo einer durchgegangen ist, da geht auch ein zweiter durch.« Die erste Geburt mit Thomas war doch so 'ne Quälerei gewesen. 1954 wurde Kostja ohne Komplikationen geboren.

1955 wurde mein Mann rehabilitiert. Ich bekam von dem Trust, wo er gearbeitet hatte, zwei Monatsgehälter für die vierzehn Jahre, die er gesessen hatte. Davon konnte ich für Thomas einen Mantel kaufen. Und sofort kam auch das Angebot seines ehemaligen Direktors, daß Georg in Moskau Arbeit und Wohnung bekäme und alles. Ich wollte unbedingt dorthin. »Kommt überhaupt nicht in Frage, wir gehen nach Deutschland zurück!« Nun die Frage, ob DDR oder BRD? Natürlich kam nur die DDR in Frage für uns, erstens politisch, und weil Thomas dort weiter studieren konnte. Das hätte er in Westdeutschland wahrscheinlich nicht gekonnt. Er sprach ja kein Wort deutsch. In der DDR hat man ihn sofort auf die ABF geschickt zum Intensivdeutschlernen. Im Dezember 1956 sind wir alle zurückgekehrt. Kostja war zweieinhalb Jahre, als wir hier ankamen. Eine Mitarbeiterin des ZK holte uns vom Bahnhof ab. Die erste Frage war: »Warum habt ihr verschiedene Namen?« Ich sagte: »Ja, das geht in der Sowjetunion.« – »Ihr habt auch keine Eheringe?« – »Wir haben auch manches andere nicht!« – »Aber in die Partei wirst du doch eintreten?« Darauf gab ich zurück: »Ich will jetzt ins Hotel und mir die Hände waschen, mehr nicht.« Am nächsten Tag gingen wir ins ZK und wurden dort von Heinz Wieland, dem damaligen Kaderchef, sehr korrekt und nett empfangen. Uns wurde vorgeschlagen, lieber nach Leipzig oder Dresden zu ziehen, weil es in Berlin mit Wohnungen so schwer sei. Ich hab mich natürlich geweigert, erstmal sollen die Leipziger nach Leipzig und die Dresdener nach Dresden. Wir sind Berliner, und wir bleiben in Berlin. Du mußt wissen, ich bin in der vierten Generation Berliner. Ich bin in Berlin geboren, meine Eltern, meine Großeltern und ein großer Teil meiner Urgroßeltern. Das gibt es eigentlich kaum noch. Man gab dann meinem Mann jemanden vom Rat der Stadt mit, der suchte mit ihm eine Wohnung. Das hier war die erste, die man ihm zeigte, die hat er sofort genommen, und hier lebe ich heute noch. Wenn ich denke, wie ich hier ankam, wie ich aussah und was ich wog...

Weißt du, durch die Art deiner Fragestellung ist es manchmal ganz gut, wenn man sich zurückbesinnt, denn du mußt ja verstehen, daß ich vor der Wende vieles verkürzt gesehen und auch erzählt habe. Die meisten Interviews der Vergangenheit waren darauf aus: Wie kann ein deutscher Jude nach Deutschland zurückkommen? Oder: das Schweizer Exil. So ausführlich, wie wir das hier tun, das darfst du gar nicht dem Kostja erzählen, denn der ist seit Jahren darauf aus, mit mir solch ein Gespräch zu führen. Ich mache das aber lieber mit jemand Außenstehendem. Weißt du, ich bin der beste Verdränger, den ich kenne. Ich müßte eigentlich immer wieder sagen, das Schlimmste, was mir widerfahren ist, war die Verhaftung meines Mannes. Es wird dir komisch vorkommen, aber das Schlimmste für mich war, als mein Sohn abhaute, der Thomas. Da war die Familie endlich wieder beisammen, alles lief gut. Ich hatte zwei Enkelkinder, und die Frau von Thomas war schon wieder schwanger, und plötzlich sind die weg. Vierzehn Tage vor der Mauer! Das hat mich wahnsinnig getroffen, daß ich das bis heute, immer noch sehr... Wie kann man das überhaupt alles verkraften?

Diese ganze Zeit unter Stalin. Wie gesagt, wir deutschen Kommunisten gaben Stalin die Schuld, aber nicht dem System. Inzwischen ist klar, daß auch Lenin keine Kultfigur ist und bleiben darf, daß es auch da vieles zu überdenken und zu überarbeiten gilt. Aber das alles sind Dinge, die werden noch meine Kinder und Enkelkinder beschäftigen, nicht so sehr mich. Wenn ich jetzt unsere »AK zwo« sehe, denke ich immerzu: »Derfen die denn das?« Man hat einen derartigen Mechanismus im Kopf, daß man immer wieder erschrickt:

»Um Gottes Willen, sowas kann man doch nicht sagen!« Als alter Mensch stellt man sich natürlich die Frage, ob die Menschheit überhaupt für ein System wie Demokratischer Sozialismus geschaffen oder reif ist. Ich akzeptiere, daß ich sehr viel Utopisches für Realität gehalten habe, für machbar. Aber ich kann mich auch nicht lossagen von über dreißig Jahren Engagement in diesem Land. Daß man in die Schulen gerannt ist, daß man im Elternbeirat war, daß man in der Schiedskommission saß, daß man die Wahlbenachrichtigungen ausgetragen hat. Aber wie gesagt, so lange habe ich nicht mehr zu leben, und das ist eigentlich auch ein Glück. Wie heißt es in dem schönen Landsknechtlied? ... unsere Enkel fechten's besser aus ... Hoffnung muß man immer ein wenig haben. Ich brauche eigentlich nur einen Tisch, wo ich meine Zeitung ausbreiten kann. Und gut zu essen.

Mit mir ist seit Gorbatschow eine Wende vor sich gegangen. Die Nichtakzeptanz der Perestroika und Glasnost hier hat mich entsetzlich gekränkt. Obwohl ich mit dem Gesellschaftswissenschaftler Otto Reinhold einverstanden war, daß die DDR diese Perestroika nicht brauche, weil das bei uns in großem Maße schon vorhanden ist. Du schüttelst mit dem Kopf, du kannst es anders sehen, aber vergiß nicht, was du selber alles mitgemacht und erlebt hast. Man konnte doch kämpfen, konnte sich durchsetzen, denk doch mal an Christoph Hein oder Volker Braun. Ich will nur sagen, daß die ganzen letzten Jahre schon viel in Bewegung war. Dann kam diese Diskussion über den sowjetischen Film »Reue«. Ich hab sofort an Hager geschrieben. Der hat mir geantwortet, und der Schütt von der »Jungen Welt« hat mir sogar 11 Seiten geschrieben. Kostja sagte nur, als er das las: »Der möchte gern, daß du in die Partei eintrittst.« Ja, so war das geschrieben! Ich habe mich furchtbar aufgeregt, weil ich es als Unverschämtheit empfand: Millionen Sowjetmenschen sehen sich »Reue« an und schreiben seitenlange Briefe, ich hab ja selbst etliche Auszüge und Rezensionen übersetzt. Und bei uns wurde der Film nicht gezeigt. Also nee, Arschlöcher, kann man nicht anders sagen. Als dann die Sache mit dem »Sputnik« losging, war ja schon klar, wie die Fronten liegen.

Und es ist doch so, was bleibt von der DDR, wenn man uns den Sozialismus wegnimmt? Naja, ich hab mich nun mit dieser Form des Sozialismus absolut geirrt, seh ich auch ein. Das hat nicht gefunkt, das Volk will es nicht. Kann ich dir jetzt noch eine Suppe bringen?

... Ich weiß nicht, ob du auch das Problem hast, das schrecklichste Problem für mich: Ich lese keine Bücher mehr, ich bin ganz verzweifelt. Das ist so seit der Perestroika. Ich habe seit fünf Jahren so wahnsinnig viel zu lesen, ich werte ja immerhin vier Zeitschriften bei ADN aus, daß ich keine Belletristik mehr lesen kann. Wie eine Blöde las ich Wirtschaftsartikel. Ich versteh doch nichts davon, und mußte dauernd drüber lesen, damit ich im Bilde bin. Denn ich bin Bezugsperson für viele Leute, die kommen und sagen: Was meinst du dazu oder dazu? Habe mir die Augen verdorben, seitdem schiele ich, man sieht's nicht, aber ich sehe alles doppelt. Und da kann man keine Bücher mehr lesen. Ich geh auch in kein Kino mehr, in kein Theater. Ich hab »Denver« gesehen, ich hab »Dallas« gesehen, ich hab nie eine Folge der »Schwarzwaldklinik« ausgelassen. Ich kann nicht leben ohne Kitsch. Ich brauchte das als Gegengewicht. Und jetzt? Ich kann überhaupt nicht mehr hingucken. Die Kultur bleibt liegen.

Du hast ja noch dein Engagement mit der Frauenbewegung. Aber das werd ich nie verstehen, so 'ne attraktive Frau... Hast du das denn nötig? Also wirklich, laß doch die Männer leben. Ich muß dir sagen, ich bin eine ausgesprochene *femme à hommes.* Ich flirte in jeder Straßenbahn. Aber, wie sagen die Franzosen: bis an den Rand des Bettes. Da du doch auch mal älter wirst: Es ist dann nicht mehr so wichtig. Wichtig ist nur eins, daß du, wo du auch hinkommst, immer von Männern als Gesprächspartner ausgesucht wirst. Und das ist bei mir beinahe von Kindesbeinen an so gewesen. Ich mußte mich immer beweisen, daß ich trotz Brille, und obwohl ich nicht das schönste Mädchen war, aber als Gesprächspartner akzeptiert wurde. Bei Frauen sowieso, aber mir kam es auf die Männer an. Entschuldige! Ich hab sehr viel mit Männern zusammengearbeitet, ich hatte auch viele Männer als Patienten. Auch bei ADN war ich nicht im Damenzimmer, sondern im Männerzimmer. Mich stört auch das Rauchen nicht. Ich brauche die männliche Sachlichkeit und nicht, daß ich erst lang und breit berichten muß, was zu Hause los war. Vielleicht ist das ein bißchen hart, wenn ich das so sage. Aber bei aller Liebe. Ich bin selbst ein großer Telefonierer. Aber entweder man arbeitet oder man telefoniert. Man muß auch nicht während der Arbeit zur Gymnastik oder auf die Sparkasse gehen. Ich bin in der Arbeit sehr *matter of fact,* wie die Engländer sagen. Ich bin ehrgeizig, will Resultate sehen, ganz egal, ob als Krankenschwester oder in meinem Bulletin bei ADN. Ich bin pingelig geworden. Ist dir auch nicht kalt?

Ob ich aus der Partei austreten wollte? Ja natürlich, immerzu. Bei der chinesischen Sache, oder als gesagt wurde: »Wir weinen ihnen keine Träne nach.« Aber ich finde es, wenn ich jetzt darüber nachdenke, absolut lächerlich. Wem will ich damit was beweisen, wenn ich da austrete? Wer soll denn drin bleiben, wenn nicht ich? Ich bin viel zu lange in dem Laden. Und ich bin viel zu verantwortlich für die Sachen, die da geschehen sind. Ich habe ein schönes Schlagwort gefunden: »Wenn es der Partei so dreckig geht, trete ich sowieso nicht aus.« Eine Sache hat mich sehr bewegt: Das ist mein Wäschemann von Rewatex, der mir im August sagte, er möchte aus der Partei austreten. Ich fragte: »Wieso?« Er sagte: »Ich bin in der Kampfgruppe, und wir üben da den Bürgerkrieg.« – »Was heißt denn das?« Sagt er: »Mit Schlagstöcken und Plexiglashelmen, und das ist alles furchtbar.« Er trat aus noch vor der Wende. Seitdem hat er bei mir natürlich eine große Nummer, weil ich das gut finde. Das war ein Mann, der nicht aus karrieristischen Gründen ausgetreten ist.

Nein, die Gefahr eines neuen Faschismus sehe ich nicht. Die Situation war damals ganz anders. Ich sehe auch keine Gefahr, weil das nicht im Interesse der Bundesrepublik liegt. Die wollen ja, jedenfalls die normalen Leute dort, auf ein gemeinsames Europa hin und möglichst mit gemeinsamer Währung und allem. Außerdem wollen sie auch ihrem großen Bündnispartner, den USA, gegenüber glaubwürdig sein. Das rechtsradikale Potential hier war schon vorher da. Nur, daß wir es vorher verschwiegen haben. Denn guck mal, die Zerstörung des Friedhofes Schönhauser Allee, das haben sie doch 88 gemacht und nicht 90. Und die Skinheadgeschichte in der Zionskirche, das war doch auch vorher. Antisemitismus gibt es in der DDR wenig, weil es kaum Juden gibt, und in der BRD wird das sehr in Zaum gehalten, weil sie es sich vor Amerika nicht leisten können. Aber die Ausländerfeindlichkeit ist hüben wie drüben da, und das ist eine schlimme Sache. Aber du darfst nicht vergessen, daß die auch in Frankreich entsetzlich ist, daß die auch in der Schweiz entsetzlich ist, überall, das gehört zu den globalen Weltproblemen. Dann kommt dazu die Pleite in den sozialistischen Ländern, daß jetzt überall Russen, Bulgaren, Polen oder sonstwas auftauchen, die vorher nicht da waren. Und dann die große DDR-Welle, die werden auch bald als Ausländer betrachtet. Ich bin furchtbar beunruhigt über die Schwäche der Sowjetunion jetzt. Das ist eine ganz gefährliche Sache, und da weiß kein Mensch, was draus wird.

Ob ich an einen dritten Weg glaube? Da denke ich immer: »Man kann nicht ein bißchen schwanger sein.« Entweder

Sozialismus oder freie Marktwirtschaft. Aber soziale Marktwirtschaft, so ein bißchen dies und ein bißchen das, es würde nicht funktionieren. Es hat auch in Ungarn nicht funktioniert, und die haben heroische Anstrengungen gemacht. Aber die sozialistische Idee! Da bin ich gar nicht davon überzeugt, daß die tot ist. So etwas ist nicht totzukriegen. Es gibt eben doch eine herrschende Klasse und eine beherrschte Klasse, so gut das auch finanziell funktioniert. Du brauchst nur an die Probleme der Dritten Welt zu denken, und da red ich schon gar nicht erst von Ökologie. Guck dir doch Rheinhausen an, oder die Konflikte in Frankreich, oder die Krankenwagenfahrer in England – es kommt doch immer wieder zu Konflikten zwischen Besitzern und Werktätigen.

Ich hätte nie Politiker werden können. Dazu bin ich viel zu subjektiv, bin weder gründlich noch gebildet genug. Ja, du zeigst mir einen Vogel, aber mein Mann sagte immer: »Klippschüler«. Ich hab mir 'ne Menge angelesen, ich hab 'ne Menge Lebenserfahrung, aber ich bin doch im Grunde ein ungebildeter Mensch. Erstens verstehe ich nichts von Mathematik, nichts von Physik, meine geschichtlichen und geographischen Kenntnisse sind oberflächlich, ich bin ein gutes Mittelmaß. Aber – ich bin fabelhaft informiert. Ja, das macht meine Arbeit. Ich kenne kaum jemanden, der so schnell und so vielseitig informiert ist wie ich durch die Presse in drei Sprachen, die ich nun seit dreißig Jahren ununterbrochen verfolge. So, jetzt kommen wir aber zum Schluß...

Was? Mein Leben aufschreiben? Nein, das halte ich für Exhibitionismus. Diese ganzen alten Weiber finden sich so entzückend als junge Mädchen und beschreiben das dann ausführlich. Ich bin auch keine Kundschafterin gewesen und kann nicht »Sonjas Rapport« schreiben. Ach, es haben viele Leute meiner Generation über sich geschrieben, wo es sich wirklich lohnte. Nö, das muß nicht sein. Dir habe ich jetzt schon soviel erzählt und mich kennen so viele Leute. Ich bin das, was die Engländer *easy to speak to* nennen, leicht anzusprechen. Manche Leute denken immer, ich fange von selber an, das stimmt aber nicht. Ich werde angequatscht, werde gefragt, und dann erzähl ich natürlich auch was. Und du siehst doch, wie es dem bedruckten Papier in Buchform ergeht, nicht einmal du und ich lesen es noch.

Einige Zahlen

In der DDR leben 8,5 Mio. Frauen und 7,5 Mio. Männer.

Davon: 10 Mio. Frauen und Männer im arbeitsfähigen Alter, 3 Mio. Kinder und 3 Mio. Rentner/innen.

Auf dem Land leben 2 Mio. Frauen.

Jährlich werden 137.000 Ehen geschlossen und 50.000 geschieden.

Durch Scheidungen sind jährlich 49.000 Kinder betroffen.

14 % der geschiedenen Ehen hielten bis zu 2 Jahren.

Von 10 Scheidungen werden 7 von Frauen eingereicht.

Es gibt in der DDR 360.000 »Minifamilien«. Jedes 10. Kind lebt mit der Mutter, jedes 100. Kind mit dem Vater.

30 % der alleinerziehenden Mütter sind ledig, 50 % geschieden, 20 % verwitwet.

In nichtehelicher Lebensgemeinschaft leben 290.000 Frauen zwischen 18 und 40 Jahren und 270.000 Männer zwischen 18 und 40.

In der DDR leben ca. 200.000 lesbische Frauen.

70 % aller Frauen bekommen ihr erstes Kind unter 25 Jahren.

60 % aller Frauen sind bei der Geburt des ersten Kindes nicht verheiratet.

Auf 1000 Kinder kommen im Bezirk Leipzig 841 Krippenplätze, bei den Kindergartenplätzen werden von 1000 vorhandenen 942 in Anspruch genommen, beim Schulhort sind es 802 von 1000.

In der DDR gibt es jährlich ca. 80.000 Schwangerschaftsabbrüche. 1972, im Jahr der Einführung der Fristenlösung, waren es 130.000.

50 % der Frauen im gebärfähigen Alter nehmen die Pille.

91,4 % aller arbeitsfähigen Frauen gehen einer Beschäftigung nach, davon 26,9 % in Teilzeitarbeit.

Frauen stellen somit 49 % aller Beschäftigten.

Im nichtproduktiven Bereich sind 72,7 % Frauen beschäftigt, im produktiven Bereich 42,6 %, in der Landwirtschaft 38 %.

Monotone und körperlich einseitige Arbeit wird in der Industrie zu über 60 % von Frauen verrichtet.

75 % aller Frauen arbeiten in frauentypischen Berufen. Frauen verdienen im Durchschnitt ein Viertel weniger als Männer.

Für Hausarbeit werden pro Woche 43 Stunden veranschlagt, zwei Drittel davon werden von Frauen geleistet.

87 % der Frauen haben eine abgeschlossene Berufsausbildung.

31 % aller leitenden Funktionen in der Volkswirtschaft sind von Frauen besetzt.

32 % aller Richter/innen sind Frauen.

52 % aller Bürgermeister/innen sind Frauen.

In der alten Volkskammer waren 38 % aller Abgeordneten Frauen, heute sind es 19,5 %.

Glossar

ABF	Arbeiter- und Bauernfakultät
ADN	Allgemeiner Deutscher Nachrichtendienst
AK zwo	Spätnachrichten der »Aktuellen Kamera«
Arbeiterversorgung	Werksküche
B-Arbeit	Habilitation
BGL	Betriebsgewerkschaftsleitung
BND	Bundesnachrichtendienst (BRD)
Brigade	Kleinste Arbeitsgruppe in einem Produktionsbetrieb
DFD	Demokratischer Frauenbund Deutschlands, ehem. offizielle Frauenorganisation
FDGB	Freier Deutscher Gewerkschaftsbund, ehem. Einheitsgewerkschaft
FDJ	Freie Deutsche Jugend, ehem. offizielle Jugendorganisation
Für Dich	Wöchentliche Frauenzeitschrift
Genosse/ Genossin	SED-Mitglied, Kommunist/in
HO	Handelsorganisation, staatliche Vertriebskette
Kader	Gruppe von (besonders geschulten) Personen, die wichtige Funktionen in Partei, Wirtschaft oder Staat innehaben

Kaderabteilung	Abteilung eines Betriebs, die für die Einstellung und Betreuung des Personals zuständig ist
LDPD	Liberal-Demokratische Partei Deutschlands
LPG	Landwirtschaftliche Produktionsgenossenschaft
ML	Marxismus-Leninismus
Mondos	Kondome
NBI	Neue Berliner Illustrierte
PDS	Partei des Demokratischen Sozialismus, Nachfolgepartei der SED
SED	Sozialistische Einheitspartei Deutschlands
Sputnik	Sowjetisches Politmagazin
Stasi	Staatssicherheit, Staatssicherheitsdienst, politische Geheimpolizei
UFV	Unabhängiger Frauenverband, feministische Neugründung nach der Wende
VdN	Verfolgte des Naziregimes
VEB	Volkseigener Betrieb
VEG	Volkseigenes Gut
Volkssolidarität	Organisation zur Altenbetreuung, am ehesten vergleichbar mit der Arbeiterwohlfahrt.
VP	Volkspolizei, Polizei der DDR
ZK	Zentralkomitee

Erica Fischer
MANNHAFT

Vernehmungen einer Feministin zum großen Unterschied
KiWi 148

In Gesprächen mit Männern hat die Feministin Erica Fischer nach Spuren von fast 20 Jahren Frauenbewegung gesucht. In autobiographischen Notizen und politischen Analysen durchforstet sie den Zustand des Patriarchats. Mit diesem Buch möchte die Autorin Männern die Dringlichkeit eines verstärkten männlichen Engagements gegen die Herrschaft der Männer nahebringen und Frauen dazu ermuntern, ein solches Engagement von ihren Männern zu fordern.

ERICA FISCHER
JENSEITS DER TRÄUME

Frauen um Vierzig

Erica Fischer hat Gespräche geführt mit Frauen um Vierzig, von denen jede auf eigene Weise versuchte, den Teufelskreis der weiblichen Sozialisation zu durchbrechen und einen neuen Anfang zu wagen. Gemessen an dem Anspruch der Frauenbewegung sind es kleine Schritte, die da gelangen. Anlaß für die Autorin, selbstkritisch Bilanz zu ziehen: Wurde von der Frauenbewegung anstelle des überlieferten Frauenbilds etwas wirklich Neues geschaffen? Gibt es für die Frauen einen Weg zwischen Anpassung und totaler Konfrontation?

KIEPENHEUER & WITSCH

Herbert Ehrenberg
Damit keiner unter die Räder kommt

Strategien für einen gesamtdeutschen Sozialstaat
KiWi 218

Wenn die Bundesregierung nicht sehr schnell den Mut zu einem großangelegten Hilfsprogramm für die DDR aufbringt, wird die Vereinigung auf dem Boden der Bundesrepublik stattfinden. Darum müssen Hoffnungssignale für eine positive Entwicklung in der DDR jetzt erkennbar werden. Herbert Ehrenberg hält nur eine soziale Marktwirtschaft, in der das Wort sozial nicht Anhängsel, sondern wesentliches Element dieser Ordnung ist, für die Grundlage eines neuen gesamtdeutschen Sozialstaates.

LANDOLF SCHERZER
DER ERSTE

Eine Reportage aus der DDR
KiWi 204

Vier Wochen lang hat der DDR-Autor Landolf Scherzer den ersten Kreissekretär der SED in Bad Salzungen bei seiner Arbeit begleitet. Herausgekommen ist dabei dieser erstaunliche Bericht, der mit einer Offenheit wie nie zuvor Einblick gibt in die Parteiarbeit vor Ort, da, wo die Ideologie und Beschlüsse der Partei mit den Nöten der Bevölkerung zusammentreffen.
»Der Erste«, ein Stück Glasnost an der Basis der Partei, wurde in kürzester Zeit zum meistdiskutierten Buch in der DDR.

FRANZ CHRISTOPH
TÖDLICHER ZEITGEIST

Notwehr gegen Euthanasie

KiWi 220

Dieses Buch ist kein Beitrag zur – gegenwärtig an Umfang und Bedeutung zunehmenden – Debatte über Euthanasie und Sterbehilfe. Es ist ein Buch gegen diese Debatte, und zwar in jeder Form. Es richtet sich gegen die Aufhebung des Tabus, Lebensrechte von Menschen in Frage zu stellen, und gegen den Versuch, diese Aufhebung mit dem Recht auf freie Meinungsäußerung zu legitimieren.

Alena Wagnerová
1945 waren sie Kinder

Flucht und Vertreibung im Leben einer Generation
Mit einem Vorwort von Peter Glotz
KiWi 210

In 15 Interviews befragt die Autorin (Tschechin, geboren 1936) Deutsche aus der BRD und der DDR nach ihren Erinnerungen an Flucht und Vertreibung am Ende des Zweiten Weltkrieges sowie der Verarbeitung dieser Erfahrungen in ihrer späteren Biographie.

Aus dem Vorwort von Peter Glotz:
»Dieses Buch erscheint zur rechten Zeit. Es weist auf die menschliche Problematik und die politische Fehlerhaftigkeit eines scheinbaren Patentrezeptes hin: der Vertreibung ganzer Volksgruppen – und zwar in einer Zeit, in der dieses Konzept wieder modern zu werden scheint, in der jedenfalls die Ursache für Vertreibungen, Zwangsassimilation, ›Umvolkung‹ und Bevölkerungstransfer wieder aufblüht: der Nationalismus.«